¿EN QUÉ ESTARÁ PENSANDO?

Michael Gurian

¿En qué estará pensando?

Cómo funciona realmente la mente masculina

U R A N O

Argentina - Chile - Colombia - España
Estados Unidos - México - Uruguay - Venezuela

Título original: *What Could He Be Thinking?*
Editor original: St. Martin's Press, Nueva York
Traducción: Camila Batlles Vin

Aribau, 142, pral. - 08036 Barcelona
www.edicionesurano.com
www.mundourano.com

ISBN: 84-7953-585-7
Depósito legal: B. 39.701 - 2004

Fotocomposición: Ediciones Urano, S. A.
Impreso por Romanyà Valls, S. A. - Verdaguer, 1 - 08786 Capellades (Barcelona)

Impreso en España - *Printed in Spain*

Para Gail, mi amor

Índice

SEGUNDA PARTE
¿QUÉ PIENSA ÉL REALMENTE?

TERCERA PARTE
¿QUÉ PIENSA ÉL REALMENTE... SOBRE EL MATRIMONIO Y EL COMPROMISO?

CUARTA PARTE
¿QUÉ PIENSA ÉL REALMENTE... SOBRE EL HOGAR Y LOS HIJOS?

Agradecimientos

Puesto que he tardado veinte años en escribir este libro, confío en que todos los investigadores, clientes, amigos y colegas que me han inspirado sepan que les estoy agradecido aunque sean demasiados para citarlos en estas páginas.

Ante todo, deseo dar las gracias a mi esposa, Gail, que en más de una ocasión me ha preguntado «¿qué piensas?». Mi filosofía está inspirada por su aliento y su trabajo como psicoterapeuta familiar y especialista en problemas afectivos. Asimismo, como coordinadora del Instituto Gurian ha sido mi «jefa» durante los últimos cinco años. Sin su ayuda, tanto profesional como personal, este libro no sería lo que es.

Diane Reverand, de St. Martin's Press, ha sido para mí un profundo estímulo mientras escribía este libro. Valoro su visión, su ingenio y su capacidad de hacer que me concentre en los aspectos más importantes. Deseo asimismo dar las gracias a Melissa Contreras, su eficaz colaboradora.

Candice Fuhrman, mi agente, ha guiado este libro desde el comienzo, lo cual le agradezco infinitamente. Elsa, no lo habría conseguido sin ti.

Deseo expresar mi gratitud a Kathy Stevens y a Terry Schwartz, nuestros codirectores del Instituto Gurian en Colorado Springs, y a las numerosas personas que me han permitido entrar en sus hogares, escuelas y lugares de trabajo durante estos años.

Vaya mi agradecimiento a los profesionales en el ámbito del desarrollo del cerebro que han hecho posible mi trabajo. Entre ellos, cabe citar a Ruben Gur, doctor en medicina; Laurie Allen, licenciada en filosofía; Anne Moir, licenciada en filosofía, y Phon Hudkins, licenciado en filosofía.

Cada vez que se me planteaba una cuestión anecdótica sobre las percepciones de las mujeres, acudía a unos grupos de orientación psicológica de Spokane. Deseo dar las gracias a Pam Brown, Carla Jakabosky, Stacey Mainer y Christine Barada. Mi gratitud también para Leslie Huppin, Rita Yaegar, Bobbie Corbin, Peggy Reid, Carol Bellinger y Marianne Pavlish.

Asimismo deseo expresar mi agradecimiento a los siguientes hombres que no sólo me han ofrecido su amistad, sino que me han ayudado a perfeccionar mi discurso público sobre el desarrollo de lo masculino: Terry Trueman, Bob Cole, Gene Dire y Richard Dalke. Mi más profunda gratitud para mi hermano Phil, por su amistad y su trabajo en nuestra página web.

Vaya también mi gratitud a los numerosos clientes que en mi consulta de terapia me han permitido ayudarles a comprender a los hombres, a las mujeres y la separación íntima. No puedo citarlos, pero han sido muy importantes en este trabajo.

También quiero dar las gracias a los médicos y demás profesionales de la medicina que me han permitido formularles preguntas científicas. Gracias a Lloyd Halpern, doctor en medicina; Jeff Hedge, doctor en oftalmología; Michael Mainer, doctor en medicina; Peter Fern, doctor en medicina; Donald Howard, doctor en medicina; Darl Van Der Linden, licenciado en filosofía; y Ross Coble, doctor en medicina.

Mi labor se apoya en los trabajos realizados por muchos otros a lo largo de las últimas décadas, tanto desde el punto de vista profesional, en el ámbito del desarrollo del cerebro, como en el no profesional, puesto que todos creamos el mundo que nos gustaría que heredaran nuestros hijos. Un filósofo vale tanto como sus lectores, por lo que deseo daros las gracias por haber contribuido a que esta labor tenga una influencia positiva en el mundo.

Introducción

¿En qué puede estar pensando?

«No sostengo nada ajeno a lo que tenga que ver
con la naturaleza humana.»

Terencio, poeta romano

El título de este libro proviene de una conversación que tuve un sábado con mi esposa, Gail, y cuatro amigas suyas, después del almuerzo que éstas celebran todos los meses. Gail había invitado a sus amigas a nuestra casa a tomar té y un trozo de tarta. Tres de las mujeres eran madres, dos estaban casadas, dos mantenían desde hacía años una relación sentimental, las otras salían simplemente con amigos, todas eran profesionales, dos de las madres ejercían en aquel momento de amas de casa. Sus edades estaban comprendidas entre los treinta y los sesenta años.

Cuando me disponía a retirarme para dejarlas solas, Carly, una de las mejores amigas de Gail, de cincuenta y pocos años, me dijo sonriendo con ironía:

—Vamos, Mike, siéntate con nosotras y explícanos algunas cosas sobre los hombres.

¡Qué peligro encerraba ese momento! Hay que andarse con pies de plomo, incluso entre amigos. Es muy fácil dar la impresión de que se racionaliza o se disculpa la conducta de los hombres, sobre todo si un marido o un novio se han portado mal recientemente.

—Verás, Carly —contesté, sonriendo—, tengo que arreglar el coche. Y luego limpiar el garaje.

Mi respuesta provocó una carcajada general, y Gail respondió:

—Estábamos hablando sobre los hombres, y sólo quería que durante unos momentos te encasquetaras tu «cerebro masculino» biológico.

¡Estaba claro que no me iba a librar de esa conversación!

—No es que nos pasemos la vida hablando de los hombres —matizó Gail en broma—. Pero me pregunto si alguna vez llegaremos a comprenderos.

Según me contó Gail, la conversación durante el almuerzo había girado en torno a la pregunta: «¿En qué puede estar pensando?», una frase que solía surgir durante los últimos meses en el grupo de mujeres. Con frecuencia era utilizada con sentido del humor, otras veces con tristeza, como cuando Gail comentaba al llegar a casa, después del almuerzo, que se había enterado de un conflicto conyugal o de que una familia atravesaba una situación delicada.

Me senté para tener con esas mujeres una charla «a tumba abierta».

Danielle, de treinta y un años, se refirió a su novio.

—A ver, Mike, explícame esto: anoche Jeff y yo nos pusimos el vídeo de *Los ángeles de Charlie.* Cuando terminó, Jeff me dijo: «Es una película estupenda, Danielle». ¡Lo dijo en serio! Yo respondí: «¿Que *Los ángeles de Charlie* es una película estupenda?» Pero ¿en qué estaría pensando Jeff?

Katherine, urbanista y madre de un niño de diez años, dijo sobre su marido:

—Larry y yo nos pusimos a hablar sobre Timothy McVeigh y si debían haberlo ejecutado o no. Larry comentó con frialdad: «Me alegro de que hayan matado a ese tío. Olvídate del asunto». Yo pensé: «Llevo doce años casada con él, pero no le comprendo». «Al menos, merece la pena reflexionar sobre las implicaciones», respondí. Pero Larry añadió: «Las implicaciones no significan nada. Han ejecutado a ese tío y punto». Sé que Larry tenía unas ideas y unos sentimientos más profundos sobre el tema, pero no quería reconocerlo. Me gustaría saber en qué estaba pensando realmente.

Sandy, separada y madre de cuatro niños, nos contó una anécdota sobre su ex marido, que el fin de semana anterior se había hecho cargo de los niños.

—Logan sólo tiene seis años, pero su padre le dejó montar en bicicleta por el parque sin vigilarlo. ¿En qué estaría pensando ese hombre?

Carly, que había vuelto a casarse recientemente, con hijos ya crecidos y unos hijastros adolescentes que viven con ella, recordó un incidente que había ocurrido hacía unos días. Su marido se había negado a dar su brazo a torcer en una discusión con otro hombre sobre quién precedía a quién en la cola del supermercado.

—Cincuenta y dos años cumplidos y no dejó que el otro abriera siquiera la boca —comentó Carly—. Convirtió el incidente en una grave ofensa a su orgullo. ¿Qué estaría pensando?

Creo que en esas dos horas examinamos multitud de preguntas sobre los hombres y la conducta masculina. He aquí algunas de ellas: unas divertidas, otras muy serias.

«¿Cómo es posible que, cuando mira qué hay dentro del frigorífico, no vea nunca lo que tiene ante las narices?»

«¿Por qué deja siempre su ropa interior tirada por todas partes?»

«¿Por qué da la impresión de que los hombres buscan algo?»

«¿Tienen principios morales distintos los hombres y las mujeres? ¿Existen motivos biológicos que justifiquen esa diferencia?»

«¿Puede un trastorno emocional durante la fase de desarrollo de un niño afectar a su cerebro? En tal caso, ¿qué reajustes emocionales debe hacer una mujer para mantener su matrimonio a flote?»

«¿Experimenta el cerebro masculino tantos sentimientos como el de una mujer?»

«¿Por qué los hombres son capaces de dejar a sus hijos y empezar una nueva vida más fácilmente que las mujeres después de un divorcio?»

«¿Cómo es posible que los hombres recuerden los nombres de todos los jugadores de un equipo y los resultados del campeonato mundial de béisbol pero no recuerden la conversación que mantuvieron ayer?»

«¿Por qué el romanticismo es tan importante para las mujeres y no lo es para los hombres?»

«¿Tienen los hombres más fantasías sexuales que las mujeres?»

«Cuando los hombres se enfadan, es difícil conseguir que "hablen de ello". ¿Por qué?»

«Mi padre trabajó como un burro para su familia y nosotros nunca se lo agradecimos. Mi marido hace lo mismo. ¿Por qué los hombres se dedican con tanto ahínco a su trabajo?»

«Los hombres piensan mucho en el "honor", al menos eso parece a juzgar por las películas. ¿Qué significa para ellos el "honor"? ¿Existen factores biológicos que expliquen el honor masculino?»

«¿Es posible que los hombres sean más frágiles que las mujeres, al menos en algunos aspectos?»

«¿Qué hay entre los hombres y sus coches?»

«¿Temen también las mujeres comprometerse, o sólo los hombres?»

«¿Por qué se obsesionan tanto los hombres con apropiarse del mando a distancia? ¿Por qué les atraen tanto los artilugios electrónicos?»

«¿Es sano que los hombres lloren tan poco?»

«Da la impresión de que los hombres se sienten unidos afectivamente a las mujeres de forma distinta a como las mujeres se sienten unidas afectivamente a los hombres. ¿Es cierto?»

Lo que había empezado como un momento «peligroso» para mí se convirtió en un rato muy instructivo. Esta conversación fue algo más que el relato de unas anécdotas personales. Como es lógico, pude aportar numerosas respuestas referentes a los hombres, pero durante toda la charla desempeñé tanto el papel de oyente como el de orador, y comprendí que había preguntas y comentarios que esas mujeres no podían expresar, debido a la confusión que todos sentimos con respecto a los hombres. Cuando una mujer se hace una pregunta sobre un hombre en su vida, probablemente se hace una pregunta sobre todos los hombres.

Cuando comenté con Gail esa charla por la tarde y bien entrada la noche, comprendí que deseaba plasmar esas preguntas y respuestas en un libro. Hoy en día las mujeres, al igual que los hombres, preguntan en voz alta «¿qué es un hombre?», y todos buscamos respuestas válidas, no sólo un nuevo estereotipo a base de imágenes o conceptos.

Durante la conversación que mantuvimos aquella tarde, algunas mujeres expresaron esa necesidad verbalmente. Danielle me dijo:

—Cuando hablas sobre los hombres, hablas sobre neurobiología y esas cosas. Parece como si existiera una «ciencia» sobre los hombres. Me alegra saberlo.

—Resulta revelador —dijo Katherine— averiguar cómo funciona la mente masculina.

—Y un alivio —apostilló Sandy—. Yo no tengo hermanos y apenas conocí a mi padre. Me ayuda a saber cómo piensan realmente los hombres.

Esos comentarios revelan nuestro deseo de buscar unas identidades sólidas. Danielle, Katherine, Sandy y muchas otras personas están dispuestas a incorporar las tesis sobre tendencias sociales más novedosas a su pensamiento. Pero en lo tocante a relaciones íntimas, quieren confiar en lo que es natural y real.

LA CIENCIA DE LA MASCULINIDAD

La base científica de *¿En qué puede estar pensando?* es ante todo la «ciencia de los hombres». Al igual que las ciencias de la física y la astronomía son capaces de representar nuestro universo como nunca antes, la biología pretende representar la naturaleza humana, tanto la femenina como la masculina.

Como filósofo social especializado en neurobiología, utilizo un enfoque que considero basado en la naturaleza. Su idea básica: puesto que la sociedad se origina en la naturaleza, la base más clara del pensamiento social es estudiar lo que ocurre en la naturaleza humana. Aunque hoy en día nuestra cultura utiliza la dicotomía de «naturaleza frente a crianza» para explicar diversos elementos del desarrollo humano, el pensamiento basado en la naturaleza postula escasa diferencia entre ambas cosas. En la vida real no existe ningún organismo biológico fuera de su medio, por lo que el organismo y el medio funcionan en tándem, no de forma opuesta. Cuando en este libro hablamos sobre las tendencias de la biología masculina, el cerebro masculino y la biología masculina, tenemos en cuenta la naturaleza y la crianza.

En *¿En qué puede estar pensando?* la «naturaleza» que consultamos con más frecuencia es la naturaleza de la mente humana: el cerebro y los múltiples misterios humanos que interactúan con el cerebro, puesto que la ciencia nos ayuda a comprenderlos. En la última década, los científicos han averiguado tantos detalles sobre el cerebro humano que muchas de nuestras antiguas tesis han quedado descartadas por completo. Actualmente podemos comprender muchas cosas sobre la naturaleza de la mente humana si formulamos las preguntas correctas. Una de esas preguntas es: *¿En qué puede estar pensando?*

En este libro pretendo responder a esa pregunta con ayuda de numerosos trabajos de investigación, haciendo especial hincapié en los planteamientos científicos. En la sección de notas de esta introducción, el lector hallará recursos que le permitirán leer por su cuenta, si lo desea, buena parte de este material. He clasificado el material de investigación en tres apartados.

1. Ciencia dura. Este apartado comprende los estudios científicos del cerebro masculino y femenino que se han venido realizando durante las tres últimas décadas en los siete continentes. Éstos incluyen las tecnologías de última generación para estudiar el cerebro humano. Los resultados de la investigación en estos campos de la ciencia dura aparecen en estas disciplinas:

- neurobiología
- neuroquímica
- neuropsicología
- genética
- endocrinología

2. Ciencia blanda. Este apartado comprende las ciencias sociales. A medida que avancemos compararemos la ciencia dura con la ciencia blanda, para comprobar los resultados de las dos. Esta investigación incluye los siguientes campos:

- psicología
- sociología

- antropología
- etología

Prestaremos especial atención a los estudios históricos y antropológicos de las tendencias biológicas en hombres y mujeres procedentes de todos los grupos étnicos y raciales. El término «tendencias biológicas» se refiere a las tendencias congénitas anteriores a las influencias sociales y a las tendencias congénitas que son modificadas o potenciadas por las influencias sociales. Asimismo, utilizaremos estudios psicológicos y sociales sobre el desarrollo del hombre y la mujer. Entre éstos he elegido sobre todo estudios de última generación que incluyen la biología humana y la naturaleza humana, y he evitado los estudios psicológicos basados en la opinión social del psicólogo clínico.

*3. **Anécdotas complementarias.*** Tanto la ciencia dura como la ciencia blanda nos proporcionan una base fidedigna para comprender la naturaleza humana, pero resultan áridas y estériles si se las despoja del reflejo en la vida real como ejemplo y crítica: personas reales que viven una vida real, hombres y mujeres en sus relaciones cotidianas. He seleccionado varias fuentes para ofrecer anécdotas complementarias a la investigación biológica, entre las cuales cabe destacar:

- Un grupo de orientación psicológica de Spokane, formado por varias amigas de Gail que se reúnen para almorzar.
- Un grupo de investigación del Instituto Educativo Michael Gurian, del que he seleccionado varias anécdotas e historias.
- Cartas y correos electrónicos ilustrativos que he recibido durante la última década de hombres y mujeres.
- Trabajos de investigación de mi consulta terapéutica familiar (he cambiado los nombres de mis clientes y omitido ciertos detalles para proteger la confidencialidad).
- Ejemplos de literatura histórica.
- Ejemplos de libros, películas y otros medios contemporáneos.
- Vivencias personales.

A mi entender, las anécdotas e historias complementarias de individuos que han sobrevivido a las tendencias biológicas son cruciales para comprender el cerebro masculino. Cuando unimos las ciencias duras con las blandas, y combinamos esas ciencias con diversas historias reales, podemos investigar con mayor confianza los misterios de un tema, en nuestro caso, el cerebro masculino.

En cada capítulo de este libro el lector hallará una presentación exhaustiva de lo que las ciencias dicen sobre los hombres, el cerebro masculino y la naturaleza masculina en unos trabajos de investigación corroborados en un escenario mundial por diversas culturas; encontrará esta presentación ilustrada por estudios psicológicos y sociológicos, y, posteriormente, todos los trabajos rigurosos de investigación de las ciencias reflejados en ejemplos cotidianos de vidas como la suya. Con este enfoque pretendo hacer que las nuevas ciencias, mediante las cuales podemos por fin comprender a los hombres, le resulten accesibles; confío en aportar datos científicos sobre hombres, mujeres y relaciones cotidianas. Si lo consigo, habremos establecido un nuevo campo de estudio denominado biología de género, que nos permitirá comprender todo lo referente a los hombres y las mujeres.

Veremos que el cerebro masculino es biológicamente distinto del cerebro femenino.

Exploraremos la forma en que la biología masculina incide en la manera en que el hombre aborda las emociones, la comunicación, el sexo, el romanticismo, el matrimonio, la moral y otras claves al periplo de la vida humana.

Trataremos de averiguar si un hombre es sincero cuando dice «¿cómo que la casa está hecha un desastre?» o «deja de preocuparte, los niños están perfectamente».

Con este enfoque y este material no sólo descubriremos los secretos de la mente masculina, también investigaremos la «masculinidad» como un elemento esencial al que todos debemos enfrentarnos plenamente en nuestras vidas si queremos avanzar en nuestra humanidad.

A lo largo de este proceso científico debemos tener presente que en un libro no resulta posible reflejar la totalidad de una persona, por lo que debemos seguir preguntándonos en qué está pensando él.

Confío en que encuentre en esta información una inspiración y una visión que transformen su vida. Y si aspiro a ello es porque la naturaleza humana se adapta continuamente. Hoy en día tratamos de adaptarnos tan apasionadamente como las gentes de otras épocas. Una de las piezas clave que hemos obviado en nuestros debates sobre los hombres y las mujeres ha sido el conocimiento de la naturaleza masculina y la femenina. Confío en que este libro ofrezca esa pieza que falta.

LA NATURALEZA DEL HOMBRE

Decidí escribir *¿En qué puede estar pensando?* después de la estimulante conversación de aquel domingo por la tarde, pero su periplo hasta la imprenta comenzó al inicio de mis veinte años de investigación en la biología de los hombres y las mujeres. En aquel momento observé que el hecho de centrarme en la naturaleza humana contradecía la tendencia de la literatura psicológica, la autoayuda y la filosofía social de depender de las opiniones de los clínicos en los campos de la sociología y la psicología. Gran parte de lo que leemos hoy en día sobre los hombres, las mujeres, las relaciones, la vida familiar y la educación sigue basándose principalmente en el estudio de las tendencias sociales, no las biológicas: una sociedad ciega a la naturaleza humana. Cuando se aborda el tema de los hombres y las mujeres en la literatura popular y académica, éste se contempla desde la óptica de «cómo ha influido nuestra sociedad en el hombre» o «cómo ha influido nuestra cultura en la mujer».

Mi labor de investigación durante los últimos veinte años me obliga a situar ese enfoque en segundo término en mis libros. Aunque las opiniones sociales y los estudios técnicos de las tendencias sociales y personales son ciertamente valiosos, la ciencia suele ofrecer una base más interesante y rigurosa para las respuestas sobre el desarrollo de los hombres y las mujeres.

De lo más profundo de nuestra biología adquirimos un sentido más poderoso de quiénes somos.

No siempre he comprendido esto desde un punto de vista personal y profesional. Pertenezco a mi generación y buscaba en la ideología social y en las opiniones psicológicas sobre los hombres y las mujeres la verdad de la identidad humana. Durante mis años de instituto, en la década de 1970, ofrecían un curso llamado «La naturaleza del hombre», un estudio filosófico sobre la civilización humana, pasada y futura. Yo busqué en él datos concretos sobre los hombres. Pese a la numerosa información que ofrecía sobre «el hombre», no me explicó lo que era un hombre (o una mujer). Durante mi época universitaria seguí buscando, pero sólo averigüé que, al margen de lo que pudiera ser un hombre, era socializado para ser peligroso y defectuoso. La masculinidad consistía en su «hombría», un invento social que era preciso desmontar.

Durante mi infancia viví con mi familia en medio mundo, por lo que aprendí cosas importantes sobre lo que eran los hombres en mi cultura y en otras. En todos los lugares que visitamos observé, modelé, escuché. Los tópicos sobre la masculinidad ejercen una influencia decisiva en un niño en cualquier país. A lo largo de los años, y cuando regresamos a Estados Unidos, aprendí mucho sobre lo que las personas pensaban que debía ser (y no debía ser) el papel del hombre. Durante mi adolescencia traté de alcanzar esa masculinidad haciendo cosas peligrosas y provocadoras y observando a los hombres.

Ni mi evolución profesional ni mi desarrollo personal me mostraron la naturaleza del hombre, algo que hay que buscar en nuestro interior y a lo que podemos aferrarnos. Maduré en una época carente de mensajes coherentes sobre la naturaleza, las metas y las responsabilidades de los hombres porque todos los mensajes humanos sobre los hombres eran transitorios. En cierto momento, a mis veintitantos años, decidí que no importaba que «me convirtiera en un hombre». Bastaba con ser «adulto» y una «persona».

Pero no era cierto. Al igual que todos los hombres, yo sabía en mi fuero interno que existe una biología de la masculinidad, un entramado interno que impulsaba al hombre del mismo modo que el entramado femenino impulsaba a la mujer. Intuí que había algo orgánico y naturalmente masculino en mí. Pero no logré descubrir qué era. Llegué a la conclusión de que no existía una naturaleza masculina útil. Me hallaba en una especie de limbo, y a menudo me miraba desesperado en el espejo y me preguntaba «¿quién soy?». Entablé relaciones con mujeres que se preguntaban por qué los hombres no valoramos nuestras relaciones sentimentales lo suficiente para explicarnos y compartirnos con ellas. Esas relaciones terminaban más rápidamente de lo que yo hubiera deseado. Casi nunca comprendía por qué terminaban, y no me percaté hasta más tarde de la responsabilidad que me correspondía, como hombre, de llevar a buen término esas relaciones.

Cuando me establecí como psicoterapeuta familiar, ayudé a parejas casadas durante crisis traumáticas y dolorosas. Mientras charlábamos en mi pequeña consulta, todos sabíamos que los matrimonios, las familias y las vidas estaban en juego. ¿Quiénes eran esos hombres sentados en la pequeña consulta tratando de hablar? A lo largo de los años, muchos de nosotros nos percatamos de que teníamos que comprender a los hombres a fondo o no conseguiríamos vivir y amar con plenitud. Muchos hombres viven y mueren sin comprender quiénes son. Millones de relaciones y matrimonios mueren inmersos en la confusión.

Hace veinte años, cuando estudiaba en la universidad, me sentía intrigado por las nuevas ciencias: neurobiología, sociobiología, neuroquímica, bioquímica. No hallé cursos completos sobre esas ciencias, pero existía una literatura incipiente sobre ellas. Eran ciencias muy sabias. Combinadas con el sentido común y un espíritu inquisitivo, me revelaron el mundo interior del ser humano. Hoy en día sus explicaciones acerca de nuestra naturaleza humana resultan aún más avanzadas y ofrecen una labor de investigación basada en la naturaleza que responde, en este libro, a la pregunta: «¿Cuál es la naturaleza del hombre?»

Durante los últimos veinte años he examinado la literatura científica de treinta culturas en todos los continentes, y sea cual sea la cultura que estudio, descubro que los primeros científicos especializados en el cerebro (de algunos de los cuales hablaré en este libro) ya sabían lo siguiente: que las diferencias socializadas entre los hombres y las mujeres existen, pero que el «hombre» y la «mujer» poseen una naturaleza primigenia sobre la cual la cultura incide escasamente. Esta naturaleza posee la clave que nos permite mejorar nuestra vida, nuestro trabajo, nuestro papel de padres y, sobre todo, alcanzar el éxito en todas nuestras relaciones íntimas, inclusive el matrimonio.

La ciencia, en el mejor de los casos, posee una utilidad práctica para los seres humanos en sus vidas cotidianas. En *¿En qué puede estar pensando?* me propongo ofrecer una ciencia práctica, útil y estimulante.

UNA NOTA DE GRATITUD

Aunque este libro trata ante todo de los hombres, no podría haberlo escrito sin la ayuda de numerosas mujeres. La ayuda, guía y apoyo de Gail ha sido impagable. De Gail, de mis hijas y de todas las mujeres que me han guiado he adquirido un don que mejora profundamente este libro: al presentar la naturaleza de los hombres, debo procurar pensar como una mujer. Las mujeres de mi vida me han ayudado a centrarme en las principales preguntas que las mujeres y las jóvenes se hacen sobre los hombres. Este libro podría haber contado con muchos capítulos, pero han quedado reducidos a ocho con su sabia ayuda. Gail, mis hijas y todas las mujeres que conozco poseen una extraordinaria sabiduría sobre la naturaleza del hombre.

«No escribas otro libro sobre las relaciones entre hombre y mujer», me aconsejó una amiga cuando le expliqué lo que me proponía escribir. «No escribas lo que ya sabemos. Ayúdanos a contemplar el futuro.»

Otra amiga me dijo: «No te disculpes en este libro por ser hombre. Hay un montón de libros, revistas y programas de televisión sobre las mujeres y para las mujeres. ¡Ayúdanos a comprenderos a vosotros!»

Mi intención en este libro es satisfacer esas peticiones: ofrecer una nueva visión de los hombres. Iniciemos esta visión echando un vistazo al lugar donde comienza buena parte del periplo humano: el cerebro masculino.

PRIMERA PARTE

El cerebro masculino

«¿Que si existe un cerebro masculino? ¡Por supuesto!
Me extraña que alguien se plantee siquiera esa pregunta.»

Nancy, setenta y dos años, viuda, tres hijos, seis nietos, maestra jubilada

«Hermann Hesse dijo: "Ser humano significa tratar de unir mi pequeña alma al alma inmensa de lo eterno".
Yo, como hombre, procuro vivir conforme a esa premisa.»

Jim, cincuenta y dos años, casado, un hijo, dos nietos, asesor financiero

1

¿Qué hay en su cabeza?
Un amable vistazo al cerebro masculino

«Una de las cosas más asombrosas que he aprendido en la vida
es que existe un cerebro masculino, y que el mío
no coincide exactamente con él.»

Sunny, treinta y un años, casada, tres hijos, abogada

Era una noche como otra cualquiera. Después de acostar a nuestra hija Gabrielle, que acababa de cumplir dos años, Gail y yo nos tomamos unos momentos para introducir una cinta en el vídeo. Era 1992. Llevábamos varios meses peleándonos de forma intermitente. Ni Gail ni yo nos sentíamos apoyados ni comprendidos. Nuestra comunicación se había interrumpido en más de una ocasión. Nos queríamos y queríamos a nuestra hija, pero habíamos empezado a pronunciar la palabra «divorcio». Varios amigos nuestros estaban divorciados, pero nosotros no queríamos hacerlo al cabo tan sólo de seis años de matrimonio y buscábamos ayuda. Uno de nuestros amigos, un colega en el campo de la salud mental, nos había regalado una colección de cintas de vídeo titulada *Sexo cerebral.* Esa noche decidimos hacer un hueco en nuestros quehaceres, el cuidado de una hija de corta edad, el matrimonio y el cansancio habitual, para verla.

La colección constaba de tres cintas de vídeo. La carátula ostentaba las palabras «Sexo cerebral». Gail me miró con expresión irónica y preguntó:

—¿De modo que dos cerebros pueden practicar el sexo?

Empezamos por la primera cinta. El tema era las diferencias entre las hormonas masculinas y femeninas y la forma en que esas hormonas, que comienzan a desarrollarse en el útero, configuran el cerebro de un niño y de una niña. La investigación videográfica comprendía bebés, niños de corta edad, adolescentes y adultos. En cada etapa de la vida analizada, los hombres y las mujeres mostraban unas marcadas diferencias. La segunda cinta consistía en otra investigación similar, realizada en distintos países, sobre la función del cerebro y la forma en que el cerebro masculino difiere del femenino. Gail y yo habíamos leído algunos de esos estudios, pero no habíamos visto lo que mostraba esa cinta.

Transcurridos unos diez minutos de cinta, Ruben Gur, neurocientífico de la Universidad de Pensilvania, sonrió a la cámara mientras enseñaba al presentador del documental unas imágenes en color del funcionamiento del cerebro obtenidas por resonancia magnética. Esas imágenes mostraban con toda nitidez que los cerebros de las mujeres tenían un aspecto muy distinto del de los hombres, incluso cuando realizaban las mismas tareas. Los cerebros de las mujeres aparecían mucho más iluminados y coloristas que los de los hombres. (Últimamente los investigadores han constatado que el cerebro femenino recibe un 15 por ciento más de flujo de sangre que el masculino.) Cuando procesamos las emociones, por ejemplo, el cerebro de la mujer presenta más áreas corticales (áreas físicas del cerebro) activas que el del hombre. Cuando hablamos, pensamos, recordamos o nos relacionamos, el cerebro femenino y el masculino presentan unas marcadas diferencias, que Gail y yo pudimos ver. El trabajo pionero de Ruben Gur ha sido corroborado por científicos de todo el mundo. (Véanse las notas a la introducción para acceder a estos trabajos de investigación.)

Examinamos varias veces las imágenes cerebrales mostradas en las cintas y luego contemplamos la tercera cinta de *Sexo cerebral* (que recomiendo vivamente a todo el mundo). En nuestras vidas profesionales, Gail y yo habíamos leído material sobre «el cerebro masculino» y «el cerebro femenino», pero no habíamos contemplado pruebas como aquéllas. Después de seis años de matrimonio, nos enfrentábamos a la realidad humana.

—Creíamos saberlo casi todo sobre nosotros —dije—, pero al parecer no sabemos lo suficiente.

—No cabe duda de que existe un cerebro «masculino» —respondió Gail—. Una resonancia magnética no admite discusión.

Los dos comprendimos que nuestra comunicación, nuestro mutuo apoyo y nuestros conocimientos sobre nuestra relación acababan de comenzar, al cabo de seis años de matrimonio.

Aceptar que éramos muy distintos uno de otro era un hecho inevitable que contribuiría a salvar nuestro matrimonio. Los dos éramos humanos y debíamos aprender a tener en cuenta la naturaleza humana.

¿PODEMOS SABER LO QUE ÉL PIENSA REALMENTE?

La gente suele decir: «Eso es típico de un hombre».

O bien: «Eso es muy machista».

O bien: «¿Por qué hacen eso los hombres?»

Lo mismo cabe decir de las mujeres, utilizando palabras de género femenino.

Estas frases articulan nuestros conocimientos intuitivos de un hecho que las nuevas ciencias nos muestran hoy en día: las mujeres constituyen lo «femenino» y los hombres lo «masculino», no sólo debido a su anatomía física y sexual, sino a que sus cerebros son profundamente distintos.

Cada capítulo de este libro explora diferentes aspectos del cerebro masculino (puesto que este libro es ante todo una visión de la mente de los hombres), pero al mismo tiempo clarifica buena parte de la misteriosa mente femenina.

¿Cómo sabemos que el cerebro masculino es distinto del femenino? Como reza el dicho, una imagen vale más que mil palabras. Las PET, o tomografías de emisión de positrones, son unas imágenes que muestran cómo funciona el cerebro. Las RM (resonancias magnéticas) y las SPECT (tomografías computarizadas por emisión de fotones simples), nos permiten asimismo observar el interior de nuestras cabezas.

Gran parte del material de este libro se basa en el trabajo de científicos que captan imágenes del cerebro masculino y el femenino mientras los sujetos piensan, sienten, viven, se relacionan, actúan e incluso duermen. Estas imágenes están ahora al alcance de todos, y gracias a ellas es más fácil hablar de la naturaleza humana que hace una década. Antes de que existieran esas pruebas neuronales, decíamos: «No existe la "naturaleza humana". Somos una pizarra en blanco y la cultura nos configura». Llevando el argumento aún más lejos, decíamos: «Todos poseemos el mismo cerebro, que la cultura moldea y convierte en "masculino" y "femenino". Si modificamos la socialización, modificaremos al hombre».

Podíamos tratar de convencernos de que nuestra pareja es idéntica a nosotros.

Gracias a lo que hemos aprendido a través de las PET, SPECT y RM, estos conceptos ya no son válidos. Aunque la sociedad, la influencia cultural y lo que llamamos «crianza» tienen mucho que ver con los ropajes psicológicos que lucen los hombres y las mujeres, el cerebro masculino y el cerebro femenino son «masculino» y «femenino», independientemente de la cultura o el continente en el que se críen los hombres y las mujeres. La cultura es importante, pero la biología es mucho más importante de lo que imaginábamos.

Gracias al material científico del que disponemos hoy en día, tenemos grandes posibilidades de llegar a comprender a los sexos. Confío en que el lector halle una visión interesante en este libro, unos conceptos nuevos que contribuyan a que sus relaciones sean más armoniosas y satisfactorias. Nuestro primer paso comienza con una imagen más clara de lo que es un cerebro y, ante todo, del aspecto que presenta el cerebro masculino.

UN AMABLE VISTAZO AL CEREBRO MASCULINO

Cada cerebro humano, ya sea masculino o femenino, posee 100.000 millones de neuronas, un número similar al de estrellas y planetas que hay en la Vía Láctea. Al igual que la luz que una lejana estrella emite hacia nuestro campo visual en el cielo nocturno, las células de nuestro cerebro emiten entre sí unas señales a la velocidad de la luz. Cuando las personas dicen «existe el mundo exterior y el alma interior, y ambos se reflejan mutuamente», comprenden de manera instintiva el hecho de que nuestros cerebros humanos son, de un modo misterioso, la imagen especular del cosmos, un concepto que he desarrollado más detalladamente en *The Soul of the Child* [El alma del niño]. Creo que las rápidas interacciones electromagnéticas de las células del cerebro humano constituyen unos de nuestros reflejos biológicos más evidentes de lo que las religiones denominan el «alma».

Este asombroso cerebro se forma en el útero, y ahí comienza su periplo hacia un cerebro «masculino» o «femenino». Los tejidos y las neuronas están genéticamente conectados para crecer de determinada manera, y las hormonas inciden en el cerebro fetal para convertirlo en un cerebro masculino o femenino.

Así es como funciona a grandes rasgos: en el útero materno, las hormonas son segregadas en determinados momentos con el fin de catalizar el crecimiento del cerebro. Específicamente, entre los tres y seis meses, el cerebro de la niña o el niño fetal es bombardeado por distintas hormonas. Cuando un cerebro que se está formando es bombardeado por testosterona, se desarrollan determinadas áreas corticales que se conectan con otras. Las conexiones entre las áreas corticales se producen en lo que denominamos las vías neuronales. Cuando un cerebro que se está desarrollando es bombardeado por estrógenos y progesterona, se desarrollan otras áreas corticales que se conectan entre sí.

Si el feto en el útero es un varón cromosómico (XY), el sistema hormonal de la madre interpreta esto como «masculino» y hace que el cerebro del niño sea bombardeado por una mayor cantidad de testosterona. Si el feto en el útero es una hembra cromosómica (XX), el sistema hormonal de la madre hace que su cerebro sea bombardeado por una mayor cantidad de hormonas femeninas. En el útero, el cerebro del feto es «sexualizado» (feminizado o masculinizado) por las hormonas.

Los niños y las niñas, y los hombres y las mujeres, comparten las mismas hormonas. El niño fetal no sólo recibe testosterona y la niña fetal sólo estrógenos. El desarrollo cerebral de todos los fetos, independientemente de su sexo, es estimulado por todas las hormonas, al igual que los hombres adultos tienen algunos estrógenos y las mujeres adultas alguna testosterona. Pero las señales emitidas entre los ovarios de la madre y el feto dependen en gran medida del cromosoma XY o XX. Un niño recibirá más testosterona y, por tanto, tendrá un cerebro más «masculino»; una niña recibirá más estrógenos y, por tanto, tendrá un cerebro más «femenino». A los seis meses de gestación, el cerebro del niño y de la niña están formados y a partir de entonces se verán afectados por las hormonas masculinas o femeninas.

El desarrollo del cerebro masculino y del femenino en el útero pueden verse afectados por el estrés que la madre experimente durante el embarazo. Si una mujer embarazada está sometida a un fuerte estrés, debido a malos tratos físicos, a una enfermedad o a un grave trastorno emocional, esto puede afectar la secreción de testosterona y estrógenos. Por ejemplo, si se siente abrumada por el estrés, los niveles de la hormona del estrés de la madre (cortisol) pueden ser muy elevados, lo cual reducirá la secreción de testosterona que necesita un feto varón para su desarrollo normal. En este caso, un varón cromosómico, un niño, podría nacer con pene, testículos, una relación músculo-grasa masculina y otros rasgos masculinos, pero con un cerebro femenino. A medida que crece, este chico puede sentirse como una niña atrapada en el cuerpo de un niño. Una imagen PET de su cerebro puede mostrar que el niño posee un sistema cerebral femenino, pero una fisiología y unas hormonas masculinas.

Recientemente hemos tenido noticia de casos similares a través de programas de televisión como *20/20* y artículos de prensa. En una anomalía natural, algunos niños nacen con genitales masculinos y femeninos. Antiguamente (y hoy en día también en gran medida) los médicos no aprendían en la facultad de medicina que el cerebro masculino y femenino es distinto. Por tanto, un médico puede decir a unos padres: «Los niños y las niñas son formados por sus padres y la cultura, así que podemos elegir un sexo y cambiar quirúrgicamente el cuerpo según convenga». En un célebre caso dado a conocer por los medios de comunicación, un médico extirpó quirúrgicamente los genitales masculinos, convirtiendo al niño en una niña. Por desgracia, esa «niña» luchó contra su identidad sexual y padeció unas depresiones que casi la llevaron al suicidio. Al cumplir catorce años, sus padres y el médico le informaron de lo que le habían hecho al nacer. Cuando por fin comprendió lo sucedido, la niña se sometió a una operación de cambio de sexo. En la actualidad vive sin depresiones suicidas ni otros efectos colaterales de tener un cerebro y un cuerpo que no están sincronizados.

El individuo cuyo cerebro y cuerpo no están sincronizados paga un elevado precio. La naturaleza reduce el número de personas que deben pagar ese precio ayudando a los varones a desarrollar un cerebro masculino y a las mujeres un cerebro femenino antes de nacer. Los casos como el citado más arriba demuestran que aunque el cerebro humano es decididamente plástico y flexible y que la educación y el entorno influyen en él, la condición masculina o femenina del cerebro no es tan maleable como pretenden hacernos creer algunos. Los hombres y las mujeres adquieren nuevas habilidades neuronales a lo largo de la vida, pero eso no significa que cambie la formación de su cerebro, del mismo modo que la personalidad básica de una persona no cambia sustancialmente a lo largo de su vida. Si una persona es tímida, es tímida; si es decidida, es decidida. Las personas son como son. Podemos enseñarles nuevos conocimientos, pero no podemos pretender modificar la naturaleza fundamental de lo que son. Es más, tratar de hacerlo puede ser muy perjudicial.

EVITAR LOS ESTEREOTIPOS

Igual de nefasta es la perpetuación de los estereotipos, ya sean estereotipos de masculinidad y feminidad tradicionales como nuevas tendencias de la cultura popular. A medida que avanzamos para explorar a qué nos referimos cuando hablamos de un cerebro «masculino» y un cerebro «femenino», conviene reconocer que las ciencias biológicas humanas no pretenden estereotipar a las personas. Los biólogos han demostrado la existencia de un gigantesco espectro de diferencias cerebrales entre los hombres y las mujeres. Dentro de los parámetros del típico cerebro masculino existe un amplio espectro de posibles conductas. Por ejemplo, algunos hombres se sienten incómodos al hablar de sus sentimientos, mientras que otros no tienen inconveniente. El cerebro masculino (al igual que el cerebro femenino) es multifacético y capaz de hacer y ser muchas cosas en muchas ocasiones.

Cuando hablemos de los hombres, evitaremos estereotiparlos. Hablaremos sobre las tendencias biológicas experimentadas por hombres y mujeres en relación con los hombres. Al explorar esas tendencias, con frecuencia generalizaremos sobre los «hombres» y las «mujeres», pero en cada capítulo de este libro tendremos también en cuenta las excepciones que confirman la regla. Exploraremos por qué ocurren esas excepciones en la evolución humana. Yo las denomino «cerebros puente», cerebros masculinos y femeninos que conectan los dos sexos. Si las tendencias biológicas nos ayudan a hablar de los hombres y las mujeres como grupos biológicos, los cerebros puente tienen mucho que enseñarnos, pues a menudo no encajan en esos grupos. A la naturaleza siempre le ha gustado tanto la excepción como la regla.

¿CÓMO RECONOCEMOS UN CEREBRO MASCULINO?

Después de observar cómo se desarrolla el cerebro en el útero, exploremos la respuesta a la siguiente pregunta: ¿a qué nos referimos cuando hablamos de un «cerebro masculino»? A tal fin, observaremos la estructura y la función del cerebro y más adelante detallaremos específicamente las diferencias entre la estructura y función del cerebro masculino y el femenino. Al término del capítulo, expondré un cuestionario que le ayudará a identificar las cualidades del cerebro masculino y del femenino. Sus respuestas le ayudarán a comprender la biología del cerebro del hombre y en qué medida un hombre que usted conozca vive la vida desde la perspectiva de un cerebro «masculino»; y también en qué medida ese hombre, e incluso usted, puede ser un cerebro-puente. Pueden responder a esas preguntas usted misma, su marido, sus hijos o cualquier hombre que conozca.

Pero antes de responder al cuestionario, examinemos brevemente el cerebro.

El cerebro humano

Nuestro cerebro se divide en tres partes.

La médula oblonga o *bulbo raquídeo*, situada en el lugar en el que el cuello y la columna vertebral se unen al cráneo, es la parte más antigua del cerebro. Controla la digestión, la respiración y las respuestas musculares de luchar o huir.

El sistema límbico, que rodea la médula oblonga, es una parte del cerebro que se desarrolló posteriormente en la historia humana. Cumple dos funciones principales: estimular nuestras respuestas emocionales al mundo y organizar nuestras respuestas sensoriales a nuestro entorno. La amígdala y el hipocampo, en los que se encuentran las principales diferencias entre los hombres y las mujeres, están localizados en el sistema límbico. Al igual que el hipotálamo, la parte del cerebro que estimula nuestras respuestas hormonales.

Los cuatro lóbulos de la parte superior del cerebro —occipital, parietal, temporal y frontal— están situados alrededor del sistema límbico. Esta *corteza cerebral* o *neocórtex* constituye la parte más reciente del cerebro (se desarrolló hace menos de dos millones de años). Se divide en dos hemisferios, el derecho y el izquierdo. El neocórtex se ocupa de nuestro pensamiento, del habla, del razonamiento moral, de la lectura, la abstracción, el dibujo, las idealizaciones y la orientación de objetivos, entre otras cosas.

El cerebro masculino

Tanto el cerebro masculino como el femenino poseen estas tres partes. Las diferencias residen en el tamaño, así como en la forma en que se conectan y funcionan. Dado que los 100.000 millones de neuronas se comunican entre sí de modo distinto en el cerebro masculino y el femenino, ciertas partes del tejido cerebral presentan un aspecto diferente en las imágenes PET.

A continuación hablaré de las diferencias que hay en áreas muy interesantes entre el cerebro masculino y femenino. Cada uno de los ocho capítulos de este libro explora esas diferencias de forma más pormenorizada, pero esta introducción proporciona una descripción básica del cerebro masculino.

Diferencias en las funciones espaciales. El cerebro masculino ha desarrollado a lo largo de millones de años una tendencia bioambiental a cazar y construir. Aunque el hombre que conocemos no cace animales ni construya edificios en su vida cotidiana, los cerebros masculinos tienden a un mayor desarrollo de ciertas habilidades espaciales complejas como el diseño mecánico, la medición, la dirección, la abstracción y la manipulación de objetos físicos. Por esto es más probable que un hombre dedique la tarde del domingo a trabajar en el garaje con una sierra mecánica para cortar madera y construir una casita para el perro que su esposa. La aportación de testosterona en el útero y de nuevo durante la pubertad son responsables de la creciente dependencia del hombre de las estrategias espaciales y mecánicas del cerebro. Esas aportaciones tienen un efecto especial sobre las funciones espaciales del hemisferio derecho del cerebro masculino.

Diferencias en las funciones verbales. Debido a que el cerebro masculino dedica más áreas corticales a las funciones espaciales, tiende a dedicar menos a la producción y utilización de palabras que la mujer. Por este motivo el hombre suele dedicar su tiempo libre a jugar con un balón de fútbol o con un videojuego, mientras que la mujer charla por teléfono o lee un libro.

Los hemisferios derecho e izquierdo de nuestro cerebro están conectados por un pequeño grupo de nervios llamado cuerpo calloso. Este grupo de nervios permite que ambos hemisferios se comuniquen. En los hombres, el cuerpo calloso suele ser aproximadamente un 25 por ciento más pequeño que en las mujeres. Debido a esto, los hombres no conectan tantos sentimientos ni pensamientos con palabras como las mujeres. Si el sentimiento o el pensamiento tiene que desplazarse del hemisferio derecho al izquierdo, el hombre tiene un 25 por ciento menos de probabilidades de conseguirlo. Esto es crucial, porque el cerebro masculino produce el lenguaje en el hemisferio izquierdo, mientras que las mujeres utilizan seis o siete áreas corticales para desarrollar el lenguaje en ambos hemisferios. Por tanto, a los hombres les cuesta más que a las mujeres producir lenguaje a partir de la experiencia. Por regla general, emplean aproximadamente la mitad de palabras que ellas.

Diferencias en la química del cerebro. La diferencia en la utilización de palabras no sólo está relacionada con las estructuras del neocórtex, también lo está con la forma en que nuestros cerebros segregan determinadas sustancias químicas. La secreción de serotonina y oxitocina, dos sustancias químicas muy potentes, es estimulada en el hipotálamo. La serotonina nos calma. Los hombres poseen menos serotonina que las mujeres. Por ejemplo, un hombre puede reaccionar ante una amenaza utilizando respuestas físicas, mientras que una mujer posiblemente trate de resolver la situación hablando.

La oxitocina es una sustancia química que favorece la vinculación afectiva. Cuando los seres humanos se sienten encariñados con alguien o algo, este sentimiento proviene en gran medida de la oxitocina. La oxitocina forma parte de lo que los biólogos llaman el instinto de «atender y ser amable», que se opone al de «luchar o huir». Cuanto más altos sean los niveles de oxitocina en el cerebro, menos agresiva será la persona. Asimismo, la persona que posea unos elevados niveles de oxitocina mostrará una empatía más inmediata y directa, y tenderá a relacionar la vinculación afectiva y la empatía con los centros verbales del cerebro, preguntando: «¿Cómo te encuentras?» o «¿Va todo bien?»

Recientemente, los científicos han constatado que los hombres tienen menos oxitocina que las mujeres. Las niñas suelen encariñarse con sus muñecas, mientras que los niños tienden a pasar más tiempo, por ejemplo, desplazando pelotas en el espacio real o moviendo figuras de vídeo en el espacio virtual de los videojuegos. Las niñas y las mujeres se relacionan durante más tiempo con otras personas y con objetos de forma sedentaria, más sosegada y verbal, mientras que los niños y los hombres tienden a buscar un alivio rápido a la tensión física. Debido a la menor presencia de oxitocina, un hombre suele tardar más que una mujer en establecer un vínculo afectivo, por ejemplo, con un niño adoptado.

Distintas estrategias para desarrollar un vínculo afectivo. Cuando pasamos en coche frente a una cancha en la que hay hombres jugando a baloncesto, estamos ante un grupo de hombres que dependen más de una función espacial que verbal. Mueven un objeto, una pelota, a través del espacio, y disfrutan de su vínculo afectivo más debido al juego que practican que a la utilización de palabras. Cuando pasamos frente a una cafetería y vemos a mujeres charlando, estamos ante un grupo de mujeres que dependen más de una función verbal que espacial. No suelen desear mover un objeto a través del espacio para sentirse bien. No suelen necesitar una pelota, un objeto de caza mediador, a través del cual desarrollar un vínculo afectivo con las demás. Mientras conversan se conectan en sus cerebros seis o siete centros de lenguaje, de los cuales deriva el placer que sienten en su mutua compañía. Sus cerebros dependen de la plácida incentiva de la serotonina, que les proporciona el deseo de permanecer sentadas tranquilamente durante horas, y de la compleja química del vínculo afectivo que propicia la oxitocina.

Primero actuar y luego hablar. Para resumir la diferencia en estas observaciones, diremos que: los niveles bajos de serotonina y oxitocina contribuyen a la tendencia biológica del cerebro masculino a decantarse en primer lugar por actuar y luego hablar.

En el cerebro femenino ocurre lo contrario. A esto se suma el hecho de que el cerebro masculino no oye tan bien como el femenino. En lugar de depender de unas sutiles señales audibles, como el habla, el cerebro masculino responde antes a unas señales más obvias, a través de la acción. A través de las acciones de los hombres comprobamos que el cerebro masculino se mueve más a impulsos, buscando objetos externos con los que conectar, que el femenino. Los hombres son menos propensos a detenerse, a ser pacientes, a escuchar, a comunicar sus emociones verbalmente. De modo que si usted tiene el parachoques de su coche abollado, por ejemplo, y su marido o compañero se muestra más interesado en repararlo que en escuchar sus explicaciones sobre lo ocurrido, no significa que sea insensible, sino que tiene un cerebro típicamente masculino.

Hormonas. El hipotálamo estimula la secreción de nuestras hormonas. Los hombres poseen un sistema hormonal dominado por la testosterona, la hormona del sexo y la agresividad. Los hombres poseen veinte veces más testosterona que las mujeres. Incluso la mujer más fornida tiene niveles de testosterona más bajos que el hombre menos musculoso.

La testosterona influye en la formación del cerebro masculino, en el tamaño del cuerpo calloso, en la actividad espacial del hemisferio derecho y en centenares de rasgos, incluyendo la mayor agresividad de los hombres. Esta agresividad puede manifestarse mediante la violencia física o, simplemente, con una mayor ambición social. Por ejemplo, los altos ejecutivos, ya sean hombres o mujeres, poseen unos niveles de testosterona más elevados que el promedio de sus colegas del mismo sexo. A veces vemos la testosterona en acción cuando pasamos frente a un establecimiento de videojuegos. El niño que se entretiene con un videojuego de carreras de coches experimenta un aumento de sus niveles de testosterona mientras grita a la pantalla y trata de ir más rápido. El hecho de que aumenten sus niveles de testosterona le hace sentirse bien. El hombre o la mujer que juega al fútbol incrementa sus niveles de testosterona, al igual que las personas sentadas en las gradas para contemplar el partido. La competitividad y la testosterona están directamente relacionadas con los cerebros del participante y el observador. La testosterona constituye una parte importante de la energía vital humana.

La amígdala. La amígdala, situada en el sistema límbico, es responsable de muchas de nuestras emociones e impulsos agresivos. La amígdala es más grande en los hombres que en las mujeres, lo que incrementa la agresividad. En el cerebro masculino, existe una menor conexión de la amígdala a otras zonas del cerebro que regulan las emociones mediante la transferencia de los impulsos emotivos al lóbulo frontal, la parte pensante del cerebro, situada en el neocórtex, para traducirlos en un control de los impulsos y la toma de decisiones morales. Como exploraremos más a fondo en el capítulo siguiente, los hombres y las mujeres piensan de forma distinta sobre la ética, la empatía y la moral, en gran parte debido a las diferencias en la amígdala y en las vías neuronales que la conectan con la parte superior del cerebro.

El hipocampo. Este centro de memoria es mayor en las mujeres que en los hombres, y existen más vías neuronales que lo conectan a los centros emocionales en las mujeres que en los hombres. ¿Se ha preguntado alguna vez por qué las mujeres suelen recordar más detalles físicos y emocionales que los hombres? Quizás haya observado que una mujer suele recordar el color del mantel, las flores y la comida que sirvieron durante una cena celebrada hace seis años, mientras que el hombre (que estaba sentado en la misma mesa) apenas recuerda algún detalle. Buena parte de esta diferencia de memoria entre los sexos reside en la diferencia del hipocampo entre mujeres y hombres.

A lo largo de millones de años, el cerebro femenino ha evolucionado hacia un hipocampo mayor, más capaz de conectar recuerdos, palabras y sentimientos entre sí. Esta evolución del cerebro femenino probablemente se debe a que las mujeres se ocupaban del cuidado de los hijos y la vida de éstos dependía de la capacidad de una mujer de interpretar complejas señales emocionales/verbales. Los hombres no tenían que recordar esas señales cuando cazaban o construían, ni realizar tantas conexiones entre recuerdos, palabras y sentimientos. En capítulos posteriores exploraremos de forma más exhaustiva la diferencia del hipocampo, al igual que todas las diferencias cerebrales que exponemos brevemente aquí.

Cerebros en reposo. Los cerebros de las mujeres no reposan (no se «desconectan», no se toman un respiro del estrés) tanto como los cerebros de los hombres. Mediante escáneres del cerebro, realizados en la Universidad de Pensilvania, Ruben Gur comprobó que los cerebros de las mujeres trabajan constantemente, mientras que los de los hombres «se desconectan», por ejemplo, delante del televisor. Los hombres se toman «descansos cerebrales» con más frecuencia que las mujeres. Contemplan la pantalla del televisor que tienen ante sí, pero a menudo no prestan atención a lo que ven. El cerebro femenino se toma menos descansos mentales. Por lo general, en el cerebro femenino existe una mayor actividad neuronal continuada. El cerebro femenino goza de un 15 por ciento más de flujo cerebral que el masculino, y en el cerebro femenino se conectan en un determinado momento más centros cerebrales que en el masculino.

Circunvolución del cíngulo. Cuando el cerebro femenino está en reposo, la mayor parte de su neurotransmisión, a diferencia del hombre, se halla alojada en la circunvolución del cíngulo, un importante centro de sentimientos y emociones del sistema límbico. Por el contrario, cuando el cerebro masculino está en reposo, una mayor proporción de su neurotransmisión reside en la médula oblonga, donde está situado el impulso de luchar o huir. En las imágenes que hemos visto en televisión de bomberos y policías entrando apresuradamente en el World Trade Center durante los ataques terroristas del 11 de septiembre, contemplamos una ilustración gráfica de una mayor actividad en la médula oblonga del cerebro masculino. Los hombres dedican menos tiempo a analizar sus sentimientos. El mecanismo de luchar o huir se activa más rápidamente en el hombre cuando percibe una señal de peligro. Las mujeres adquieren una ventaja social al reflexionar más sobre sus sentimientos, pero son menos propensas a poner sus vidas en peligro.

¿Las diferencias cerebrales entre los hombres y las mujeres disminuyen o se incrementan?

Al explorar los rasgos básicos del cerebro masculino de forma breve e introductoria, sólo hemos iniciado nuestro viaje a la mente del hombre. Quizás el lector haya conseguido, en estas pocas páginas, hacerse una idea general del cerebro masculino y su evolución a lo largo de millones de años. Quizá se pregunte: dado que la vida humana ha cambiado notablemente durante los últimos miles de años,

¿no cabría pensar que el cerebro masculino evoluciona ahora de forma distinta a como lo hacía hace unos cientos de años? Conviene responder a esta cuestión en los primeros estadios de nuestra exploración del cerebro masculino, pues encierra una pregunta tácita: ¿pueden cambiar los cerebros masculinos?

Las diferencias y similitudes entre el cerebro masculino y el femenino aumentan y disminuyen hoy en día según en qué aspectos. Aunque muchos hombres han adquirido unos conocimientos emocionales y relativos a la vida familiar que sus padres no poseían, ciertos estudios muestran que, en general, las diferencias entre el cerebro masculino y el femenino siguen siendo claras. Como la mayoría de nosotros hemos aprendido intuitivamente en nuestras relaciones con el otro sexo, la masculinidad o la feminidad del cerebro no están tan abiertas a los cambios como muchos desean creer.

Una razón clave es el tiempo que ha tardado el cerebro en formarse. Hasta hace aproximadamente diez mil años, cuando comenzó la era agrícola, los seres humanos eran cazadores y recolectores. Para que nuestra especie sobreviviera, teníamos que distribuirnos los quehaceres. Dado que las mujeres portaban los órganos y las hormonas para gestar hijos en su interior, estaban menos dotadas para la caza. Las actividades de recolección (la búsqueda de raíces y tubérculos ocultos), así como la crianza de los hijos, el cuidado de los ancianos y las labores sociales entre tribus estaban al cargo de las mujeres. La caza y la construcción de grandes estructuras, junto con la protección tribal, las regían los hombres, que estaban física, emocional y mentalmente más dispuestos a desplazarse y eran más prescindibles desde un punto de vista social.

Durante la era agrícola, que duró hasta hace unos centenares de años, cuando comenzó la era industrial, nuestros cerebros continuaron esta evolución. A medida que crecieron las poblaciones y aumentó la competencia por los recursos, estallaron más guerras, se construyeron edificaciones más grandes y se organizaron civilizaciones mayores. Muchas personas pasaron de una vida nómada a una vida sedentaria.

En las ciudades, los hombres adquirieron una mayor envergadura física que miles de años atrás. Su masa muscular era mayor.

A lo largo de centenares de años, la relación grasa/músculo de las mujeres aumentó. Los esqueletos eran mayores. El cerebro masculino y el femenino siguieron evolucionando al ritmo que el hombre y la mujer, mientras el espectro de la actividad cerebral aumentaba para satisfacer las tecnologías sociales. A medida que la vida se hizo más compleja, el cerebro adquirió un mayor estrés y siguió adaptándose según la probada pauta de la distribución del trabajo que le había ayudado a sobrevivir durante millones de años.

La población mundial sigue aumentando, por lo que hoy en día estamos enzarzados en una competencia tan brutal como estresante. Cuantas más personas hay en la Tierra, mayor competencia por los recursos físicos, sociales y mentales experimenta el cerebro. Los problemas económicos de las familias son más complejos que nunca. A medida que las normas de apareamiento y matrimonio se desintegran, se agudiza la competencia para conseguir pareja. A medida que los sistemas de familia nuclear y ampliada se desintegran, los niños compiten por el afecto de los adultos a los que quieren y en quienes confían. Nos hallamos sometidos a un intenso estrés neuronal debido a las tecnologías sociales y al impacto neuronal directo de medios de comunicación como la televisión, el cine y los ordenadores.

No es descabellado afirmar que se han reducido las diferencias entre el cerebro masculino y el femenino en algunas áreas. Por ejemplo, desde que en nuestras escuelas otorgamos gran importancia a las habilidades verbales (leer, escribir, expresar oral y correctamente nuestros pensamientos), obligamos a los chicos como grupo a pulir sus habilidades verbales —leer, escribir y expresarse de forma compleja—, más que hace millones de años. Obligamos a más vías neuronales del cerebro masculino a trabajar en busca de una fluidez verbal. Dado que el matrimonio y otras relaciones en las que se involucran los hombres dependen de las palabras en mayor medida que cuando se dedicaban a cazar, hace millones de años, sus crecientes habilidades verbales se han adaptado y les resultan muy útiles.

Pese a esos pequeños cambios, no obstante, la diferencia entre los cerebros del hombre y la mujer en las funciones verbales sigue siendo muy acusada. Los niños que adquieren sus habilidades verbales más tarde (por lo general, un año más tarde) son varones; los niños que suelen fracasar en las habilidades verbales y estudian cursos de educación especial son varones; los niños y los adultos que utilizan menos palabras son en su mayor parte varones; y los hombres suelen leer menos libros que las mujeres. Incluso más allá de estas comparaciones, algunos investigadores del cerebro sostienen que la diferencia en la utilización de palabras entre los hombres y las mujeres aumenta a medida que las mujeres adquieren un mayor poder social y, simplemente, hablan más durante reuniones sociales.

Otras diferencias entre los hombres y las mujeres aumentan también en lugar de disminuir. La masa muscular de los hombres y la relación grasa/músculo de las mujeres están aumentando. Producimos unos hombres con una mayor masa muscular que hace cien años (no hay más que fijarse en los jugadores de baloncesto, de más de dos metros de estatura), y producimos mujeres con más grasa que hace cien años. Los factores nutricionales, sociales y otros, que inciden en nuestros cuerpos y cerebros como hombres y mujeres, no sólo no reducen las diferencias entre ambos sexos, sino que las incrementan.

Cuando pensamos en términos de hombres y mujeres, pensamos en ellos como grandes grupos, y bajo esta perspectiva podemos decir que la diferencia entre el hombre y la mujer no evoluciona a partir de la condición humana y que sigue siendo muy extendida. Pero cuando pensamos en hombres individuales y los comparamos, por ejemplo, con sus padres, observamos diferencias notables. Lo extraordinario del cerebro individual es su capacidad de adaptarse. La capacidad de desarrollo de todos los cerebros es muy amplia, y siempre ha sido así. Lo que podemos afirmar hoy en día con certeza sobre el desarrollo del cerebro humano es que su capacidad de desarrollo se está ampliando con cada generación. Así, la inmensa variedad de posibilidades con respecto al desarrollo masculino y femenino está aumentando. Examinemos la amplitud de este espectro.

Algunos hombres que usted conoce

En un extremo del espectro se encuentra el cerebro más masculino que cabe imaginar: bajos niveles de serotonina, bajos niveles de oxitocina, cuerpo calloso pequeño, centro del lenguaje reducido. Se conoce como cerebro altamente masculinizado. Está definido por el flujo de testosterona en el útero.

En el otro extremo del espectro se halla el cerebro más femenino que cabe imaginar: elevados niveles de serotonina, elevados niveles de oxitocina, un cuerpo calloso grande, numerosos centros del lenguaje. Este cerebro queda definido por la ausencia de un flujo de testosterona en el útero. En una mujer, este cerebro se denominaría, según la jerga popular, «muy femenino». En los hombres lo llamaríamos un cerebro-puente.

Para hacerse una idea de un sistema cerebral muy masculinizado piense en los héroes de las películas de acción. Esos hombres están singularmente concentrados en su tarea. Apenas existe una comunicación entre los dos hemisferios. Les gustan las cosas que hacen ruido y estallan; poseen menos neuronas relativas al oído, por lo que los ruidos estrepitosos no les molestan. Esos hombres no dependen en gran medida de la producción de palabras. En *Terminator*, el personaje interpretado por Arnold Schwarzenegger no pronuncia más de treinta palabras.

Esos hombres ponen el énfasis en la agresividad más que en la empatía directa, poseen una amígdala de gran tamaño con menos señales neuronales en los lóbulos frontales y mayores niveles de testosterona. El personaje típicamente varonil de Schwarzenegger carece relativamente de sentimientos, aunque se muestra compasivo con quienes desarrolla un vínculo afectivo. Puesto que posee un hipocampo más reducido, con unas vías neuronales de escaso alcance a los centros emocionales, no depende demasiado de los recuerdos personales ni de los detalles sensoriales.

Es marcadamente espacial y mecánico; depende de objetos que se mueven en el espacio y presentan un diseño mecánico —coches, furgonetas, rifles, balas y sus propios puños—, y la utilización cortical del hemisferio derecho es mayor que la del izquierdo.

Los héroes de las películas de acción ilustran el extremo de la masculinización del espectro cerebral. Por supuesto, Schwarzenegger representa un estereotipo. Los estereotipos suelen situarse en los extremos del espectro debido a que son muy simples, y los personajes simples suelen ser los más idóneos para historias sencillas y divertidas. Pero, incluso como estereotipos, son reconocibles como el extremo más «masculino» del espectro cerebral.

En el otro extremo del espectro, el más femenino en el sentido neuronal, imaginamos a una mujer no espacial y más hábil a la hora de utilizar palabras. Le encantan las cosas suaves y delicadas. Le cuesta introducir un balón en una canasta y darle a una pelota con un bate. De niña, le gustaba acunar a sus muñecas y cuidarlas, arrullarlas y hablar con ellas. No le gustan los ruidos estrepitosos, pues goza de un oído muy fino. Posee un excelente sentido del olfato y el gusto. Probablemente le encanta leer. Incluso de adulta, es incapaz de calcular la altura de un edificio con una mirada, pero posee un magnífico sentido del color.

Quizá se diga usted: «Ahora Gurian está estereotipando a las mujeres». Es cierto que pinto un cuadro extremo de uno de los polos del espectro cerebral. Describo a unas mujeres que prácticamente carecen de testosterona, que suelen nacer sin ovarios, por lo que sus cuerpos producen muy poca testosterona. Como no tenían ovarios, durante la gestación sus cerebros y sus cuerpos segregaron, mientras se formaban, muy poca testosterona. Por consiguiente tienen un cerebro muy «femenino», prácticamente libre de la masculinización de la testosterona.

Sus funciones espaciales y de diseño mecánico en el hemisferio derecho suelen estar poco desarrolladas, de modo que no dependen tanto de ellas como otras mujeres. A muchas de ellas incluso les cuesta aprender a conducir un coche. Por lo general, sus cerebros tienen unas áreas corticales muy desarrolladas para las habilidades verbales y para la experiencia sensual y táctil. Debido a la escasez de testosterona, poseen un oído más agudo de lo normal, por lo que los ruidos estrepitosos les resultan dolorosos. Ven un espectro de color más amplio que otras chicas o mujeres. Las pruebas galvánicas de respuesta de la piel muestran que los nervios que tienen debajo de la superficie de la piel son extraordinariamente sensibles. Tienen una baja tolerancia al dolor.

El hombre que posee elevados niveles de testosterona y la mujer que no puede producir testosterona nos procuran ejemplos prácticos de los extremos del espectro cerebral, que tal vez no sean útiles para definirnos como seres humanos, pero sí nos ayudan a comprender los límites externos del desarrollo cerebral masculino y femenino. Para ayudarle a comprobar qué lugar del espectro ocupa el hombre de su vida he creado un cuestionario, escrito para el punto de vista masculino. Si usted es una mujer, puede responder a él en lugar de un hombre que conozca bien. En este cuestionario me refiero a la pareja del hombre como su «esposa», pero se puede sustituir este apelativo por otro, como novia o compañera, según el papel que represente ese hombre en su vida. Si hace esta prueba en lugar de su «esposo», puede cotejar las respuestas con él. Quizás acierte en la mayoría de ellas y se equivoque en algunas. Esta prueba puede ser motivo de una conversación divertida y provechosa.

EL CUESTIONARIO DEL CEREBRO MASCULINO

Escriba «A» «B» y «C» en una hoja de papel. Elija una respuesta para cada apartado, que hacen un total de diez respuestas. Anote tres puntos por cada respuesta A, dos puntos por cada respuesta B y un punto por cada respuesta C. Al terminar sume los puntos.

1. Cuando va en el coche hablando con su esposa sobre una fiesta a la que ambos han asistido, ella le pregunta, por ejemplo: «¿Te has fijado en que Judith y Tony parecen tener problemas conyugales?»

   A. A usted no le apetece hablar sobre la relación de Judith y Tony.
   B. Bien pensado, quizá su esposa tenga razón, pero usted no observó nada extraño entre Judith y Tony durante la fiesta.
   C. Mientras estaba en la fiesta observó que Judith y Tony tenían problemas.

2. Cuando se sienta con su esposa delante del televisor y pasan revista a todos los canales, el control del mando a distancia es imprescindible para que usted disfrute de esa experiencia.

   A. Se pone nervioso si no lo controla; su esposa quiere ver unos programas que a usted le aburren o le ponen nervioso.
   B. No se divierte si no tiene el mando a distancia, pero está de acuerdo en que su esposa lo controle en algunos momentos.
   C. No le importa qué canales ven mientras pasan un rato juntos delante del televisor.

3. Cuando usted y su esposa hablan sobre cosas que ocurrieron hace muchos años, ella recuerda el aspecto que tenía todo, lo que dijo cada cual y otros detalles relativos a los sentimientos y a los sentidos.

   A. Usted rara vez recuerda esas experiencias con tanto detalle.
   B. Con frecuencia recuerda esas experiencias con gran detalle.
   C. Tiene tan buena memoria como su esposa para ese tipo de detalles sensoriales.

4. Su esposa se queja de que usted no la escucha ni le presta atención.

   A. Muchas veces.
   B. Algunas veces.
   C. Nunca o casi nunca.

5. Cuando está sentado ante su ordenador o realiza otra tarea que requiere concentración, tiene problemas (e incluso se impacienta y se irrita) si su esposa le interrumpe para decirle algo o hacerle una pregunta.

   A. Muchas veces.
   B. Algunas veces.
   C. Casi nunca.

6. Cuando su esposa ha tenido una jornada difícil o es evidente que algo la preocupa y desea hablar de ello:

   A. Usted se pone nervioso.
   B. La escucha brevemente y luego trata de ayudarla a solventar el problema.
   C. Le complace tener la oportunidad de conectar con ella y explorar juntos sus sentimientos.

7. Cuando usted ve a un grupo de chicos practicando un juego físico y uno de ellos cae al suelo:

   A. Le dice inmediatamente: «Eso no es nada. Levántate y sigue jugando».
   B. Observa un rato sin hacer nada para comprobar si el chico está bien, y en ese caso le dice que se levante y se incorpore al juego.
   C. Se acerca a él, se agacha para comprobar si está bien y le ayuda a levantarse.

8. En un mundo utópico en que usted fuera el rey y pudiera dedicar su tiempo libre a hacer lo que quisiera, preferiría hacer una de las siguientes cosas:

A. Practicar y/o jugar a un juego físico y atlético o un juego no físico y competitivo (como el ajedrez o el póquer), o trabajar en un proyecto o pasatiempo consistente en construir o reparar algo con las manos.
B. Relajarse y leer un libro durante un maravilloso atardecer o llamar a un amigo para charlar con él.
C. Ir de compras, preferentemente con alguien que disfrute con esa actividad tanto como usted.

9. Cuando da un paseo en coche con la familia o emprenden un viaje, es importante para usted saber situar el norte, el sur, el este y el oeste.

A. Más que para su esposa.
B. Igual que para su esposa.
C. Menos que para su esposa.

10. Mientras usted y su esposa examinan algún documento escrito, si la radio suena al fondo y cambia de una canción a otra:

A. Usted no se percata tan rápidamente como su esposa y no hace ningún comentario.
B. Usted y su esposa perciben el cambio en el sonido y la canción con la misma frecuencia.
C. Usted se da cuenta con más frecuencia que su esposa y lo comenta.

El resultado

El resultado más alto en esta prueba es treinta puntos, el más bajo, diez. Todos los resultados, incluso los extremos de treinta y diez, se inscriben dentro de lo normal, por lo que no existe un resultado «malo». Decir que un resultado es mejor que otro sería como afirmar que una personalidad segura de sí misma es mejor que una tímida. Evidentemente, la personalidad sólo es el motivo psicosocial de ser; no es algo que deba juzgarse.

Esta prueba y su resultado indican sólo dónde encaja un hombre en el espectro cerebral y deben utilizarse únicamente a título de curiosidad.

Si el hombre puntúa entre veinte y treinta, lo más probable es que su sistema cerebral se incline hacia el extremo más masculino del espectro. Si puntúa por debajo de veinte, su sistema cerebral se inclinará más hacia el extremo femenino del espectro y es posible que sea un cerebro-puente. Es imposible asegurarlo con certeza a través de este cuestionario, pero probablemente todos poseemos una intuición que nos indica quién es un cerebro-puente. Una imagen PET es una excelente forma de conocer con exactitud cómo funciona un cerebro-puente, pero hoy por hoy es una tecnología demasiado cara para que esté al alcance de cualquiera.

CEREBRO-PUENTE

Cuando yo rellené este cuestionario obtuve veinticuatro puntos. Al tratar de ayudar a los demás a comprender a los hombres en sus vidas, procuro compartir abiertamente con ellos quién soy. Teniendo en cuenta mi opinión personal sobre la vida que he vivido, lo que las personas de mi entorno me dicen sobre mí mismo, mis resultados del cuestionario sobre el cerebro masculino y otros parámetros médicos, como estudios endocrinos relativos a mis niveles de testosterona, creo que en el espectro cerebral mi cerebro es aproximadamente un 60 por ciento «masculino» y un 40 por ciento «femenino».

Según todos los datos que he recabado, así como mis resultados en el cuestionario (obtuve tres puntos en seis respuestas, dos puntos en tres respuestas y un punto en una respuesta), no me considero un cerebro-puente. No obstante, en ciertas áreas poseo unos rasgos propios de un cerebro-puente: por ejemplo, disfruto hablando sobre mis sentimientos. En esta pregunta (la 6) respondí C, y como Gail puede confirmar, a veces me pongo a hablar de mis sentimientos y no paro. Este resultado podría inducirme a pensar que soy un cerebro-puente; pero creo que no es así. Esta expresión de emociones es un ejemplo de una cualidad cerebral que puede aparecer en el extremo femenino del espectro, pero que al mismo tiempo puede ser muy masculino. Cuando sufro una crisis emocional, no soy muy dado a expresarla verbalmente; prefiero buscar un desahogo rápido a mi tensión nerviosa, ir a correr durante un buen rato, replegarme en mí mismo y permanecer en silencio o posponer mis reacciones (véase el capítulo 3 para más detalles sobre cómo tiende el cerebro masculino a elaborar las emociones). De modo que aunque disfruto escuchando a Gail hablar sobre sus sentimientos y experiencias, y también disfruto hablando de los míos si no estoy excesivamente nervioso, sigo siendo bastante «masculino» en mis respuestas ante los sentimientos cuando me siento estresado o disgustado.

Lo que yo considero un hombre con un auténtico cerebro-puente obtendría un punto en la pregunta 6 y probablemente utilizaría las palabras para expresar sus sentimientos, en lugar de practicar un deporte o un ejercicio físico para descargar su tensión física y resolver la crisis emocional. Es posible que tenga peor sentido de la orientación que su esposa. Quizá no le gusten los juegos o deportes tanto como las actividades sensuales como ir de compras, y quizá le guste cuidar personalmente de personas con problemas. Quizá sea menos ambicioso que muchas de las personas que le rodean (no es que sea perezoso, sino que no le apetece conquistar el mundo). Tiene un trabajo que cumple de forma competente, pero en el fondo le preocupan más las relaciones que entabla con la gente que conoce que promocionar su producto. Tal vez no sea la persona adecuada para el cargo de vendedor, que requiere una buena dosis de agresividad social. Cuando maneja el mando frente al televisor, es posible que busque culebrones y programas que contengan diálogos cargados de emotividad y tensión romántica. Quizá no sienta tanta necesidad como otros hombres de cambiar a menudo de pareja y experimentar una variedad sexual. Este hombre con un cerebro-puente puede experimentar niveles de estrógenos y de progesterona algo superiores al promedio de hombres y niveles de testosterona algo más bajos. Lo cual podría estar relacionado con su hipotálamo y tener su origen durante la gestación.

Frank es probablemente un hombre con un cerebro-puente. Esto fue lo que me escribió:

> Soy un maestro de primer curso. De niño prefería la compañía de las niñas a la de los niños. Soy heterosexual, de modo que no se trataba de una inclinación gay. Sencillamente, tenía una mentalidad más parecida a las de las niñas que a las de los niños. Esto causaba una gran consternación a mis padres. Creían que no me abriría camino en la vida. Mi madre trató de cambiarme de forma más sutil que mi padre, pero los dos estaban preocupados por mí. Me gustaban las joyas, la ropa femenina, disfrazarme. Muchas niñas que conocía eran más masculinas que yo.
>
> Lo pasé muy mal en el colegio y, más tarde, durante lo de Vietnam. En la escuela, los deportes no se me daban bien y no tenía espíritu competitivo. Los demás chicos se metían conmigo y me machacaban. Me inscribí en el Servicio Selectivo, pero no me veía matando a nadie. No era por motivos religiosos, sino por mi forma de ser; me repugnaba matar. Por suerte, no me reclutaron.
>
> La otra noche le oí hablar sobre los cerebros-puente y creo que yo lo soy. Tengo dos hijos y, paradójicamente, mi hijo es muy machote. A mi esposa le digo en broma que se parece más a ella que a mí. Es muy interesante tener un hijo así; creo que es el hijo que mis padres hubieran deseado tener.

Conocí a Frank más tarde y a través de nuestra conversación averigüé que había sufrido más de lo que me describía en su correo electrónico. Este hombre con un cerebro-puente había crecido con un sistema cerebral que, sobre todo durante su infancia, no guardaba relación con las expectativas sociales que se le exigen a un varón.

¿Cuántos varones cerebros-puente existen en el mundo?

Creo que no hay manera de saber con certeza cuántos varones cerebros-puente hay en el mundo. En el futuro, quizá logremos obtener imágenes PET de todo el mundo. De momento, sólo podemos hacer unos cálculos. Aunque todos poseemos cuando menos un rasgo propio de un cerebro-puente, calculo que aproximadamente un 25 por ciento de los hombres que hay en el mundo lo son. Un número que no deja de ser significativo.

Como hemos comentado antes, todo hombre es en cierto aspecto un cerebro-puente, puesto que posee cierta cantidad de estrógenos y de progesterona. Y si examinamos a los seres humanos desde un punto de vista espiritual, observamos que todos aúnan lo masculino y lo femenino. No obstante, en términos estadísticos la mujer que lea este libro tiene más probabilidades de mantener una relación íntima con un hombre que posea más cualidades neuronales masculinas que femeninas que con un hombre cerebro-puente. Esto puede representar un problema, porque durante las cuatro últimas décadas el hombre con un cerebro-puente ha sido idealizado por multitud de mujeres. Un gran número de mujeres desearía que existieran muchos más varones cerebros-puente, dado que, al menos en teoría, les resultaría más fácil relacionarse con esos hombres debido a que tienen una mentalidad más femenina.

A lo largo de este libro abordaré distintos aspectos de cómo esta idealización de los cerebros-puente constituye uno de los motivos por los que hoy en día nuestras relaciones son tan complicadas. Cuando las mujeres idealizan al hombre cerebro-puente y se sienten engañadas porque la mayoría de ellos —a menudo aquellos que aman— no encajan en esa categoría, inconscientemente creen en la idea de que para estar enamorados debemos ser emocionalmente iguales y estar, a nivel de relación, inmersos uno en el otro. Por fortuna, esto no es cierto.

LA TEORÍA DE LA SEPARACIÓN ÍNTIMA

Durante nuestros trabajos de investigación del cerebro hemos comparado diversas clases de relación afectiva. Estudiar el cerebro humano equivale a estudiar cómo los seres humanos aman y son amados, y esto no lo sabía cuando comencé a investigar en busca de información sobre el cerebro. Me movía la curiosidad. Deseaba ampliar mis conocimientos profesionales y, en la medida de lo posible, conocerme mejor a mí mismo. A medida que mi interés aumentaba, deseé ser un mejor terapeuta, padre y miembro de la comunidad. No vi lo que ahora veo: cuando llegamos a comprender la mente y el corazón del otro, hallamos una clave para desarrollar una relación duradera: la teoría de la separación íntima. Lo que averiguamos sobre la naturaleza del cerebro masculino y femenino nos conduce a un marco teórico y práctico muy importante para gozar de un amor, una relación y un matrimonio duraderos.

Existen numerosas tesis en los campos de la filosofía social y la autoayuda sobre cómo gozar de unas relaciones íntimas satisfactorias y duraderas. Muchas de ellas, si no todas, contienen cierta verdad. Como consejeros matrimoniales, Gail y yo hemos dado a conocer y vivido muchas de ellas, pero ninguna ha resultado tan poderosa como la teoría de la separación íntima. Si esas dos palabras, «íntima» y «separación», le parecen paradójicas, no se equivoca. Da la impresión de que la naturaleza nos obliga a amarnos a través de la paradoja, determina que las relaciones sentimentales sean un cúmulo de contradicciones y que nuestro futuro y el de nuestros hijos dependa de que sepamos crear una comprensión y una compasión por medio de la intimidad y la separación. Cuando la gente dice «el sexo opuesto» o «los polos opuestos se atraen», esa intuición es fruto de la investigación del cerebro. El cerebro masculino y el femenino no sólo son congénitamente distintos, sino que esas diferencias biológicas se agrandan por las tensiones de la intimidad.

A lo largo de este libro me propongo mostrar que la separación íntima es esencial para el funcionamiento del cerebro y puede aportar felicidad y éxito a la relación. En cada capítulo abordaré un aspecto distinto de la teoría de la separación íntima. Permítame que en las siguientes páginas exponga los fundamentos de esta teoría.

La forma más elemental de explicarlo es la siguiente: el desarrollo del cerebro parece indicar la necesidad de un patrón cíclico de apego y desapego entre los seres humanos. Si estamos demasiado unidos, el cerebro se siente estresado. Si estamos demasiado distantes uno de otro, el cerebro se siente estresado. El cerebro busca un equilibrio de intimidad y separación. Esto es particularmente evidente en dos díadas o parejas primordiales:

1. Parejas padre-hijo durante el proceso de maduración del niño.

2. Parejas casadas o compañeros en una relación duradera.

Al hablar de esta teoría hago hincapié en las relaciones duraderas porque, como veremos en el capítulo 4, aproximadamente durante los primeros seis meses de relación sexual, la separación no es esencial; el cerebro y el cuerpo anhelan una intimidad. Por lo general, transcurridas las fases iniciales de una relación sentimental es cuando resulta esencial practicar la separación íntima.

Todo indica que existen unos ritmos naturales en la naturaleza humana con respecto al apego y al desapego que se inician en la infancia y continúan durante toda la vida. Con frecuencia se utiliza la metáfora de la marea para describirlos. Nos acercamos a nuestro hijo o nuestro amante, tras lo cual retrocedemos, y así una y otra vez, como la marea que avanza y retrocede.

De bebés sentimos apego por las personas que cuidan de nosotros, pero a la vez estamos lo suficientemente desapegados para observar el mundo. A medida que crecemos, nos separamos poco a poco de ellas, aunque seguimos queriéndolas. La separación significa que nos independizamos en el sentido físico: nuestro cerebro tiende a la autosuficiencia. En la adolescencia, realizamos una separación casi traumática de nuestros padres. Los varones tienden a llevar a cabo una separación de sus padres más definida que las mujeres.

Durante la última década hemos podido observar, a través de

las RM, cómo funciona el cerebro cuando una persona se une y se separa de alguien. Podemos ir más allá de la metáfora de la marea para examinar el ritmo de la intimidad y la separación en el cerebro. Con un equipo que mide los niveles de cortisol (la hormona del estrés), podemos calcular el ritmo de la química cerebral. Por ejemplo, cuando una persona atraviesa una habitación hacia la persona que ella o él necesita en aquel momento, las hormonas del estrés disminuyen; cuando ella o él se alejan, aumentan. Pero si una persona avanza hacia alguien que en aquel momento no necesita, las hormonas del estrés aumentan; cuando él o ella se alejan de esa persona, disminuyen. El cerebro humano envía señales, por medio de los niveles de las hormonas del estrés, sobre el apego y la separación en determinados momentos durante el día y a lo largo de toda la vida.

Antes de los trabajos de investigación del cerebro, la gente creía, de manera inconsciente, que el estrés humano siempre disminuía y el amor humano siempre aumentaba con la intimidad. La investigación del cerebro muestra que nuestra naturaleza interna posee una inteligencia relacional conectada a ella. Esta inteligencia trata de regular la necesidad natural del fluir y refluir del apego y la separación. Pero esta inteligencia relacional no pretende sólo garantizar una mayor intimidad, sino que en determinados momentos del día, la semana, el mes, el año y a lo largo de la vida busca una menor intimidad. Tal como veremos en los capítulos 3, 4 y 5, esto es especialmente evidente cuanto más cerca del extremo masculino del espectro se halle el hombre o la mujer. Para el cerebro marcadamente masculino, una intimidad forzada y constante suele ser agobiante, semejante a una trampa o una cárcel. Todo el mundo necesita privacidad y separación durante una relación; muchos hombres lo necesitan más de lo que habíamos sospechado.

Si bien la teoría de la separación íntima cobra sentido con toda claridad a partir del estudio del cerebro masculino, es también muy valiosa con respecto al cerebro femenino. Las mujeres suelen presentar a sus compañeros sentimentales una personalidad maleable. Una de las principales razones es la elevada tasa de oxitocina. En su búsqueda de un vínculo afectivo, de amor e intimidad, las mujeres con frecuencia «se abandonan» a una relación; luego, al cabo de unos años, se sienten totalmente atrapadas. Entre los hombres, el sentirse atrapado suele aparecer mucho antes. Los hombres tienden a ser menos maleables que las mujeres y se inclinan hacia una mayor independencia. Uno de los motivos principales es el elevado nivel de testosterona. En la dinámica hombre/mujer, la separación que el varón ansía y la intimidad que la mujer busca crean un flujo y un reflujo antagónico. Si el hombre y la mujer no lo regulan, ese flujo y reflujo antagónico puede destruir una relación. Si los hombres y las mujeres aprendieran a practicar la separación íntima, podrían crear un terreno neutral para una relación duradera que beneficiaría tanto a las mujeres como a los hombres. A medida que analicemos la separación íntima en este libro, contribuiremos a que las relaciones y los matrimonios adquieran una enorme fuerza. Gail y yo hemos experimentado esta renovada fuerza en nuestra relación. Hemos hallado la separación íntima que necesitamos. Como comprobará el lector en los casos clínicos que compartiré con él en este libro, todo el mundo puede practicar la separación íntima. A menudo se trata sencillamente de reajustar las conductas destructivas en una relación o un matrimonio.

EL PODER DE LA IDENTIDAD NATURAL EN NUESTRAS RELACIONES

Después de siglos de una visión limitada sobre la variedad de la identidad natural del ser humano, la humanidad del siglo XX ha experimentado con el concepto de que la naturaleza humana sólo es una pequeña parte de la vida y del amor del ser humano. Esto ha llevado a numerosas innovaciones en materia de tecnologías sociales y a la expansión de los papeles sociales del hombre y la mujer. Al mismo tiempo, estas innovaciones nos han llevado a arrinconar las identidades naturales de los hombres y las mujeres. El péndulo del pensamiento humano se ha alejado de nuestro conocimiento sobre la identidad biológica, de forma que hoy en día la mayor parte de la gente trata de desarrollar sus relaciones sin un profundo conocimiento de la mente y el corazón de sus parejas sentimentales. Esto se debe a que hemos arrinconado millones de años de historia natural, lo cual siempre tiene consecuencias. Tal como dice un viejo anuncio: «No conviene engañar a la Madre Naturaleza».

En cada uno de los capítulos siguientes concluiré mi exploración del cerebro masculino con la evidencia del poder íntimo que adquieren las relaciones cuando comprendemos a fondo el sistema cerebral. Al despojarnos de nuestra ceguera cultural ante la naturaleza humana, adquirimos un poder saludable. En mis libros *The Wonder of Boys* y *The Wonder of Girls*, analizo la forma en que el hecho de pensar en las identidades naturales de los chicos y las chicas altera de modo positivo y permanente nuestra capacidad para amar de manera plena a nuestros hijos. En última instancia, el esfuerzo que realizamos para comprender la identidad natural de los chicos, las chicas, las mujeres y los hombres incide no sólo en las personas y las relaciones individuales, sino en toda nuestra sociedad. A través de este esfuerzo, podemos conducir a la humanidad a nuevos éxitos en todos los aspectos. Por fortuna, las nuevas ciencias nos demuestran el potencial ilimitado de la naturaleza humana. Esas ciencias no nos hacen retroceder hacia unos papeles caducos, sino todo lo contrario. Nos liberan para descubrir quién y qué es una persona. Nos liberan para hacer el amor de forma convincente, amar compasivamente, respetar el alma humana, percatarnos del valor del ser humano, conseguir que los matrimonios vuelvan a funcionar y ocuparnos de los demás tal como los seres humanos ansían hacer

Comprender a los hombres de su vida constituye un camino al poder: un poder en su hogar, en su lugar de trabajo, en su familia, en la calle. Para profundizar más en este poder, debemos formular una pregunta fundamental: «¿Qué es un hombre?», y responder a ella sólo como puede hacerlo la naturaleza.

2

Cómo responde la naturaleza a la pregunta «¿qué es un hombre?»

«¿Por qué se comporta de esa forma? Se exige demasiado, pero ¿por qué?»

Anne, treinta y seis años, casada, madre de dos hijos, economista

«"Ser un hombre" es muy importante para los chicos y los hombres. Lo llevan dentro.»

Tracy, treinta y tres años, soltera, consejera escolar

El film de Steven Spielberg *Salvar al soldado Ryan*, acerca de la Segunda Guerra Mundial, termina con dos de las escenas más conmovedoras en la historia del cine estadounidense. En la primera escena, el capitán Miller, interpretado por Tom Hanks, agoniza sobre un puente de piedra en una aldea francesa. La mano derecha le tiembla y tiene la mirada perdida mientras el soldado Ryan, interpretado por Matt Damon, se inclina sobre él para escuchar sus últimas palabras. El capitán Miller musita: «Esto te lo tienes que ganar».

El soldado Ryan le mira perplejo mientras observa cómo muere. La cámara nos muestra el rostro de Matt Damon mientras trata de comprender el significado de las palabras de Miller. Luego contemplamos la imagen del rostro del soldado Ryan décadas más tarde, cuando tiene más de setenta años. El rostro de Ryan de joven se convierte, cinematográficamente, en su rostro de anciano y aparece, rodeado de su familia, junto a la tumba del capitán Miller. Los ojos se le llenan de lágrimas cuando recuerda las profundas palabras que le dijo el capitán Miller años atrás.

«Esto te lo tienes que ganar.» Un hombre tiene que ganarse su vida.

Como todos los hombres, el capitán Miller sabía esta verdad primordial: que el lugar de un hombre en el mundo y su valía personal rara vez le son regalados. Miller fue el mentor durante la guerra de jóvenes como Ryan que tenían que comprender lo que significaba ser un hombre. Y Ryan, en esa aldea francesa hace tanto tiempo, no sólo era todos los hombres, sino un joven que soportaba una pesada carga sobre sus hombros. Sus tres hermanos habían caído en el campo de batalla. El capitán Miller y sus soldados habían sido enviados para salvar a Ryan, para ayudarle a regresar a casa, puesto que era el único hijo que quedaba para trabajar en la granja de la familia en Iowa. Cuando el capitán Miller musitó «esto te lo tienes que ganar», no sólo decía «eres un hombre y tienes que ganarte tu lugar en el mundo», sino «muchas personas han muerto para que tú puedas vivir. Tú, James Ryan, tienes que hacerte un hombre de bien».

Al alzar la vista de la tumba del capitán Miller y de sus recuerdos, con los ojos llenos de lágrimas, el anciano soldado Ryan se vuelve hacia su esposa y le pregunta: «¿Lo he logrado? ¿He llevado una vida satisfactoria? ¿He sido un buen hombre?»

Su esposa, conmovida por la emoción de Ryan, aunque no comprende del todo lo que es de capital importancia en la vida de este hombre, responde: «Sí».

La cámara se aleja y vemos a James Ryan, su esposa, sus hijos y sus nietos, y las tumbas de miles de hombres que murieron para que él pudiera ganarse una vida.

En la frase que susurra el joven capitán que agoniza, «esto te lo tienes que ganar», reside una de las verdades fundamentales de la naturaleza del hombre. La pregunta, pronunciada por un anciano, «¿he sido un buen hombre?», encierra la esperanza de haber cumplido esta verdad fundamental.

En este capítulo espero mostrar que la vida de un hombre, variada, compleja e irreducible, comienza con la obsesión del cerebro masculino por demostrar su valía pese a todas las heridas, las tragedias y los problemas.

Espero mostrar que los chicos y los hombres emprenden una búsqueda a lo largo de su vida basada en la naturaleza de su propia valía, y que esa búsqueda, aunque semejante en su humanidad, es muy distinta de la de una joven o una mujer.

LA DESESPERACIÓN DE LOS HOMBRES Y LA ESENCIA DE LA MASCULINIDAD

Nacidos durante la generación del *baby boom*, muchos de los hombres que usted conoce crecieron en una época que eliminó al «hombre» del diálogo humano y lo sustituyó por «papeles de género». «Hacerse un hombre» perdió su significado. A algunos hombres esto no les afectó, pero para la mayoría se convirtió en una desesperación invisible que atacó primero a los varones adolescentes, sembrando la confusión en sus vidas y provocándoles en ciertos momentos el deseo de destruir sus comunidades y sus sociedades. La investigación realizada a lo largo de veinte años nos muestra que la mayoría de los hombres de la generación del *baby boom*, y por ende las mujeres que los aman, experimentan en determinados momentos una profunda desesperación. Libros como *Stiffed*, de Susan Faludi; *The Sibling Society*, de Robert Bly; *The War Against Boys*, de Christina Hoff Sommer; *A Fine Young Man*, escrito por mí; *Angry Young Men*, de Aaron Kipnis; *The Myth of Male Power*, de Warren Farrell; *Finding Our Fathers*, de Sam Osheron, y *Fatherless America*, de David Blankenhorn, pretenden demostrar la desesperación de los hombres y los muchachos que tratan de vivir sin una identidad masculina.

La desesperación por el desarrollo inadecuado de una identidad puede afectar a cualquiera que se halle en esta circunstancia, ya sea un hombre o una mujer. Para los hombres, no es la desesperación de no saber cómo valorar la naturaleza de la masculinidad, sino la de sentirse avergonzado de ser un hombre. Según unos trabajos de investigación recientes, si un hombre no consigue comprender quién es, tiende a experimentar una devaluación de su yo y una desesperación que se traduce en uno o varios de estos comportamientos:

- Emprender la búsqueda de algo en la vida y las relaciones que jamás encuentra y en última instancia castigar a los demás por no dárselo.
- Convertirse en un adicto al trabajo que sólo ofrece bienes materiales a su familia, en lugar del amor que necesitan.
- Tratar de dominar a las mujeres.
- Saltarse las normas éticas y demostrar una falta de compasión cuando otros resultan perjudicados (por ejemplo, violar la ética empresarial y profesional).
- Tratar de destruir física o socialmente a otros que parecen poseer una identidad y una autoridad territorial (por ejemplo, la violencia o terrorismo de ciertas bandas).

Esa desesperación oculta que sienten muchos hombres me la expuso en una carta, en unos términos muy humanos, Sandoval, un hombre de cuarenta y siete años, padre de dos hijos y psicólogo.

> De joven, durante mi adolescencia y al cumplir veinte años, deseaba saber qué significaba ser un hombre. Pero no obtuve la respuesta, lo cual me provocó a mí y a otras personas mucho dolor. Dediqué dos décadas de mi vida a experimentar con otras personas para llegar a comprender quién era yo. No era una mala persona. No quería herir a la gente, y menos a las mujeres que amaba; pero no quería que un grupo, según su doctrina política o religión, me dijera lo que ellos creían que debía ser un hombre. Quería averiguar lo que significaba ser un hombre. Quería hallar la esencia de la masculinidad. A los treinta y pocos años seguía sintiéndome mal por ser hombre y no saber quién era.

La crisis de identidad que experimentó Sandoval se ha convertido en un grave problema para la sociedad contemporánea; muchos hombres buscan infructuosamente, obsesionados por el trabajo a toda costa, hiriendo o dominando a otras personas con el fin de demostrarse a sí mismos su valía. Por fortuna, nuestra cultura está despertando y percatándose de la desesperación de innumerables muchachos y hombres. No abundaré en ello, puesto que no haría sino reiterar unos trabajos que yo mismo y otros investigadores hemos realizado. Prefiero exponer lo que creo que constituye la esencia de la masculinidad desde una perspectiva neurobiológica. ¿Qué es lo que Sandoval y en gran medida todos los hombres tratan de hallar? ¿Qué clase de identidad buscan?

Espero demostrar en las páginas que siguen que forman parte de la esencia biológica de la masculinidad la obsesión y el deseo de demostrar la propia valía, no sólo como persona, sino como hombre. Esta esencia del hombre representa la masculinidad en sus facetas más positivas: capaz de sacrificarse por los demás, responsable, amable, inteligente, potente; y en sus facetas más negativas: brutal, desdeñoso, destructivo, peligroso.

Como en todas las tesis que ofrezco en este libro, expondré lo que un hombre podría pensar. No presumo de comprender todo lo que un determinado hombre pueda pensar. Esta lista no es más que una lista.

LA BIOLOGÍA DEL YO MASCULINO

¿Ha observado usted estas cosas?

- Los hombres tienden a anteponer la búsqueda de la propia valía y el poder personal a la intimidad. Es muy difícil lograr que un hombre anteponga el cuidado de su familia a un trabajo que debe terminar en el despacho.
- Los hombres suelen relacionarse con los demás con mayor grado de independencia personal que las mujeres. Los hombres, a diferencia de las mujeres, por lo general esperan un comportamiento más independiente de los niños.
- Los hombres suelen buscar la forma de sentirse heridos, de exhibir sus heridas, de vivir según la ley de su espada, de jugar a infligir y recibir heridas. Se ponen a prueba. Procuran expe-

rimentar un dolor físico, como cuando practican deporte aunque estén lesionados o evitan ir al médico cuando deberían hacerlo.

- Los hombres no suelen sentirse tan satisfechos como sus esposas de crear un nido y explorar las relaciones dentro del mismo; suelen manifestar la necesidad de abandonar el nido, de proyectar metas lejanas que les permitan experimentar su valía y poder.
- Los hombres tienden a humillarse entre sí, a despreciarse, a descalificarse, y por lo general se tratan de una forma que a las mujeres les parece repugnante y cruel. Pero ellos se ríen, se toman el pelo mutuamente, bromean y parecen sentirse asistidos, apoyados y queridos por sus congéneres.
- Los hombres ansían demostrar su valentía y su coraje, sacrificarse para alcanzar a toda costa el máximo mérito personal y poder, en pos del poder y el estatus que proporciona pelear contra lo imposible para hacerlo posible. Durante la guerra de Vietnam, muchos hombres que se sacrificaron y perdieron estatus en lugar de ganarlo, sintieron que la masculinidad colectiva había sido traicionada.

Muchas de estas tendencias han sido identificadas en nuestra cultura y estudiadas desde una perspectiva social o psicológica. Tratemos de perfeccionar nuestros conocimientos añadiendo la perspectiva biológica. A medida que comprendamos la esencia de la masculinidad por medio de las tendencias biológicas, exploraremos el efecto que estos elementos de la biología ejercen sobre la vida de los hombres:

- **La testosterona, la hormona masculina dominante, asociada al sexo y la agresividad, a la búsqueda de poder social, a la ambición y la independencia.**
- **La vasopresina, una sustancia química que se encuentra en mayor proporción en los cerebros de los hombres que en los de las mujeres, y que está asociada a la territorialidad, la jerarquía, la competitividad y la persistencia.**

- **La oxitocina, una sustancia química del cerebro más abundante en las mujeres, asociada a los cuidados maternos, la conexión verbal-emotiva y los establecimientos de vínculos afectivos.**
- **Las diferencias en la forma en que los cerebros del hombre y la mujer recopilan información sensorial y sensual.**
- **El mayor desarrollo de las áreas corticales en el cerebro masculino destinadas al pensamiento espacial y los sistemas abstractos.**
- **El papel de las hormonas femeninas, incluidos el estrógeno y la progesterona.**
- **Los mecanismos biopsicológicos instalados en los procesos reproductores de los hombres para descubrir y expresar la fuerza.**

El imperativo del rendimiento

La comprensión de la esencia de la masculinidad empieza por observar el imperativo del rendimiento que posee la mayoría de los hombres. La mayoría de nosotros hemos comprobado la necesidad que tienen los hombres de hacer siempre algo.

- El hombre adicto al trabajo.
- El hombre que compite constantemente.
- El hombre que se salta un semáforo con el coche simplemente para demostrar que puede hacerlo.
- El hombre que obliga a su hijo o a su hija a ser el mejor o la mejor.
- El hombre que sacrifica su vida para los demás en base a un principio supremo en el que cree ciegamente.
- El hombre que cree que es indigno a menos que mantenga a su familia.
- El hombre quc se sienta a contemplar una puesta de sol, pero sólo unos momentos, tras lo cual sigue con lo que estaba haciendo.

Tanto las mujeres como los hombres pueden tener estas experiencias, pero los hombres poseen una tendencia biológica a buscar su valía a través del rendimiento personal e independiente; en las mujeres existe una mayor tendencia a experimentar su valía a través de las relaciones y la intimidad. Esta diferencia, aunque socializada en todas las culturas, tiene su origen en la biología humana.

Dados los niveles más elevados de oxitocina, la hormona de los vínculos afectivos, en el torrente sanguíneo y el sistema cerebral de las mujeres, y una mayor tasa de estrógeno y progesterona que propician los vínculos afectivos, y dado que los hombres están dominados por la testosterona, la hormona de la agresividad, en las mujeres existe una base biológica para el desarrollo de la identidad a través de lo que he denominado el imperativo de la intimidad. En los hombres existe una base biológica para el imperativo del rendimiento.

A toda costa, incluso con dolor

La testosterona impulsa a los hombres a correr mayores riesgos, a poner a prueba sus propios límites y los de los demás, a actuar de forma independiente o en unas jerarquías definidas hacia la obtención de metas, aunque signifique lesionarse. El sistema neuronal masculino constituye otra clave de este imperativo, sobre todo la actividad cerebral situada en la parte superior del cerebro, la corteza cerebral (a veces denominada el «neocórtex» para abreviar).

Los hombres no oyen ni procesan tan bien los datos transmitidos por los otros sentidos como las mujeres. Las pruebas de respuesta galvánica de la piel muestran que la masculina es menos sensible que la femenina; la piel de la mujer es diez veces más sensible al tacto que la de un hombre. La piel masculina resiste menos el dolor físico, y los escáners cerebrales muestran menos actividad neocortical en las respuestas al dolor. En definitiva, los hombres y las mujeres experimentan el dolor físico de modo distinto. Los hombres, menos sensibles al dolor, por lo general no tienden a evitarlo. Es más, los hombres parecen buscar el dolor.

La teoría basada en la naturaleza indica que los hombres suelen pasar su vida tratando inconscientemente de experimentar tanto dolor como el que experimentan las mujeres de forma natural durante la menstruación y el parto. Ignoro cómo podríamos dar validez científica a esta teoría de motivación biológica con respecto al dolor masculino y el afán de ponerse a prueba, pero es indudable que el deseo de buscar experiencias para ponerse a prueba y experimentar más dolor físico que las mujeres es una tendencia biológica en los hombres que no se da en una o muchas culturas, sino en todas ellas. Al margen de la cultura, la búsqueda de fuerza del hombre a menudo eclipsa otras preocupaciones, y el cerebro masculino contribuye a que esto suceda. Cuando decimos «¡Es un obseso del trabajo!» o «¡Mi hijo se exige demasiado!», vemos, entre otras cosas, los efectos de la testosterona y observamos menos centros de dolor en el hombre, y menos resistencia a las exigencias de la testosterona sobre el cuerpo y el sistema cerebral.

DEMOSTRAR APOYO A TRAVÉS DE LA AGRESIVIDAD

Los hombres tienden a relacionarse con los demás demostrando su apoyo a través de la agresividad, mientras que las mujeres tienden biológicamente a demostrar su apoyo a través de la empatía. Esta diferencia —producto de las hormonas, de los sistemas reproductores y de las diferencias en los sistemas cerebrales— crea una constante confusión entre mujeres y hombres. Ellas suelen pensar que los hombres son insensibles, incluso inmorales, porque muestran menos empatía natural que ellas. Los hombres suelen pensar que las mujeres son «blandas» o «débiles» porque carecen de la respuesta agresiva que ellos tienen. Con frecuencia las parejas observan esta diferencia en los estilos contrapuestos de ejercer de padres. Un hombre me escribió: «Mi esposa cree que no quiero a nuestros hijos tanto como ella porque les exijo mucho. Esto es motivo de frecuentes peleas entre nosotros». A continuación me describió cómo ayudaba a sus hijos a hacer los deberes. Él consideraba que su estilo de educar a los niños era «estricto», pero ella lo denominaba «insensible». Cuando respondí a su carta, preguntándole cómo les iba a los niños en la escuela y en casa, el hombre dijo que estupendamente, salvo en lo referente a las frecuentes disputas que tenían él y su esposa. Cuando pedí a la esposa que me escribiera y me contara su versión, reconoció que creía que el estilo de su marido era perjudicial, pero que los niños mostraban una conducta aceptable en los aspectos más importantes de su trabajo escolar y en sus relaciones con los demás.

Esta pareja, como muchos de nosotros, se peleaba debido a unos estilos naturalmente diferentes de educar a los hijos. Tanto los hombres como las mujeres son capaces de querer y cuidar de otras personas, pero a menudo demuestran su cariño hacia los demás, incluidos sus parejas y sus hijos, de modo distinto. La tendencia biológica masculina consiste en fomentar la autoestima de otra persona incitándola a crear un *bypass* neuronal en torno a un hecho traumático y retornar al objetivo presente. Los hombres suelen considerar el objetivo como la prioridad principal y es preciso convencerles de que en un momento dado una persona, incluso un niño, puede sentirse incapacitada. Este forma de demostrar el apoyo a través de la agresividad puede resultar doloroso para un niño o un amigo.

Cuando un hombre pasa junto a un niño que juega al baloncesto y éste se cae al suelo, es probable que, a diferencia de una mujer, le diga «levántate y sigue jugando», aunque el niño se haya herido en la rodilla. Para el hombre, es la mejor forma de proteger la trayectoria del niño hacia la fuerza, la autoestima y la valía personal. La tendencia biológica femenina consiste en fomentar la autoestima de otra persona animándola a procesar emocionalmente un hecho traumático. Puesto que su cerebro contiene más vías basadas en lo emocional que el de un hombre, tiende a proyectar sobre el mundo su pensamiento basado en lo emocional. A una mujer le hubiera gustado que alguien se agachara junto a ella y le preguntara cómo se sentía. El hecho de encestar la pelota puede esperar, ¡a fin de cuentas se trata tan sólo de una red y un aro de metal! Puesto que a ella le gustaría que alguien le demostrara su empatía si se hubiera lastimado, ofrece al mundo lo que desea que le ofrezcan a ella. El hombre también se comporta de acuerdo con su naturaleza.

El estilo femenino de demostrar cariño y apoyo se ha convertido en la norma del cariño y el apoyo en la última década. La empatía inmediata, junto con el análisis de las emociones, se ha convertido en el ideal social. Esto puede resultar desconcertante para las personas que se relacionan con hombres, dado que la tendencia biológica entre los hombres sigue siendo la misma: el hombre tiende a mostrarse menos sensible a los requisitos emocionales de otros y más propenso a incitar a otros a reprimir sus sentimientos y la expresión de su identidad marcándose unos objetivos y arriesgándose.

Si evitamos prejuzgar el estilo masculino de demostrar cariño y apoyo, y asumimos que la naturaleza ha evolucionado y transformado esta conducta en nuestras vidas por un motivo, lo veremos bajo una luz distinta. La empatía directa frente a los pequeños traumas de la vida es un rasgo biológico femenino crucial y útil, pero no un estilo superior. Pone el énfasis en los vínculos afectivos y lo emocional a expensas de los objetivos y la independencia. El modelo masculino de demostrar cariño y apoyo también constituye un elemento esencial, incluso en la interacción entre un niño y un adulto. La autoestima de todos los humanos se apoya tanto en el hecho de marcarse unos objetivos y aprender a valerse por sí mismo como en la empatía directa y el análisis de las emociones.

Hace cien años, las estructuras políticas, al igual que las religiones, ponían demasiado énfasis en el estilo masculino; durante las últimas décadas nuestra literatura popular psicológica y sociológica pone demasiado énfasis en el estilo femenino. Cuando contemplemos estos estilos de demostrar cariño y apoyo como tendencias biológicas en lugar de estructuras religiosas o sociológicas, aprenderemos a respetar ambos estilos. Los dos son cruciales para el desarrollo del ser humano.

De dónde procede el sentido de trascendencia, de poder y de valor del hombre

Los hombres obtienen en gran medida el sentido de trascendencia y de valía personal de sus hijos. Es un hecho demostrado. En las mujeres existe un deseo biológico, fomentado por la sociedad, de convertir a sus hijos, sobre todo los más pequeños, en el centro de sus vidas. Las mujeres poseen vías neuronales y hormonales que las vinculan afectivamente a sus hijos distintas de las de los hombres. Cuando se quedan embarazadas, por ejemplo, los niveles de progesterona y oxitocina aumentan de manera exponencial en comparación con el incremento de esas sustancias químicas que favorecen los vínculos afectivos en el hombre. Durante la fase en la vida de una mujer en que ésta se dedica a criar a sus hijos de corta edad solemos observar que, a diferencia del hombre, en gran medida la valía de la mujer se define a través de los hijos. Así, las mujeres están vinculadas neuroquímicamente a sus hijos. En todas las culturas, por lo general los hombres necesitan apoyarse en una relación emocional y social con sus hijos para desarrollar los correspondientes vínculos afectivos con bebés y niños de corta edad, algo que las mujeres consiguen directamente de sus hormonas y sustancias químicas.

Es natural iniciar un comentario acerca de cómo un padre adquiere sentido de su poder y de su valía personal refiriéndonos a los hijos, puesto que sabemos que todos los padres lo adquieren a través de la procreación. Dadas las diferencias biológicas entre el hombre y la mujer con respecto a establecer o reforzar los vínculos afectivos, el deseo de adquirir cierto grado de poder y un sentido de la propia valía fuera del hecho de ser padre resulta, para los hombres, más fuerte que para las mujeres que están criando a sus hijos.

Muchas personas no necesitan echar mano de la ciencia del cerebro para llegar a esta conclusión. Muchas personas han observado de manera intuitiva que la valía de un hombre suele estar más directamente definida por sus actos en el ámbito social y laboral que por sus actos como padre. En cierta ocasión una paciente me dijo: «Parece que los hombres tratan de alcanzar "grandes" metas en su vida, mientras que las mujeres gozamos más con las cosas "pequeñas" de la vida». Luego se explicó. Las mujeres, ya sea cuando limpian su casa, colocan unas flores en su mesa de trabajo o hacen que su hijo se suene la nariz, obtienen más satisfacción al realizar esos menesteres sensuales. Los hombres, dijo, buscan la satisfacción en otras cosas.

Mi paciente describía una tendencia biológica, innata en el cerebro masculino y el femenino, que con frecuencia es amplificada por la socialización cultural. El cerebro masculino, orientado ante todo hacia las funciones espaciales, se centra más en abstracciones que el cerebro femenino, más inclinado a lo sensual. El cerebro masculino suele necesitar con frecuencia de abstracciones —principios, compañías, jerarquías, deportes—, a través de las cuales vincularse afectivamente y hallar un significado.

Simon Baron-Cohen, sociobiólogo de la Universidad de Cambridge, ha desarrollado recientemente este argumento en *The Essential Difference*, un ensayo sobre la biología masculina y femenina que presenta un cuerpo de pruebas biológicas para demostrar que los hombres tienden a analizar y construir sistemas, mientras que las mujeres se decantan hacia la empatía. Mientras el cerebro de la mujer tiende automáticamente a mostrar empatía hacia una persona implicada en una situación vital, el cerebro masculino tiende automáticamente a situar a esa persona (inclusive a sí mismo) en un sistema abstracto de principios y jerarquías.

Shelley Taylor, profesora de psicología en UCLA, sostiene en *The Tending Instinct*: «Una mujer está biológicamente condicionada para querer y cuidar de otros, proporcionar consuelo y buscar apoyo social en épocas de estrés. Nuestras hormonas, nuestra química cerebral y nuestra respuesta al mundo que nos rodea reflejan esta inclinación natural. Los hombres también poseen ese instinto (de atender y ser amable), pero en menor grado debido a diferencias hormonales y elecciones personales».

Todo indica que el cerebro femenino obtiene un mayor significado de lo que toca, huele, de aquel a quien escucha y de quien le cuenta sus confidencias. Las mujeres, sobre todo las madres de niños pequeños, poseen unos elevados niveles de oxitocina y otras hormonas, lo cual contribuye a la tendencia habitual de renunciar a trabajos a tiempo completo, muy jerarquizados y que requieren una gran dosis de ambición. Las sustancias químicas del cerebro de una mujer la impulsan a cuidar de su hijo y a hallar significado en ese menester. A diferencia de la química cerebral formateada por la testosterona, parece que las mujeres durante esa fase de su vida no necesitan grandes jerarquías en las que hallar poder personal y significado.

La testosterona es la hormona masculina que más llama la atención por lo que se refiere a la motivación del impulso masculino hacia la autoexpresión jerárquica. Pero existe otra potente sustancia química, la vasopresina, que también desempeña un papel importante. En principio se encuentra, al igual que la oxitocina, en el hipotálamo. Regula la persistencia sexual, la agresividad, la conducta jerárquica y la señalización de territorio. Esto no sólo se produce en los humanos, sino en otros mamíferos superiores. Como es natural, la vasopresina, al igual que la testosterona, se halla en cantidades más elevadas en los hombres. También por este motivo el cuidado de los niños no está ni estará nunca regido por los hombres. Ni habrá nunca más maestros que maestras de alumnos en los primeros grados. Esos alumnos necesitan niveles elevados de oxitocina, no de vasopresina. Los alumnos de la escuela secundaria suelen tener más maestros masculinos porque los adolescentes son más independientes y necesitan el estímulo agresivo que aportan los hombres.

«Los hombres no hacen más que hablar de deportes —me decía una mujer de treinta y seis años en un correo electrónico que me envió—. Creen que el mejor equipo o el mejor *pitcher* es importante, pero todo eso me aburre. Aunque trato de no criticarlos.»

«Cuando tuve a mi hija —me escribió una madre—, dejé inmediatamente de trabajar. Mi trabajo no me parecía tan importante como antes de tener a Chloe.»

«Cuando tuve a mi hijo, le miré a los ojos y comprendí cuál era mi misión en la Tierra», me escribió una madre. Le gusta trabajar fuera de casa, pero ahora sólo hace media jornada.

«Observo a los "hombres" y no comprendo sus prioridades —me explicó una mujer, de veintiún años, que estudiaba en la universidad—. Van en una dirección distinta. Tengo la sensación de que aún son adolescentes, cuando yo ya soy una mujer hecha y derecha.»

Todos estos comentarios revelan una diferencia biológica entre la vasopresina y la oxitocina, la testosterona y los estrógenos/progesterona. Asumiríamos un punto de vista más tolerante si nos centráramos en la química cerebral como el fundamento de nuestro ser. Aunque algunos de esos jóvenes universitarios pueden ser inmaduros, muchos otros están condicionados por las hormonas que le parecen contradictorias a una mujer joven que todavía no comprende lo distinta que es su base de oxitocina de una base de testosterona. Asimismo, si un hombre considera a una joven madre inferior a él porque ha renunciado a un lugar de trabajo productivo, dirigido jerárquicamente para gozar de los vínculos afectivos con sus hijos, el hombre no comprende la naturaleza de esa mujer y no capta toda la belleza de la vida humana.

Cuando las madres jóvenes miran a sus hijos de corta edad a los ojos, sus niveles de oxitocina aumentan más que los niveles de oxitocina de los hombres cuando hacen otro tanto. Esas mujeres gozan tocando a su precioso niño pequeño. La esencia de su propio ser, su yo esencial, se sienten enormemente gratificadas. El profundo amor que un hombre siente por su hijo también es gratificante cuando lo abraza y le mira a los ojos, pero también puede mirar por la ventana, hacia mundos lejanos, sintiendo la llamada de la vasopresina y la testosterona y un centenar de otras señales en su sangre y su cerebro que le llevan a explorar y correr grandes riesgos. Este hombre no ama a sus hijos menos que la mujer, pero probablemente expresará ese amor de formas que todavía no comprendemos (unas formas que exploraremos en el capítulo 8).

LOS HOMBRES BUSCAN UNA VOCACIÓN

El sentido de vocación, que quedaría reflejado en la imagen del hombre que mira por la ventana, es una característica biológica de los hombres, que adquirimos explorando a fondo. Es una hormona y una pulsión que proceden del cerebro para crear un foco singular que nos guíe en nuestra trayectoria hacia la potencia y el desarrollo de nuestra propia valía. La gente observa con frecuencia que los hombres parecen oír una llamada cuando son jóvenes, y tratan de centrarse en ella para orientar su vida adulta hacia unas elevadas cotas de significado. A los hombres les suele preocupar mucho el legado que dejarán. La noción de legado es innata en el hombre. A medida que aumenta el número de hombres que viven más años, observamos que diversas vocaciones —diversos senderos hacia la propia valía y el legado— pueden regir los distintos estadios de la vida del hombre. Quizá la clave para comprender la diferencia entre las tendencias biológicas en el hombre y la mujer a este respecto consiste en recordar con qué nace una niña y un niño no: una niña nace con una vía innata y natural hacia su propia valía. La naturaleza le procura una vocación natural y un legado íntimamente biológico: la futura gestación y posterior vínculo bioquímico con su hijo. La niña nace con un sentido innato de su significado personal. Puede decidir no tener nunca un hijo (aproximadamente el 15 por ciento de las mujeres deciden no tenerlo), pero no deja de nacer con esta característica innata.

Un varón no nace con ella. Como hemos visto, tiene que ganarse su significado. Los chicos lo comprenden desde muy jóvenes y orientan su vida hacia el exterior, hacia el mundo, buscando nuevas experiencias y retos a través de los cuales experimentar las potencias ocultas, alcanzar un sentido de su propia valía y adquirir importancia. Durante este proceso, reúnen fragmentos de su propio yo y ofrecen esos fragmentos a las personas que les aman. Preguntan: «¿Lo he conseguido? ¿He vivido una vida satisfactoria?» Se miran al espejo y preguntan: «¿He adquirido cierto mérito? ¿He demostrado lo que valgo? ¿Qué lugar ocupo? ¿He respondido a alguna de las grandes preguntas de la vida? ¿Cree mi padre que he alcanzado ya mis metas? ¿Cree mi madre que me he ganado un lugar en el mundo?» Miran a sus hijos y se preguntan: «¿Debo exigirles más, sobre todo a mis hijos varones, para que sean mejores personas y no piensen lo que pienso yo, que no han hallado su vocación, que aún no han conseguido lo que se proponían, que no se han ganado su lugar en el mundo?»

Una mujer de cincuenta y tantos años me escribió:

> Anoche, cuando le oí hablar sobre este deseo de los hombres de hallar una vocación, tuve una gran revelación sobre mi marido. Sentí un alivio inmenso, porque comprendí que cuando él parece rechazar lo que yo quiero y sólo le importa su carrera, el problema no soy yo. Yo quiero irme de vacaciones. Quiero adquirir una casa en Kauai. Tenemos el dinero. Estoy dispuesta a hacerlo. Pero él quiere seguir trabajando, invirtiendo y exigiéndose más y más.

> Yo solía interpretarlo como un rechazo hacia mí, pero ahora comprendo que estaba equivocada. He criado a dos hijos de mi anterior matrimonio. He alcanzado muchas metas en mi trabajo. Me siento satisfecha. Pero mi marido sigue tratando de hallarse a sí mismo.

Las mujeres y los hombres experimentan a lo largo de sus vidas la desesperación de sentirse inferiores, incapaces, y una baja autoestima. Cada ser humano puede sentir la inseguridad ontológica de no haber «llegado», de no haber alcanzado sus propósitos, de no haber creado una estabilidad, una riqueza, un honor y un poder personal. Muchas mujeres me han hablado del soliloquio interior centrado en sus personas y sus vidas. Pero todos sabemos que existe una diferencia entre las mujeres y los hombres. Hemos observado que los hombres se exigen hasta límites increíbles y que, por más que se nieguen a reconocerlo, son muy frágiles. Curiosamente, al menos a primera vista, siguen esforzándose con el fin de desarrollar y demostrar su potencia, adquirir y utilizar el poder social y jerárquico, aunque les cueste la vida ocho años antes que a las mujeres y con frecuencia les aparte de otros valores humanos.

La biología humana ofrece la clave no sólo de esa pulsión masculina, sino de la fragilidad masculina. Desde muy jóvenes, los chicos persiguen constantemente y proyectan grandes metas, pisotean a otros para sentirse duros, cuidan de los suyos como es debido y luego salen de nuevo a explorar. Saben que son distintos de las chicas, y aunque se resistan a confesarlo, se sienten un tanto envidiosos de la vía innata hacia la valía personal con que nacen las chicas.

Durante la pubertad, la diferencia en cuanto a la valía innata es aún más clara entre los varones y las mujeres adolescentes. Hacia el fin de la adolescencia, los chicos comprenden que carecen de un significado innato en comparación con las chicas y que ellos mismos deben ganárselo. En esa época, la mayoría de los varones emprenden la búsqueda de una vocación que les procure un significado personal. Llegan al extremo de arriesgar su vida en una guerra con la esperanza de hallar ese significado.

La voluntad masculina de arriesgarse a quedar malherido o morir en pos de un significado personal solemos verla en grupos de poblaciones cuyas estructuras sociales tienden a aplastar el espíritu individual. En las sociedades dominadas por la pobreza, la falta de una patria, la falta de oportunidades económicas, la opresión racial o social, el sentido innato masculino de la falta de significado es mucho más acusado, al igual que la pulsión masculina de alcanzar un significado a través de un elevado riesgo personal. En esas poblaciones —sobre todo si los hombres actúan así movidos por conceptos erróneos de la religión, como en el caso del fundamentalismo islámico— los varones más jóvenes utilizan la psicología de los adolescentes y los adultos para alcanzar un significado a través de «grandes metas», incluso hasta el extremo de convertirse en terroristas suicidas. Su vocación —la trayectoria a través de la cual adquieren mérito ante el mundo social— se convierte en una autoaniquilación física en aras de Dios, la nación, la patria o la familia.

¿Qué piensa un hombre? Puede que a lo largo de su vida piense con más frecuencia en su vocación de lo que imaginamos. Puede que piense en cómo forjar su valía, su poder y su significado personal a partir de su vida, en ponerla a prueba, modificarla, perderla y rescatarla, incluso exhibirla aunque confía hacerlo con humildad, ofrecer esos méritos a su Dios para obtener confirmación, y a sí mismo, a sus hijos, a su madre o a su esposa.

¿Convierten los hombres sus carreras en sagradas?

Hay un viejo adagio alemán que dice: «Si despojas a un hombre de su causa, ese hombre ya no tiene razón de existir».

El maestro zen Deshimaru dejó escrito: «Debes concentrarte en tu trabajo cada día como si tu cabello ardiera».

El escritor inglés Eric Gill escribió las siguientes palabras en su libro *The Holy Tradition of Working*:

> Trabajar es orar. El trabajo es la disciplina mediante la cual el cuerpo reprime su ruido y concede al alma cierta libertad. La recreación beneficia al trabajo. El ocio beneficia a la recreación, para

> que el obrero pueda reemprender el trabajo con más vigor. El ocio es secular, el trabajo es sagrado. Las vacaciones constituyen la vida activa, la vida laboral constituye la vida contemplativa. El fin del ocio es el trabajo. El fin del trabajo es la santidad.

Esas palabras, dirigidas a cualquier persona, hombre o mujer, que trabaja y se centra en una causa, fueron escritas, previsiblemente, por hombres. Esas citas nos permiten comprender mejor el hecho de que los hombres hallen su vocación en el trabajo. Comoquiera que el trabajo es un claro sendero hacia la potencia, el poder y la sensación de cumplir con tu vocación, con frecuencia los hombres convierten su trabajo en una empresa «sagrada», lo cual puede ser exasperante para sus esposas y sus hijos.

«Me siento orgulloso de haber legado el negocio familiar a mis hijas», me escribió un hombre que vivía en una residencia para ancianos.

«Como yo no tengo estudios —refirió un octogenario a un periodista, el día que se jubiló de su trabajo como conserje en la escuela local—, decidí dar a mis hijos a toda costa una educación. Todos ellos gozan actualmente de una situación acomodada.»

Aunque hoy en día un gran número de mujeres se ha incorporado al sector industrial y de servicios del mercado laboral, los hombres, en tanto que grupo, siguen trabajando más horas que las mujeres. A pesar del importante progreso llevado a cabo con respecto a la paridad de sexos en el mercado laboral y las crecientes oportunidades que se ofrecen a las mujeres, en muchos casos éstas siguen prefiriendo trabajar menos horas, cumplir un horario parcial y, si es posible, trabajar en el hogar en lugar de seguir una carrera profesional en una empresa.

En las economías occidentales, donde las estadísticas laborales son mensurables, nueve de cada diez hombres trabajan a tiempo completo, mientras que sólo lo hacen cinco de cada diez mujeres. Si comparamos los hombres y las mujeres que trabajan a tiempo completo fuera del hogar, vemos que el promedio de hombres trabaja más tiempo por semana que las mujeres. Asimismo, los hombres emplean más tiempo yendo y viniendo de sus lugares de trabajo; por lo general, recorren el doble de distancia que las mujeres. Un reciente estudio sobre sexos y transporte demostró que las mujeres utilizan trayectos más largos para ir a sus trabajos a fin de dedicar el tiempo de ir y venir del trabajo en hacer la compra y llevar a los niños al colegio. Para los hombres, lo más importante es seguir el itinerario más directo y realizar el trayecto más eficiente al lugar del trabajo.

Aunque tanto las mujeres como los hombres son capaces de emprender una carrera vocacional —la «empresa sagrada»—, las estadísticas indican que los hombres lo hacen en mayor proporción que las mujeres. (No es de extrañar que las mujeres con cerebros-puente, a menudo mujeres con carreras de mucha responsabilidad, como abogadas criminalistas o directivas de empresas importantes, tienen unos niveles de testosterona más elevados que el promedio de mujeres, y que las chicas que nacen sin ovarios, y por tanto sin testosterona, no suelen seguir ese tipo de carreras. Existe una relación directa, no sólo en los hombres, sino también en las mujeres, entre la hormona masculina y la carrera que uno elige.) Los hombres sienten hacia sus carreras lo que sentía la mayoría de sus ancestros al practicar la caza y la conquista: que la carrera es una forma sagrada de desarrollar la valía personal y encajar en la sociedad y en el mundo en general.

La tendencia biológica de acrecentar el mérito inherente de una carrera es aún mayor cuando una mujer se queda embarazada. Durante esa época, las diferencias entre vasopresina y oxitocina y testosterona y progesterona destacan aún más. Muchas mujeres aman sus carreras, pero cuando su bioquímica se modifica para adaptarse a la gestación y el parto, su sentido de la importancia relativa de su carrera cambia también. Los hombres, cuya bioquímica no cambia de modo tan acusado cuando tienen hijos, siguen considerando su trabajo como un indicador tanto o más importante del éxito. Salvo los varones con cerebros-puente, que en ocasiones optan por abandonar sus carreras para cuidar de los hijos, los hombres siguen buscando los retos que ofrece el mundo fuera del hogar.

Hombres, bancos de prueba y familias.

Conviene que unamos en nuestra mente esos hilos de la experiencia masculina: la necesidad de adquirir una identidad, de perseguir una vocación, de expresar potencia y poder y de explorar la vida desde unos puntos de vista ajenos al hogar. Los hombres aman a sus esposas y a sus hijos y adquieren el sentido de empresa sagrada en sus familias, pero con frecuencia la familia y las relaciones amorosas no constituyen un banco de prueba para el desarrollo masculino como puede serlo una carrera. Y por más que esto frustre a las mujeres —ya que los hombres pasan mucho tiempo alejados del hogar y su familia—, puede ser muy beneficioso en realidad para las mujeres y los hijos. Aunque debemos explorar las estrategias para reunir a las mujeres y a los hombres en sus hogares y sus familias (lo cual haremos práctica y específicamente en los capítulos 7 y 8), es importante que basemos nuestra exploración en la admiración, más que en el miedo, por la tendencia del hombre a convertir la carrera y la búsqueda de su identidad en el mundo exterior en su prueba principal de potencia. La intimidad entre los hombres y las mujeres, en especial la intimidad que refuerza el hogar y la familia, debe ser intrínsicamente segura. Una de las formas de conseguir que sea segura es permitir que los hombres lleven a cabo su lucha de poder fuera del hogar. Es natural y por tanto útil que los hombres se alejen de su familia para sumergirse en el trabajo, la carrera y los deportes a fin de seguir el flujo y reflujo de su búsqueda biológica de potencia y valía personal. Esto protege a las familias. Entre nuestros antepasados, los hombres utilizaban la caza para poner a prueba su potencia; posteriormente fueron la agricultura y las guerras. Ahora utilizan su trabajo y su carrera.

Aunque es importante que ayudemos a los hombres a compaginar el trabajo y la familia mejor de lo que lo hacen muchos, también conviene que animemos a los hombres a buscar sus bancos de pruebas fuera del hogar. Es una necesidad biológica que se ha hecho confusa en dos circunstancias familiares: en los hogares claramente dominados por el varón, en los que el hombre exige obediencia y sometimiento a su esposa; y en la cultura del divorcio, en la que el hogar y la familia se convierten en un encarnizado campo de batalla por el poder. En ambos casos, la necesidad biológica de los hombres de implicarse en actividades de dominio y la tendencia humana (masculina y femenina) de luchar por conquistar el poder emocional compromete la seguridad familiar. La filosofía feminista ha ayudado a muchas familias sojuzgadas por el varón a replantearse los papeles del hombre y la mujer. Hasta la fecha, la cultura del divorcio no ha hallado un poderoso movimiento social que contribuya a evitar la destrucción de la unidad familiar. Dada la necesidad de algunas parejas de divorciarse —sobre todo en caso de peligro para uno de los cónyuges o los hijos—, reprimir nuestra inédita tendencia a instaurar la lucha de poder en el seno de las familias puede ser una empresa más complicada de lo que nuestras presentes leyes y filosofías son capaces de calibrar.

No obstante, en la teoría basada en la naturaleza hallamos ayuda. Si comprendemos la necesidad de los hombres de buscar áreas de dominio (en lugar de tildar esa mentalidad es «inmadura» o «innecesaria»), dispondremos de una base natural para replantearnos nuestra convivencia con los hombres. Comprenderemos que debemos reflexionar antes de decir: «Mi vida familiar sería más satisfactoria si mi marido se quedara en casa conmigo, haciendo las cosas y siendo el hombre que nuestros hijos y yo queremos que sea». Aunque en cierto aspecto este tipo de comentarios sea justificado, es posible que estemos sentando las bases de una lucha de poder que quizá destruya nuestra familia. Buena parte de la filosofía social que ha imperado durante las cuatro últimas décadas ha condicionado a las mujeres a considerar los intereses de los hombres en vocaciones externas y bancos de prueba ajenos al hogar, unos intereses que despojan a las mujeres de oportunidades y amor. Consideramos la naturaleza masculina —aunque no nos percatemos de ello— como una amenaza para las mujeres. En vista de esa amenaza, se ha dotado a las mujeres de dos estrategias principales de poder: (1) que las mujeres asuman en lugar de los hombres, en la medida de lo posible, la vocación de una carrera externa, y (2) que los hombres traten de reprimir sus ansias de seguir una carrera, centrando su foco de poder lejos de empresas ajenas al hogar y satisfaciendo las necesidades emocionales y románticas de las mujeres.

Un enfoque basado en la naturaleza contempla esto de manera algo distinta. Como viene sucediendo a lo largo de la historia, es preciso enseñar a los hombres a cuidar de sus familias de forma íntima y directa, pero las mujeres, en especial en el caso de hombres que poseen unos elevados índices de testosterona y arrojan unos resultados altos o medianos en el cuestionario sobre el cerebro masculino, pueden aportar estabilidad a la relación y a la familia utilizando sus conocimientos de la naturaleza masculina para gestionar su relación de pareja en tres áreas específicas (que examinaremos a fondo en este libro): la fase del enamoramiento, el proceso de selección-matrimonio y el matrimonio en sí mismo (una relación duradera). En los capítulos 4, 5 y 6 analizaremos de forma pormenorizada esas áreas de relación y ofreceremos consejos prácticos para gestionar el flujo y reflujo de la biología en los hombres y las mujeres. Examinaremos sobre todo cómo gestionar y satisfacer las necesidades masculinas y femeninas sin que se entable una lucha de poder en el hogar y la familia.

A medida que las mujeres comprendan el papel que desempeñan el cerebro y las hormonas de los hombres en su búsqueda de bancos de prueba, podrán llevar a cabo una filosofía práctica que evite que el hogar se convierta en un banco de prueba del poder, lo cual ayudará al mismo tiempo al hombre a permanecer profundamente vinculado a su mujer y a sus hijos. La creación de este equilibrio entre el banco de prueba y la intimidad ha constituido a lo largo de la historia de la biología humana uno de las principales fuerzas motrices del sistema social. En la actualidad tenemos el deber de perfeccionar esas fuerzas motrices en lugar de desecharlas, pues a través de la «socialización de la masculinidad» podemos utilizar la naturaleza humana para convertir a los chicos en los hombres amables, inteligentes y poderosos que todos deseamos ser, y que cada chico siente que puede llegar a ser, a través de las pulsiones de su propia naturaleza.

LA CREACIÓN DE UN HOMBRE, DE DENTRO AFUERA

La antropóloga Margaret Mead dijo: «Las mujeres se crean al nacer; los hombres son creados por su cultura». Las chicas, decía, se convierten en mujeres porque sus cuerpos, en particular su sistema hormonal y su cerebro, cambian durante y después de la pubertad, obligándolas a madurar y a convertirse en mujeres. Los niños, por el contrario, deben ser «criados» y obligados a «madurar» externamente en mayor grado que las niñas. En todas las sociedades, los niños maduran más tarde que las niñas, en ocasiones varios años más tarde. Los trabajos de investigación llevados a cabo en distintos lugares del mundo durante los últimos treinta años demuestran que el hecho de prestar atención al tipo de madurez que requiere la biología masculina propicia unos hombres más maduros, en especial hombres que mantienen relaciones estables con sus mujeres y sus hijos.

Mead no afirma que todas las niñas maduren a la perfección sin una ayuda cultural, ni que no sufran los dolores propios de madurar durante su adolescencia. Sabe que aunque los niños se convertirán con toda seguridad en varones adultos mediante unos cambios físicos y hormonales, no se convertirán en hombres a menos que su civilización y su sociedad los conduzcan hacia la madurez según un sistema comunitario de educación masculina que Mead denominaba «masculinización». Es preciso formar a las niñas para que se conviertan en mujeres, pero tienen una ventaja biológica sobre los varones. Éstos deben ser masculinizados (como es lógico, Mead emplea el término «masculino» en su sentido biológico, no como estereotipo cultural). Al estudiar las culturas del mundo, Mead comprobó que es preciso conducir a los varones hacia la madurez según un sistema masculino de desarrollo humano que presupone que la tribu o la sociedad le procurará:

1. Unas elevadas expectativas del sistema masculino y los hombres, las cuales suelen incluir la capacidad de sacrificio, el servicio a los demás y el altruismo.

2. Unas actividades planificadas en la comunidad local que ayuden a los varones a alcanzar unos objetivos de masculinización, incluidos ritos de iniciación durante los años de la adolescencia masculina.

3. Una educación cotidiana en materia de masculinización por parte de determinadas personas en la vida de un chico: madre, padre, abuela, abuelo, mentores, etc., asumiendo los padres, abuelos y otros mentores masculinos un papel primordial durante su adolescencia, dominada por la testosterona.

4. Conocimientos de la civilización, la comunidad y la familia sobre las fases del desarrollo masculino —desde la infancia hasta la vejez— y las personas y el personal requeridos en cada una de esas fases.

En sus investigaciones, Margaret Mead comprobó que las civilizaciones, las comunidades y las personas allegadas deben criar a los chicos no sólo como «niños», sino como chicos; no sólo como «adolescentes», sino como hombres jóvenes; no sólo como varones adultos, sino como «hombres». Los chicos nunca dejarán de ser chicos a menos que se conviertan en hombres a través de un viaje hacia la madurez masculina dirigido por tres sistemas sociales: la civilización en su conjunto (nación, país, historia étnica, cultura), la comunidad local (que comprende la escuela, la Iglesia y los cuentistas, que en nuestra época han sido sustituidos por los medios de información), y la familia. Durante este viaje, los niños son guiados hacia sus vocaciones. Muchas personas los ayudarán —a través de su apoyo incondicional y a veces de una provocación aparentemente brutal— a averiguar qué clase de hombres desean ser.

Durante las décadas que he ayudado a padres a criar a sus hijos, no he conocido una familia o comunidad que no comprendiera de manera intuitiva el mensaje de Margaret Mead. Por más que nuestras culturas populares y académicas debatan sobre términos como «masculino» y «hombres», y al margen de toda política, cualquier persona que ha criado a niños se ha enfrentado a preguntas sobre «cómo» educarlos para que se conviertan en hombres adultos. ¿Qué debo hacer? ¿Qué necesita mi hijo? ¿A quién necesita? La intuición de Mead no sólo afecta a padres de niños varones, quienes en ocasiones se lamentan de no haber seguido sus consejos, sino a padres de niñas que quizás el día de mañana se casen con chicos que se sientan confundidos sobre su propia identidad. Las muchachas no quieren casarse con hombres que siguen siendo adolescentes atormentados por hallarse en una especie de limbo entre «niño», «varón adulto» y «hombre».

En mi afán de ayudar a los padres y otras personas a educar a los chicos para que se conviertan en hombres he aconsejado, específicamente en *The Wonder of Boys* y *A Fine Young Man*, que el conjunto de nuestra sociedad —cada familia— dedique más esfuerzos a lograr que la búsqueda por parte de los varones de su propia valía sea fructífera. En estos libros presento unos métodos prácticos destinados a incorporar una saludable masculinización en los chicos desde su nacimiento hasta la madurez, centrados sobre todo en tres etapas de la adolescencia masculina (las cuales comienzan a los nueve años y concluyen hacia los veintiuno). Por más que parezca que un chico prefiere buscar por sí mismo su vocación —puede dar la impresión durante años de que es un chico solitario—, lo cierto es que ansía que su madre, su padre, sus mentores, sus profesores, sus amigos e incluso sus enemigos le ayuden a hallarla. Este deseo no le abandona cuando se convierte en hombre. La vocación forma parte de su identidad masculina con la que pugna durante toda su vida. Incluso cuando se jubila de su «trabajo» y su «carrera», un hombre se pregunta: «¿Lo he conseguido?, ¿he vivido una vida satisfactoria?, ¿he sido un hombre bueno?»

En esta última pregunta reside uno de los secretos del desarrollo de la identidad masculina: los hombres están biológicamente condicionados a basar su identidad personal más en el orgullo de su integridad que en sus sentimientos en un momento dado.

LA IDENTIDAD MASCULINA Y EL DESARROLLO DEL CARÁCTER

Cuando los antropólogos estudian la masculinización de hombres de todas las culturas, comprueban que la identidad moral ocupa el primer lugar en la lista de «cosas que fomentamos en los adolescentes». Constituía el meollo del mensaje que el capitán Miller deseaba transmitir a James Ryan, y la esencia de las preguntas vitales que Ryan se formuló ante la tumba de Miller. El capitán Miller y James Ryan conocían el condicionante cerebral y hormonal que lleva a un hombre a basar su identidad en unos sistemas abstractos en lugar de en unas emociones momentáneas. Vemos a nuestro alrededor multitud de ejemplos de la pugna interior de un hombre con su identidad moral y su biología.

- La territorialidad masculina configura la moral masculina. Con frecuencia los varones se niegan a ceder (por ejemplo, cuando alguien pretende colarse en la fila del supermercado), y llegan incluso a entablar una disputa verbal con la otra persona. Este «me niego a ceder» se basa en los instintos territoriales situados en la médula oblonga. Asimismo, el enfrentamiento verbal le ofrece la oportunidad de demostrar su habilidad de proteger. Según la mentalidad de un hombre, un pequeño incidente como el que alguien pretenda colarse puede convertirse en una prueba para su identidad.
- Los hombres suelen seguir un principio o un sistema y basan su identidad moral en la fidelidad al mismo. En ocasiones incluso parece como si valoraran su principio abstracto más que las vidas humanas, incluida la suya. Si examinamos los hechos históricos recientes, incluso los actos terroristas suicidas, vemos que aunque hay terroristas suicidas femeninas, son sobre todo los hombres quienes basan su identidad —y aun su vida— en un principio moral nacionalista.
- Con frecuencia los hombres no consideran la agresión un problema moral, como hacen las mujeres. Los hombres pueden presenciar espectáculos violentos sin que apenas les afec-

te. A diferencia de las mujeres, pueden perdonar una agresión entre niños.

Carly, una amiga de la familia, me proporcionó un interesante ejemplo a este respecto. Dijo:

> Jack y yo alquilamos la película *El club de la lucha*, protagonizada por Brad Pitt. (En este filme, unos jóvenes cuyas vidas consisten en episodios de trabajo y ligues de una noche sin sentido, deciden buscar un significado y un estímulo masculino peleando contra otros jóvenes en callejones, «los clubes de lucha».) Yo comprendí lo que la película ponía de relieve —que hoy en día los jóvenes llevan vidas carentes de sentido—, pero a mi entender su reacción a esa situación era inmoral. Tengo dos hijos crecidos y no quiero que se comporten de esa forma.
>
> Pero Jack dijo:
>
> —En esta película el hecho de pelear no es un problema moral. Todos esos hombres estaban de acuerdo en pelear entre sí. Nadie era una víctima. Sólo si hubieran lastimado a alguien que no participara en ese juego podría considerarse un problema moral.
>
> —Es ilícito pelearse en la calle —respondí yo— ¡Lo prohíbe la ley!
>
> —Esos hombres marcaban las reglas del juego —insistió Jack—, se inspiraban unos a otros y no hacían ningún daño a nadie. El problema moral no es que se pelearan. En todo caso, el problema moral sería la forma en que los jóvenes se crían en nuestra sociedad, lo absurdas que son sus vidas y la escasa identidad que la sociedad les ofrece.

Carly concluyó su historia diciendo: «Yo estaba de acuerdo con él sobre el problema moral más profundo, pero no coincidíamos en lo de la pelea».

- Los hombres asumen riesgos, que los llevan a transgredir los límites morales, con más frecuencia que las mujeres, desde violar la ley hasta agredir salvajemente a quienes según ellos han violado la ley. En uno de mis cursillos pregunté: «¿Son las mujeres más morales que los hombres?»

Janine, una madre de dos hijos, casada, agente inmobiliaria, respondió:

—Por supuesto. Las mujeres pensamos más en las consecuencias de nuestros actos que los hombres. Somos más morales.

—Desde luego —dijo Grace, una mujer de veintidós años—. Las mujeres podemos ser malas, crueles, pero básicamente deseamos que las personas se sientan bien, de modo que procuramos tratarlas como es debido.

Cenis, una mujer de cincuenta y un años, comentó:

—Si por moral te refieres a si las mujeres acatamos las normas más que los hombres, sí, creo que somos más morales. No corremos tantos riesgos. A los hombres les gustan las reglas, pero también les gusta transgredirlas. A las mujeres nos gusta que todo discurra sin sobresaltos.

A lo largo de la historia de la humanidad, las historias y las intuiciones humanas han mostrado un enfoque «masculino» con respecto al desarrollo de la identidad moral, pero no podían asomarse al cerebro. Las cosas han cambiado. Podemos examinar el cerebro del hombre. Podemos ver en él todas las excepciones a las generalizaciones que hemos creado, y podemos comprender por qué esas generalizaciones a menudo llevan a los hombres de nuestras vidas a buscar una vocación, y una identidad, a través de la biología del desarrollo del carácter y una vida moral.

Moralidad masculina: factores biológicos

Existen factores neuronales y hormonales clave en el desarrollo moral y ético del hombre que configuran su entorno e interactúan con él para crear «un sistema masculino de moralidad», una «forma masculina» de ser moral y juzgar la moralidad y la identidad personal. Las mujeres en mi cursillo intuían la principal diferencia entre los sistemas neurobiológicos de pensamiento moral masculino y femenino: las mujeres tienden a basar su pensamiento moral en sus reacciones de empatía a los demás y al entorno, mientras que los hombres tienden a basar su pensamiento moral en su adhesión a sistemas abstractos. Éstos son algunos de los motivos:

Menos vías límbicas. El cerebro masculino posee menos vías neuronales conectadas con los centros emocionales en el sistema límbico. En materia de problemas de identidad y moralidad, tienden a basarse más en estándares establecidos de carácter que en exploraciones individuales y puntuales sobre los sentimientos personales.

Menos aplicaciones verbales-emotivas. Los varones procesan menos su desarrollo moral y de identidad a través de sus funciones verbales en el hemisferio izquierdo que las mujeres. Eligen otras zonas del cerebro para realizar esa tarea, y basan su identidad moral no tanto en la autoexpresión verbal como en la acción.

Un mayor énfasis en la médula oblonga. Durante sus interacciones los hombres dependen más de la médula oblonga del sistema neuronal que las mujeres. Esto incrementa sus posibilidades de ser físicamente más activos que las mujeres en su desarrollo moral y de identidad.

Desarrollo cerebral del lóbulo frontal y prefrontal más lento. En los varones el desarrollo del lóbulo frontal y prefrontal es más lento que en las mujeres. Durante sus veinte primeros años, las chicas desarrollan esos centros de «reflexión» y «control de los impulsos» del cerebro más rápidamente que los chicos. Esa diferencia en el cerebro constituye uno de los motivos por el que es preciso enseñar a los varones a desarrollar su carácter más constantemente que a las mujeres. Las sociedades inteligentes enseñan a los varones —sobre todo durante la pubertad— a controlar los impulsos físicos y sistemas morales abstractos de carácter.

Menos materia gris y más materia blanca en el cerebro. Las mujeres poseen más materia gris en el cerebro, donde se verifica el procesamiento de datos, y menos materia blanca, unas fibras largas que transmiten impulsos eléctricos del cerebro al cuerpo. En el cerebro masculino, por el contrario, predomina la materia blanca, lo cual se traduce en una mayor acción física. Éste es otro motivo por el que los varones aprenden a depender de sistemas de desarrollo de carácter —como las artes marciales— para adquirir un sentido de identidad personal y autocontrol.

Más líquido cefalorraquídeo. El cerebro masculino posee un mayor volumen de líquido cefalorraquídeo que el femenino. Este fluido transmite los impulsos físicos del cerebro al cuerpo. Cuanto más fluido posea una persona, más rápidamente se transmiten los impulsos físicos al cuerpo. Aquí, de nuevo, se halla la raíz de la impulsividad masculina y el íntimo deseo de tratar de controlarla con eficacia a través de los sistemas y principios del desarrollo de carácter.

Si a esas diferencias cerebrales sumamos unos niveles superiores de las sustancias químicas que propician la agresividad, la testosterona y la vasopresina, unos niveles inferiores de sustancias químicas calmantes, como la serotonina, y las sustancias químicas que favorecen la empatía como la oxitocina, observamos con más claridad el sistema moral masculino, así como la necesidad de los hombres de basar buena parte de su identidad y su valía personal tanto en los sistemas abstractos de carácter que les son inculcados como en el método de elevado riesgo de poner constantemente a prueba esos sistemas.

Con menos vías neuronales conectadas a los centros emocionales en el sistema límbico y menos rutas verbales para el procesamiento de datos, así como un desarrollo más lento del lóbulo frontal y prefrontal, el cerebro masculino no procesa la estimulación moral a través de las mismas vías que la mujer. La mujer, a diferencia del hombre, suele procesar los datos con reacciones cargadas de emotividad, y potencia ese proceso con la utilización de reacciones verbales y conectando esas reacciones emocionales a las funciones de toma de decisiones localizadas en la parte superior del cerebro. Así, el hombre tiende a «no ceder» cuando alguien pretende colarse en la fila del supermercado o cuando regresa a casa en coche y otro le hace un adelantamiento indebido. Es probable que muestre una reacción basada ante todo en la médula oblonga y tienda a obrar de manera impulsiva y a hacer algo desagradable, incluso inmoral.

Si los hombres dependieran menos que las mujeres del pensamiento basado en el lóbulo frontal, las reacciones emocionales y el control de la agresión y los impulsos sin poseer un factor neuronal moral de compensación, viviríamos en un mundo muy peligroso. Pero existe un elemento de compensación muy potente en la neurobiología masculina: las áreas corticales utilizadas en el pensamiento abstracto y sistemático. El cerebro masculino procesa muchos de los datos que las mujeres traducen en reacciones verbales/emocionales y los convierten en reacciones espaciales/abstractas. Los hombres dependen de la construcción de sistemas abstractos en la mente y se adhieren a principios, reglas, tradiciones y símbolos de esos sistemas. Dado que la biología de la masculinidad está condicionada por las sociedades, el desarrollo del carácter se considera un elemento absolutamente clave, pues sin él la mente masculina es incapaz de llevar a cabo lo que hace mejor: desarrollar una identidad moral. Un cerebro masculino que no desarrolla esa identidad acaba perjudicando gravemente a otros. En ocasiones un hombre lo hace asesinando, violando y destruyendo físicamente. Pero por lo general lo hace dentro de un sistema competitivo o jerárquico: alterando corrupta y codiciosamente los inventarios de *stock* y los libros de cuentas para fingir que su empresa obtiene beneficios —causando graves pérdidas a millones de accionistas cuando la empresa quiebra—, o robando, estafando o mintiendo con el fin de amasar una fortuna personal a expensas de los demás.

Pese a esta despreciable faceta de la biología moral masculina, si los hombres mostraran una empatía tan inmediata y directa como las mujeres, nuestra civilización no existiría hoy en día en su forma presente. Los entornos naturales en los que vivimos son de por sí peligrosos, al igual que la costumbre de construir civilizaciones. En ocasiones una mente que no muestra empatía hacia un individuo, sino que se adhiere firmemente a un principio abstracto de grupo —o al interés egoísta de un determinado grupo—, puede llegar a salvarnos. Es la mente, en su faceta más elevada y noble, capaz de sacrificar sin dudar su propia vida para salvar a un país o un pueblo.

Aunque cabe aducir que «si todo el mundo desarrollara una empatía como las mujeres y se adhiriera menos a reacciones físicas/impulsivas y a un pensamiento sistemático/abstracto, no habría guerras». Esa frase es en sí misma un ideal abstracto. En la realidad en la que vivimos, la tendencia biológica masculina a funcionar dentro de unos sistemas abstractos más que a través de unas respuestas individuales de empatía está tan profundamente integrada en la conciencia humana que seríamos necios si creyéramos que desaparecerá dentro de poco. No sólo forma parte del desarrollo de la identidad y valía masculina, sino de la naturaleza humana. Forma parte integrante de cómo responde la naturaleza a la pregunta: ¿qué es un hombre?

EN RESUMEN: LOS HOMBRES PERSIGUEN UNA META

Los hombres son bastante desconcertantes, cuando acatan las reglas en algunos sentidos y las rompen en otros; cuando sacrifican su vida para salvar a su país, pero prestan escasa atención a sus familias; cuando buscan su valía personal en la consecución de unos objetivos a largo plazo, pero renuncian a una valía personal que podrían adquirir mostrando una mayor empatía en el día a día. ¡No hay quien entienda a los hombres!

Pero si nos atenemos a lo que hemos averiguado sobre la naturaleza de los hombres, cabe decir que hay una faceta en ellos muy clara: prácticamente todos los hombres que usted conoce han emprendido una búsqueda. Esta búsqueda —la manifestación externa de su interacción mental y emocional con su entorno exterior— aglutina elementos de vocación, trabajo, familia, identidad, vida emocional (que analizaremos más detalladamente en el próximo capítulo) y carácter moral. La forma en que un hombre lleva a cabo esa búsqueda constituye el indicador definitivo de su valía en el mundo.

¿Ha observado cómo se preparan los chicos para su búsqueda desde muy jóvenes? Se ponen a prueba a sí mismos y a otros, buscan nuevas formas de ser y pensar, inventan, construyen, escalan el mundo. ¿Ha observado que todas las sociedades humanas comparten un método básico de enmarcar y fomentar el desarrollo masculino, propiciando el periplo del héroe? Gran parte de la historia de la literatura masculina versa sobre esta heroica búsqueda. Incluso los videojuegos que producen las empresas para los chicos se basan casi sin excepción en conquistas heroicas.

Lógicamente, durante la época que media entre la pubertad y la mediana edad, cuando los niveles de testosterona son elevados, los varones experimentan con el heroísmo, probándose numerosas máscaras y trajes para llevar a cabo su búsqueda. Cuando se integra en el mundo de los hombres, el chico, con un afán típicamente juvenil, trata de llevar a cabo determinadas tareas y cumplir unos sueños aún más grandiosos. Los chicos tienden más que las chicas a contemplar la vida como una conquista heroica. A lo largo de la vida, mientras persiguen esa conquista, los chicos se ponen a prueba constantemente buscando su estatus y valía personal a través de jerarquías y competitividad. Los especialistas en motivación empresarial venden la lógica, el amor y el lenguaje de la conquista heroica en nuestro mundo competitivo: «¡Puedes llegar a ser lo que quieras!», «¡Puedes haber ganado un millón de dólares antes de cumplir los treinta!», «¡Tú tienes las llaves de tu reino, utilízalas!»

En el momento en que los hombres entran en la menopausia masculina —causada biológicamente por el descenso de los niveles de testosterona en el cerebro y el torrente sanguíneo—, ya no les interesa ponerse a prueba constantemente. Pero hasta bien entrada la mediana edad (y en el caso de algunos hombres ni siquiera entonces), la experiencia de la conquista heroica constituye un elemento fundamental en el periplo masculino. Las mujeres también aspiran a ser heroínas. También emprenden una búsqueda. Pero incluso ellas desean que los hombres sean unos héroes. Los estudios realizados en todo el mundo indican que las mujeres entre la pubertad y la mediana edad eligen, como compañeros sentimentales y maridos, a hombres que van en pos de un estatus y una posición social. Las mujeres desean a hombres que aspiran a ser reyes (siquiera a nivel local), guerreros (unos protectores que hagan que se sientan seguras), magos (hombres que muestran en su amor por los artilugios electrónicos ciertos poderes mágicos que les conducen al éxito), amantes (hombres que convierten a las mujeres en parte de su conquista). Las mujeres no desean héroes estereotipados —personajes ficticios de videojuegos—, sino héroes amables, inteligentes y poderosos: en definitiva, hombres. Tal como la naturaleza parece haber planificado, las expectativas heroicas de las mujeres no sólo sirven para estimular a los hombres, también pueden potenciar la fragilidad masculina, sobre todo en el sentido de una fragilidad experimentada por hombres que carecen de habilidades físicas y mentales.

Sigmund Freud, Carl Jung y los numerosos psicólogos que estudiaron la mente humana en el pasado reconocían la existencia del héroe arquetípico y la búsqueda del héroe en nuestra psique, pero no disponían de las pruebas científicas con que contamos hoy en día para afirmarlo: el héroe está biológicamente implantado en la mente de los hombres. La testosterona, la vasopresina, más líquido cefalorraquídeo en el cerebro, menos serotonina, menos oxitocina y la forma en que el sistema del cerebro masculino proyecta la vida sobre un universo abstracto y espacial, hace que los hombres contemplen el mundo en términos de acción, héroes, guerreros e incluso amantes que deben superar desafíos.

Si es usted mujer quizás haya observado que a su novio o marido le gusta hablar por las noches de sus logros, de sus inventos o de la forma en que ha derrotado a un adversario de negocios. No hace otra cosa que realinear su sentido de la valía personal con lo que ha ocurrido ese día con respecto a las intenciones heroicas que él (o quizás incluso usted) tenía previstas. Quizás haya observado que su pareja goza repasando sus logros y su potencial, mientras que usted no siente esa necesidad de comentar los suyos propios con sus amigas o con él. Cuando su compañero le relata los detalles de su fuerza —sus logros y su potencial— se produce algo maravilloso y misterioso: su compañero refuerza sus vínculos afectivos con usted a través de la presentación de sí mismo ante usted.

Si ese día, o esa semana, su compañero no ha realizado ningún acto heroico, es posible que se sienta fracasado y trate de vencer ese sentimiento viviendo indirectamente a través de los logros de su estrella deportiva favorita. Cuando un hombre tiene un trabajo poco heroico, suele dejar atrás la monotonía y buscar una actividad fuera del trabajo o de la familia para trascender la mediocridad. Por lo general se trata de una actividad competitiva. Aunque lo haga jugando una partida de póquer o yéndose de copas con un amigo y bebiendo más que éste, probablemente se sentirá mejor, convencido de que ha logrado superar un reto, que ha sido un héroe y ha disfrutado de libertad y poder.

Una de las formas más primitivas en que los hombres experimentan la llamada interior para emprender su heroico periplo reside en la envidia, sobre todo tácita, que sienten por los guerreros: soldados, policías, bomberos. Ello es particularmente evidente en la fascinación que sienten los hombres por los escenarios fantásticos, por los caballeros medievales, por los policías de las series televisivas. Los hombres ansían librar una estimulante batalla. Utilizan esos escenarios como espejos imaginarios de su propia conquista. Los varones emprenden desde muy jóvenes la búsqueda de misiones, lealtades, honores y desafíos que conlleva esa conquista. Los chicos adolescentes se inician en el mundo de los hombres a través de unos saludables sistemas de orientación por parte de la familia y otros mentores, y se inician en la hombría a través de los deportes, en las calles, en partidas de ajedrez, en debates y muchas otras experiencias de retos externos.

El impulso masculino de comportarse heroicamente, de ser el mejor, de destacar siquiera en una parcela de la vida, de ser quien salve a la familia, al vecindario, a la comunidad, de lograr el amor de una chica o conquistar el puesto más alto en la empresa constituye no sólo el deseo de vivir la vida día a día, sino de proyectarse sobre los rostros de los héroes y personajes de éxito del pasado y el presente, convirtiendo la vida en una búsqueda trufada de riesgos, éxitos y fracasos, victorias y derrotas de la valía personal y el poder.

Tenemos ante nuestros ojos multitud de «pruebas» de la biología de la exploración masculina. Esas pruebas han sido analizadas por las ciencias neuronales durante las dos últimas décadas, del mismo modo que esas ciencias han analizado las diferencias entre los chicos y las chicas.

- Los chicos comienzan su exploración hacia fuera, alejándose de la seguridad en pos de unos logros externos, a una edad más temprana que las chicas. Los niños de corta edad, por ejemplo, a medida que exploran se alejan más de sus padres que las niñas de corta edad.
- Los chicos no sólo corren más riesgos, sino que experimentan un menor temor emocional y físico en situaciones inéditas que las chicas y las mujeres. Los latidos y las pulsaciones de un hombre aumentan más despacio que los de las mujeres en situaciones comprometidas y son más lentos. Esta diferencia comienza en la infancia y persiste a lo largo de la adolescencia y la vida adulta.
- Cuando a una niña o un niño de seis meses se le arrebata un objeto que le gusta —un muñeco o un animal de peluche—, la niña suele romper a llorar más rápidamente, utilizando la estrategia de inspirar lástima con el fin de que se le devuelva el objeto, mientras que el niño suele empujar, estirar, agarrar o tratar obstinadamente de recuperar él mismo el objeto. De esta forma el niño muestra su tendencia a tratar de alcanzar sus fines por sí mismo y pone a prueba los recursos de que dispone.
- A medida que se hacen mayores, los hombres que no hallan heroísmo alguno en sus vidas suelen padecer depresiones suicidas con más frecuencia que las mujeres, por ejemplo cuando pierden el trabajo. El trauma sufrido por el cerebro masculino debido a la pérdida de una conquista o vocación externa es más profundo que el del cerebro femenino.

Otra forma no menos interesante de analizar la búsqueda masculina biológicamente es observar la relación que guarda con la testosterona, y observar a continuación que las mujeres que poseen unos elevados niveles de testosterona se acercan más a este «perfil de búsqueda» que las mujeres con niveles bajos de testosterona. Los niveles de testosterona tienen una influencia directa en la forma en que una persona cumple externamente este perfil de búsqueda, y cómo organiza sus manifestaciones verbales en torno a temas de logros y tareas de potencia.

EL FUTURO DE LA BÚSQUEDA DEL HOMBRE: EL FUTURO DE LA TESTOSTERONA

Condicionados por sus hormonas, su sistema cerebral, la cultura y el desarrollo de su identidad, los hombres por lo general saben que han emprendido una búsqueda aunque no hablen de ello. Condicionados por la hormona de la agresividad, que busca una salida en el mundo con un sentido moral basado en la identidad de la misión heroica, los hombres aprenden a ofrecer a su biología una orientación. Un hombre de cuarenta y dos años, pediatra, me escribió: «Admiro a mi esposa, que es capaz de renunciar a su trabajo durante diez años para criar a los niños. Por más que yo quiero a mis hijos y me entrego a ellos, no me imagino separando mi trabajo de mi vida. Si no contara con mi trabajo, mi familia no tendría motivos para quererme. Aunque parezca chocante, eso es lo que pienso. Necesito hacer algo para que mi esposa y mis hijos se sientan orgullosos de mí». Esta honesta autovaloración contiene una buena dosis de biología. Este hombre expresa verbalmente los condicionantes de su sistema cerebral y su testosterona. Ha creado potencia en un entramado de trabajo y servicio en el que su vida biológica interna halla éxito y gratificación. Es lógico que aplique esos condicionantes a la estructura —su consulta de pediatra— en la que se desarrolla su búsqueda. La testosterona es muy necesaria en el hogar, sobre todo para mantener a los varones adolescentes a raya, pero necesita más que el hogar, necesita una jerarquía, una estructura, una vida planificada, un objetivo que alcanzar, otros con quienes medir su identidad, otros con quienes aliarse, llevar a cabo una conquista. Necesita el periplo externo en el que la hormona conduce al yo hacia el plumaje, el empaque, las recompensas materiales, el poder y el estatus. Esas recompensas de la búsqueda son luego llevadas al hogar como presentes para la familia y los amigos.

Las mujeres que tratan de hallar un terreno común con los hombres quizá se pregunten: «¿No podría existir un mundo en el que los hombres no necesitaran esa búsqueda, ese poder, ese estatus? Prescindamos de la testosterona». Desconcertadas por la conducta de los hombres, imaginan o incluso empiezan a pensar que la masculinidad (y las conductas asociadas de agresividad, competitividad y obsesión con la carrera) es un invento puramente social y artificial que puede deshacerse y rehacerse a voluntad.

Confío en haber mostrado en este capítulo al lector la dificultad que entraña adoptar esa postura. Pensar de esa forma es prescindir de las verdades fundamentales sobre la conducta humana. Desde una perspectiva biológica, conviene saber que el hombre experimenta un profundo sentido de disociación consigo mismo —que en ocasiones se traduce en una profunda vergüenza— cuando no logra satisfacer su vocación, sus deseos, su ambición de forma heroica. No podemos achacar esta biología a las mujeres: es el periplo personal de su esposo. La mujer no debe tomárselo como algo personal (a menos que el marido se aleje demasiado de ella y de los hijos). En capítulos posteriores exploraremos cómo utilizar estos conocimientos sobre los impulsos biológicos del hombre en nuestras relaciones, presentando unas recomendaciones y soluciones prácticas.

Durante mis trabajos en el ámbito del desarrollo masculino, oigo preguntar a algunas personas: «¿Cuándo maduraremos lo suficiente para dejar atrás esa búsqueda heroica?», como si la búsqueda biológica, esta base de la experiencia masculina, fuera un problema de madurez o inmadurez. El psiquiatra Allen Chinen escribió un libro titulado *Beyond the Hero* en el que analiza la forma en que los hombres de edad avanzada, cuando la testosterona disminuye, se convierten en «ancianos» que asumen el papel de mentor y renuncian al papel de guerrero. Este cambio constituye un paso muy importante en la vida de un hombre y de la sociedad en general, pues todas las culturas necesitan ancianos que analicen sus vidas con inteligencia y compartan esa inteligencia con la siguiente generación, contando historias, escuchando, reflexionando, autorizando a otros a convertirse en quienes deben convertirse. No obstante, incluso en ese estadio «poshéroe» el anciano sigue cumpliendo su vocación de búsqueda, pues conduce a los jóvenes a los que quiere hacia el éxito en su búsqueda y a enfrentarse a los retos de su vocación con energía y firmeza.

CEREBROS-PUENTE: LAS EXCEPCIONES QUE CONFIRMAN LA REGLA

Tras explorar los condicionantes que configuran la esencia de la masculinidad tal como aparece en la vida de la mayoría de hombres, es preciso dedicar un tiempo a analizar a los hombres que constituyen las excepciones que confirman la regla:

- Son hombres que se exponen a menos riesgos.
- Parecen estar menos motivados a demostrar su potencia.
- Evitan trabajos y carreras que entrañen una elevada competitividad.
- Tienen una libido inferior a la media.
- Prefieren demostrar su apoyo a través de la empatía como estrategia dominante en sus relaciones en lugar de a través de la agresividad.
- No les importan las historias ni la parafernalia de la búsqueda heroica.
- No manifiestan interés alguno en deportes agresivos o videojuegos.
- Prefieren la sensualidad a los principios y las abstracciones.

Los hombres que presentan al menos tres de esos rasgos pueden ser cerebros-puente, hombres cuyo sistema cerebral posee unos niveles inferiores de testosterona y vasopresina y favorecen el desarrollo de las áreas corticales de forma que se inclinan hacia el extremo más femenino del espectro cerebral. Es probable que exista alguna parcela en sus vidas en las que la búsqueda heroica siga vigente, pues la biología de la búsqueda es fundamental en las hormonas masculinas; pero en el varón con un cerebro-puente la biología de la búsqueda puede existir sólo en su afición por las novelas de ciencia ficción o en contemplar películas de kárate, no en las actividades de su vida cotidiana.

Con frecuencia es doloroso contemplar la acogida que el mundo dispensa a esos hombres cerebros-puente, con unos niveles bajos de testosterona. La búsqueda heroica es algo tan instintivo en nosotros cuando nos relacionamos con y como, hombres que muchas personas desprecian al hombre que constituye la excepción. Por fortuna, los treinta últimos años han sido más favorables para los varones con cerebros-puente.

Las mujeres tienen una mayor influencia sobre lo que sentimos con respecto a los hombres cerebros-puente de lo que imaginamos. Los hombres siempre han llevado su búsqueda heroica en parte para impresionar a las mujeres. En los capítulos 4 y 5 exploraremos con más detalle cómo funciona esta selección sexual. El deseo de los hombres heterosexuales de ser elegidos sexualmente por las mujeres es tan potente que hoy en día los hombres no sólo tratan de ser más heroicos, sino de ser excelentes cerebros-puente (o imitadores de cerebros-puente). Los hombres procuran mejorar la conversación emocional masculina/femenina. Tratan de identificar y compartir sus sentimientos. Tratan de escuchar mejor que las mujeres. Por regla general no lo hacen porque crean que no pueden vivir sin esas dotes, sino porque desean impresionar a las mujeres y han observado que un creciente número de ellas eligen a hombres que poseen una mayor sensibilidad emocional. ¡El poder es de las mujeres!

Pero no vayamos a pensar que esos nuevos experimentos con «hombres sensibles» han creado un mundo en el que destacan los varones cerebros-puente. Paradójicamente, incluso las mujeres que afirman desear un hombre con un cerebro-puente a menudo no tienen muy claros sus deseos. Aunque les complace la sensibilidad de su pareja, echan en falta la ambición profesional y la fuerza emocional del hombre que emprende una búsqueda heroica.

«Me siento segura porque es muy fuerte —dijo una mujer a propósito de su marido durante un cursillo para parejas—. Me gusta que se esfuerce en escuchar, pero no quiero que sea demasiado blando.»

«Para ser sincera —me escribió una mujer en un correo electrónico—, lo que más me gusta de mi marido es que cuando estoy con él tengo la sensación de que nada ni nadie puede lastimarme.»

La primera línea de una novela romántica contemporánea reza así: «La fuerza que emanaba de sus ojos la cautivaron». Dado que las novelas románticas abarcan un tercio del negocio editorial, esas historias sobre mujeres amadas por hombres con elevados niveles de testosterona indican con claridad la necesidad profunda y primaria de las mujeres por los sentimientos que les inspira el hombre intensamente varonil.

La literatura romántica es un poderoso ejemplo del desconcierto que experimentamos todos con respecto a los varones cerebros-puente. Aunque las mujeres desean en principio un hombre más delicado y sensible, al mismo tiempo siguen ansiando el modelo de héroe potente y poderoso en el que las cualidades del cerebro-puente son secundarias.

La tendencia a aceptar a los varones con cerebros-puente aumentará a medida que los seres humanos evolucionen, sobre todo cuando las carreras de los hombres se hagan más sedentarias (más tiempo delante del ordenador, más tiempo leyendo y escribiendo y menos tiempo dedicado a actividades físicas competitivas). La biología del varón dominante —que data de millones de años y constituye la tendencia masculina básica— sigue inspirando niveles elevados de testosterona en los hombres, pero cada vez existen más varones con cerebros-puente o *cuasi* cerebros-puente, un tipo de hombres que posiblemente de niños y adolescentes eran objeto de burlas por parte de grupos de hombres dominantes y mujeres, pero que han aprendido a interpretar esa ingrata y dolorosa circunstancia como una heroica prueba personal de su identidad. Esos hombres han superado el hecho de ser objeto de burlas para desempeñar su mejor papel en la sociedad natural.

PRACTICAR LA SEPARACIÓN ÍNTIMA

Al igual que inicié este capítulo con unas referencias a la película *Salvar al soldado Ryan*, de Steven Spielberg, permítame que lo concluya con unas referencias a *The Rookie*. Además de mostrar la búsqueda por parte de un hombre de su valía personal, así como los elementos de masculinidad que ya hemos empezado a analizar, la película de Disney muestra eficazmente la forma en que la compañera de un hombre adquiere un inmenso poder practicando la separación íntima que refuerza un matrimonio. Ambos filmes son historias arquetípicas que aportan valiosos conocimientos sobre la biología masculina.

En *The Rookie*, Jimmy Morris, interpretado por Dennis Quaid, es el profesor de ciencias de un instituto y el entrenador del equipo, perdedor, de béisbol. Vive en Big Lake (Texas) con su esposa, papel interpretado por Rachel Griffiths, que es psicóloga del instituto. Tienen tres hijos.

Jimmy es jugador de béisbol y entusiasta de este deporte. En su juventud jugó de *pitcher* semiprofesional, pero sufrió una grave lesión en un brazo. Después de someterse a cuatro intervenciones quirúrgicas, decide renunciar a jugar de *pitcher* y ofrecer una vida gratificante a su esposa y sus hijos. Se convierte en un maestro de identidad moral para los jóvenes hombres y mujeres, sobre todo para los chicos de su equipo de béisbol. Esto le proporciona cierta gratificación. Se siente satisfecho de su vida. Pero por las tardes, mientras su hijo de ocho años duerme o le observa desde la furgoneta familiar, Jimmy se dirige a unos campos petrolíferos abandonados para lanzar pelotas hasta caer rendido.

Jimmy Morris tiene un sueño, la profunda e íntima sensación de una vocación heroica que no ha logrado cumplir. Lo sabe al igual que muchos habitantes de la ciudad donde vive. Su esposa lo sabe. Los chicos de su equipo de béisbol lo saben. Jimmy Morris desea volver a jugar en uno de los equipos de béisbol de primera división.

Un día, cuando trata de motivar a los chicos para que se esmeren más en el terreno de juego, le ofrecen un pacto: «Si ganamos el campeonato de barrios, debes intentar que te fichen para jugar como profesional».

Convencido de que la cosa no pasará de allí, Jimmy accede. Para su sorpresa, los chicos ganan el campeonato, en gran parte motivados por el pacto que han suscrito con él. Jimmy tiene ahora que tratar de que le contraten para jugar para un equipo menor, y confiar que pasará posteriormente a formar parte de uno de los grandes equipos. Se presenta para una prueba y lanza la pelota a más de sesenta kilómetros por hora. Esa velocidad, teniendo en cuenta que Jimmy ya no es un muchacho, hace que se fijen en él.

Esa tarde le ofrecen jugar de *pitcher* en un equipo de las ligas menores. Cuando su esposa se entera al principio se siente confusa. Le disgusta que Jimmy no le dijera que deseaba volver a jugar al béisbol y teme que sufra un desengaño. Sabe los sufrimientos que le ocasionaron sus cuatro operaciones y sabe el trauma que uno experimenta cuando no alcanza su sueño. Está preocupada por ella y sus hijos, pues necesitan el sueldo que Jimmy cobra del instituto y los equipos de las ligas menores de béisbol pagan poco. Sabe que puede transcurrir mucho tiempo hasta que Jimmy logre ser fichado por un equipo importante, suponiendo que lo consiga. ¿Es necesario para Jimmy perseguir ese sueño, esa vocación? Al principio, su esposa confía en que no lo sea.

—Los sueños no dan de comer —le dice.

Al principio Jimmy, que ama profundamente a su familia, cede ante la realidad que le presenta su esposa. Atiende sus inquietudes y decide rechazar la oferta que le ha hecho el equipo de béisbol. Pero esa noche su esposa, mientras observa cómo duerme su hijo de ocho años, contempla más allá de sus inquietudes y temores la esencia de la masculinidad y el corazón de los hombres. Dice a su marido que comprende que debe hacer lo que desea.

—Tenemos un hijo de ocho años —le dice—. Que ama el béisbol tanto como su padre. Debes hacerlo, no sólo por ti, también por él.

Su compañera ha tenido que decidir entre sofocar la esencia de la masculinidad y practicar la separación íntima en su matrimonio. Tiene el poder de dar permiso a su marido para que siga su vocación, y decide hacerlo. Entonces es Jimmy quien se preocupa por el dinero y el agobio que supondrá para su esposa tener que ocuparse sola de los niños. En una perfecta expresión cinemática de separación íntima, ella responde:

—Soy texana: no necesito la ayuda de un hombre para ocuparme de mi hogar y mis hijos.

Su esposa no sólo le autoriza a que persiga su heroica vocación, sino que le demuestra que también es una persona independiente. Así, le asegura que es tan capaz como él de llevar a cabo la separación íntima que requiere el hecho de que él siga su heroica vocación al tiempo que ella satisface sus propias necesidades.

Jimmy Morris se incorpora al equipo de béisbol. En última instancia, después de varias vicisitudes que padecen él y su familia, es contratado por los Tampa Bay Devil Rays. Juega como *pitcher* en un equipo importante durante dos años, tras lo cual regresa a Big Lake, Texas, un hombre feliz que vive con una familia feliz. Nadie se siente más orgulloso de él que su esposa y sus hijos. Cuando le ve jugar de *pitcher* contra los Texas Rangers, el rostro de Rachel Griffiths resplandece de orgullo al tiempo que refleja una profunda comprensión de la identidad esencial de su marido, su deseo de demostrar su innata valía esforzándose en alcanzar la máxima cota que, como hombre, es capaz de alcanzar. Su esposa sabe que Jimmy pudo haber renunciado a su sueño, pero no habría alcanzado esa máxima cota y eso habría incidido negativamente en él, en ella y en sus hijos. Sabe que para integrar la búsqueda esencial de la propia valía de un hombre en una familia feliz, a menudo la esposa debe proyectar su mente y su corazón hacia el sueño imposible de su marido.

SEGUNDA PARTE

¿Qué piensa él realmente?

«Se parece a la historia del hijo pródigo. La había oído toda mi vida, hasta que un día comprendí lo que significaba. Ese día encajaron muchas piezas del rompecabezas. Una de esas experiencias fue descifrar lo que mi marido pensaba realmente. Tuve la sensación de que por fin comprendía lo que ocurría en su vida personal.»

Jan, treinta y nueve años, casada por segunda vez, dos hijos, un hijastro, encargada de supermercado

«Soy médico y me gusta la ciencia. Pero no había aplicado la ciencia cerebral a mí mismo. La verdad es que en la facultad de medicina no aprendimos cómo funciona el cerebro masculino y el cerebro femenino. Nos limitamos a estudiar el cerebro. Pero de un tiempo a esta parte, cuando he empezado a explorar las diferencias entre el cerebro masculino y el femenino, he comprendido muchas cosas. Sinceramente, al principio sentí cierto escepticismo, aunque como médico no debí haber dudado del uso de la ciencia, pero ahora estoy convencido de que hay algo en esto que puede perfeccionar nuestras relaciones humanas.»

Richard, cuarenta y ocho años, casado, cuatro hijos, médico de familia

3

¿Qué piensa él realmente... sobre los sentimientos y las emociones?

«El que un ser humano ame a otro ser humano constituye una tarea para la cual todas las demás tareas son un preparativo.»

Rainer Maria Rilke, poeta alemán

«Cuando criamos a nuestros hijos sabemos que debemos permitirles tener sus propios sentimientos y pensamientos. Sabemos que tenemos el deber de ayudarlos a aprender a sentir y pensar por sí mismos. Pero en lo tocante a nuestro matrimonio, ni siquiera tratamos a nuestra pareja con el respeto que debemos mostrar a un hijo. Creemos que sabemos lo que nuestro amante piensa o siente. Creemos que deberíamos saberlo. Nos creemos con derecho a decirle a nuestro amante lo que debe pensar y sentir. Creemos que él o ella debe saber lo que nosotros pensamos y sentimos. ¡Qué desastre! Así es como nos comportamos los hombres y las mujeres entre nosotros. Es preciso frenar este ciclo. Yo he decidido frenarlo empezando por mí misma.»

Hillie, treinta y cuatro años, casada, un hijo, psicóloga infantil

Los dos, una pareja de treinta y pocos años, entraron juntos en mi despacho. Henry era un hombre corpulento que lucía una camisa blanca, corbata y pantalón negro. Judith era una mujer menuda, vestida con un *top* ajustado y unos vaqueros. Llevaban ocho años casados. Él tenía una hija de un matrimonio anterior, de diez años, y un hijo en común, de seis años. Los dos eran abogados. Judith me había dicho por teléfono que necesitaban visitar a un consejero matrimonial. Se peleaban con frecuencia y su matrimonio peligraba. Me dijo que vendrían a verme cuando ella tuviera vacaciones. Su marido no había querido irse de vacaciones ese año. El psicólogo al que habían consultado previamente había dicho al marido que tenía que aprender a expresar sus auténticos sentimientos. El marido había cogido manía al psicólogo y por eso habían decidido venir a verme.

—Mi marido ha oído decir que usted comprende a los hombres —me dijo Judith por teléfono—. Espero que confíe en usted y que usted pueda ayudarnos. Deseo sinceramente resolver nuestros problemas.

A lo largo de ocho meses, Henry y Judith se sometieron a una terapia que comprendía varios aspectos: sus respectivas infancias, el matrimonio anterior de Henry, las crisis laborales de los dos, la forma en que criaban a sus hijos e incluso el motivo de que las vacaciones derivaran siempre en peleas. Durante las sesiones en mi consulta, tanto Henry como Judith mencionaron unos temas recurrentes:

Judith: «Henry se niega a compartir conmigo sus sentimientos».

Henry: «Judith no me comprende».

Todas las personas que acuden a un psicoterapeuta citan continuamente los mismos estribillos. Todos nosotros regresamos siempre a las mismas ofensas clave, los mismos temas clave, los mismos recuerdos clave. El estribillo viene a ser una petición de ayuda. Si en un matrimonio no se escucha, el estribillo se convierte en palabras escritas en una lápida. Años más tarde, después de un divorcio, quizás echemos la vista atrás y digamos: «Mi ex se negaba a compartir conmigo sus sentimientos», o «Mi ex no me comprendía», pronunciando esas palabras ante un nuevo amor, con lo cual el ciclo comienza de nuevo.

Al cabo de dos meses de reunirme con Henry y Judith, les mencioné esos estribillos y les pregunté si se habían percatado de que los repetían constantemente.

—Tienes razón —respondió Judith—, siempre repetimos lo mismo.

Henry asintió en silencio y luego comentó:

—Es verdad.

Esto dio paso a una espiral de comunicación cada vez más profunda entre ellos y yo. Como suele ocurrir durante una terapia matrimonial, comprobé que ninguno de los dos representaba un peligro físico para el otro. En ese matrimonio, cuanto más se esforzara ella en crear un clima de intimidad entre los dos, más se sumergiría él en su trabajo, la televisión o Internet. Era un matrimonio en el que ella acabaría sintiéndose insatisfecha, pues con el transcurso de los años él se iría alejando emocionalmente, por más que ella tratara de reforzar los vínculos afectivos. Después de graves conflictos, tal vez durante el divorcio, el marido llegaría a la conclusión de que su mujer nunca había deseado en realidad casarse con él, por lo que no debió acceder a ello.

¿Era inevitable ese fin? Judith y Henry habían venido a consultarme confiando en que no. Aparte de señalarles sus respectivos estribillos, les pedí que profundizaran más en la dinámica de su matrimonio.

Entonces realicé un sencillo ejercicio que he llevado a cabo en numerosas terapias matrimoniales. Les pedí que cambiaran de silla, que ocuparan cada uno la del otro. Cuando lo hicieran, pedí a Henry que dijera: «Ella se niega a compartir conmigo sus sentimientos», y a Judith que dijera: «Él no me comprende». Los dos pronunciaron las palabras que su cónyuge había repetido como un estribillo con respecto al otro.

Luego pregunté a Judith:

—¿Crees que esas palabras encajan? ¿Es cierto que él no te comprende?

Judith respondió afirmativamente. Henry no la comprendía, no sabía lo que necesitaba, no la conocía en realidad. Y lo peor era que ya no se esforzaba siquiera en comprenderla.

—¿Crees que esas palabras encajan? —pregunté luego a Henry—. Visto desde tu perspectiva, ¿crees que tu mujer comparte contigo sus sentimientos?

Henry asintió con la cabeza.

—Ella cree que sí, pero no los comparte. Sólo comparte conmigo algunos sentimientos, por lo general referentes a lo que le disgusta.

—¡Lo único que pretendo es que sepa lo que siento!

Yo insistí en el tema.

—¿Pero demuestras a tu marido lo que sientes sobre todo cuando estás disgustada con él?

Judith me miró a los ojos con expresión adusta y rechinando los dientes.

—¿Qué más quiere de mí? ¿Acaso no debo mostrarle cómo me siento cuando me disgusta lo que hace? ¡No me gusta lo que hace y lo demuestro claramente!

Dejamos nuestra sesión en ese punto. Pedí a Judith y a Henry que durante la próxima semana consideraran a la otra persona el portavoz de sus propias quejas. Les pedí, como ejercicio, que trataran de situarse en la posición del otro. Judith debía tratar de verse como una persona que no compartía sus sentimientos de la forma que deseaba Henry. Él debía tratar de verse como una persona que no comprendía a la mujer que amaba.

Cuando comenzamos la terapia, confié en que al traspasar el umbral de mi consulta Judith y Henry se dispusieran a penetrar en una relación más avanzada. Cuando nos reunimos durante las próximas semanas, nos centramos en lo que yace detrás de la puerta: la universalidad de las experiencias humanas, el hecho de que las parejas que mantienen una larga relación están tan compenetradas que cuando uno de ellos expresa un problema conyugal, él o ella hablan en nombre de los dos. Esta universalidad puede prender de nuevo la llama de la amistad, pues muestra a la pareja que ambos padecen el mismo dolor. Esta universalidad permite utilizar uno de los instrumentos más eficaces para salvar un matrimonio: comprender que los hombres y las mujeres son muy semejantes en su dolor emocional, pero muy distintos en su método emocional. Según mi experiencia, la mayoría de matrimonios rompen en el momento en que los dos dejan de compadecerse del dolor del otro y evitan comprender la naturaleza del otro.

Al cabo de tres meses de terapia matrimonial, una vez establecida la generalización del dolor, Judith y Henry estaban preparados para analizar sus profundas diferencias como mujer y hombre, y éstas aparecieron con meridiana claridad en las distintas versiones que cada uno sostenía sobre si los sentimientos funcionaban o no funcionaban en el matrimonio.

A lo largo de varias sesiones, averiguamos que:

1. Judith se fiaba de los sentimientos; Henry se fiaba de la razón y los hechos.

2. Judith daba a los sentimientos prioridad en su lista de «cosas de las que no puedo prescindir». Henry, no.

3. Henry quería que el análisis de sentimientos finalizara antes que Judith.

4. Henry sentía cosas haciendo cosas; no dedicaba mucho tiempo a hablar de sus sentimientos. Le gustaba hablar de lo que hacía. Judith comentaba con frecuencia sus sentimientos.

5. Judith dedicaba mucho tiempo a hablar sobre los sentimientos y las emociones de sus amigos, sus hijos, su marido y otras personas. Henry, no.

6. Judith se consideraba una persona que no ocultaba sus sentimientos. Henry la consideraba una persona que hablaba sobre muchas cosas, pero ocultaba sus sentimientos de amor hacia él.

7. Henry se consideraba una persona sincera sobre el amor que sentía hacia su mujer y sus hijos; Judith lo consideraba una persona que ocultaba su amor y, por tanto, no era sincero.

8. Henry quería que Judith mostrara más sus sentimientos en lo que hacía (acciones), como practicando el sexo con él con más frecuencia y probando distintos actos sexuales, y ocupándose más de su hogar; Judith quería que Henry le dijera lo mucho que la amaba y que se lo demostrara, con más frecuencia y claridad, con flores, vacaciones y otros gestos románticos.

Estas dos personas se habían unido por amor, pero ahora experimentaban sus sentimientos cotidianos de modo muy distinto. Esta diferencia a veces les enfurecía y otras les desesperaba. Puesto que los dos eran capaces de controlarse, no mostraban al otro su furia ni su desesperación. Destilaban rabia en su vida cotidiana a través de disputas, pequeñas frases hirientes y demás actos negativos. Dado que ninguno de los dos estaba genéticamente predispuesto a la depresión, no habían caído en la desesperación. Más bien se alejaban progresivamente uno de otro; ella se refugiaba en los reproches y él en su trabajo.

Con esfuerzo, Henry y Judith lograron verse a sí mismos y su relación con más nitidez. Identificaron ciertos problemas conyugales que les provocaban furia y les desesperaban. Comprendieron que experimentaban un dolor similar, pero unos métodos emocionales distintos. Durante ese proceso, llegaron a comprender que sus cerebros y sus cuerpos enfocaban de forma distinta la experiencia que les unía, la experiencia de un ser humano que siente amor y pasión por la vida, la familia y su pareja. La naturaleza humana, que en cierto aspecto les separaba, se convirtió en un factor clave para recomponer el matrimonio. Los últimos meses de terapia los dedicamos a reestructurar la relación conyugal con el fin de adaptarla a la diferencia entre la biología de la emoción femenina y la biología de la emoción masculina.

Dos años más tarde, cuando vi a Henry y a Judith en uno de mis cursillos, seguían juntos.

—Jamás contemplaré a un hombre como lo hacía antes de venir a verte —me dijo Judith—. A Henry y a mí nos va muy bien. Aún tenemos días malos, pero nos queremos y aceptamos tal como somos.

Yo la abracé.

Henry me estrechó la mano y dijo:

—Gracias por ayudarnos cuando acudimos a tu consulta.

—De nada —respondí, tras lo cual los tres regresamos a nuestras respectivas vidas.

LA BIOLOGÍA DE LA EMOCIÓN MASCULINA

¿Existe, desde una perspectiva biológica, «un modo de sentir masculino»? ¿Experimentan los hombres sus sentimientos y emociones de modo distinto a las mujeres? Una jovencita me escribió para ofrecerme una respuesta excelente. Brittany, de dieciséis años, me preguntó en un correo electrónico: «¿Puede explicarme cómo se supone que deben entenderse los hombres y las mujeres? Los chicos no saben conectar con las chicas. ¡No lo comprendo!»

Examinemos más a fondo lo que estuvo a punto de destruir el matrimonio de Judith y Henry, lo mismo que desconcierta a los adolescentes.

La palabra «conectar» es un buen punto de partida. La investigación cerebral la ha tomado prestada para acompañar el término «circuitos», esto es, «los circuitos del cerebro están conectados de la siguiente manera...». Dado que yo utilizo este lenguaje, confío en que el lector no crea que la investigación cerebral reduce los sentimientos a una mera función mecánica. Son mucho más que eso, están llenos de metáforas y misterio. El gozo del sentimiento y la emoción es tanto fruto del misterio como de los conocimientos de mecánica. Los conocimientos de mecánica pueden ahorrarnos muchos problemas en numerosos ámbitos de la vida, desde los ordenadores hasta los coches, pasando por la dinámica familiar y la salud de las relaciones.

¿Qué ocurre en los circuitos cerebrales cuando sentimos una emoción? Lo que es aún más importante para nosotros en este capítulo: ¿qué ocurre en el cerebro masculino y en el femenino?

Por regla general, los estímulos emocionales —caras tristes, reproches, el llanto de un niño, un beso, una puesta de sol o un amanecer, la risa de un amigo, las lágrimas de una madre o un padre anciano—, ésos y un millón de otros estímulos sensoriales, recorren los sentidos de una persona hasta alcanzar el sistema límbico. Los centros nerviosos de los dedos, la corteza visual, el tímpano, las papilas gustativas y la nariz perciben luz, color, tacto, movimiento, sonido y aroma, y transmiten señales al sistema límbico y a través de él. Si la señal desencadena una intensa emoción, ese contenido emocional es procesado en primer lugar por el sistema límbico y posteriormente distribuido a la parte superior e inferior del cerebro. Si vemos llorar a un amigo, el sistema límbico aparecerá en una imagen PET como si estuviera ardiendo. Debido a la intensidad de la emoción que lo invade, presentará un aspecto distinto al de una persona que pasea una tarde tranquilamente junto al río y se agacha para coger una piedra y arrojarla al agua.

Ésta es, por consiguiente, la imagen del cerebro emocional en términos generales. Si sometemos a cerebros masculinos y femeninos a pruebas PET, observaremos que durante este proceso sensorial/emocional presentan un aspecto y funcionan de forma muy distinta. Incluso cuando dos personas están sentadas en la consulta de un psicoterapeuta y comprenden que su desesperación conyugal es muy similar, sus cerebros presentan un aspecto y funcionan de modo distinto. Éstas son algunas de las áreas en las que podemos observar este fenómeno:

1. **Hipocampo (almacén de memoria y procesamiento de las emociones en el sistema límbico).**

2. **Amígdala (proceso de emociones, impulsos agresivos en el sistema límbico).**

3. **Cerebelo (conecta las neuronas de las funciones complejas, incluidas las reacciones emocionales, a través del cerebro).**

4. **Vías neuronales (conectan el sistema límbico con la corteza cerebral.)**

5. **Médula oblonga (funciones básicas y reacciones de luchar o huir).**

6. **Hormonas (inducen al cuerpo y al cerebro a reaccionar a los sentimientos y las emociones).**

7. **Cuerpo calloso (conecta los hemisferios derecho e izquierdo con el cerebro).**

8. **Sustancias químicas cerebrales (contienen respuestas emocionales en su composición).**

9. **Circunvolución del cíngulo (centro emocional clave en el sistema límbico).**

10. **Corteza cerebral (suele transformar las emociones en pensamientos).**

Aunque los hombres y las mujeres pueden llegar a las mismas conclusiones, contemplar las mismas puestas de sol, oír el mismo llanto de un bebé y escuchar palabras similares de amor y rechazo, sus cerebros cumplen estas funciones con distintos resultados por lo que respecta a las relaciones cotidianas. Las mujeres desean algo de la vida emocional que por regla general el cerebro masculino obstaculiza o impide.

El hipocampo. Los hombres poseen un hipocampo más reducido en el sistema límbico y recuerdan menos sus experiencias emocionales que las mujeres. Cuando los hombres hablan, almacenan menos experiencias emocionales sobre las que conversar, por lo que su conversación no está tan cargada de sentimientos como desearía una mujer.

La amígdala. Los hombres poseen una amígdala más grande y son más propensos que las mujeres a decantarse por una respuesta agresiva a una situación. Por tanto, son menos propensos a sentimientos de ternura o a una respuesta dialogada a una situación.

El cerebelo. Las mujeres poseen vías de comunicación más potentes entre el cerebelo y los centros verbales y de funciones complejas, por lo que tienden a depender más de la expresión verbal cuando se enfrentan a estímulos emocionales y sus cerebros están más capacitados para realizar numerosas tareas a la vez, lo cual favorece la conversación sobre emociones y sentimientos. Desde el punto de vista del cerebro, una conversación cargada de emociones y sentimientos es inherentemente una multitarea, en mayor medida, por ejemplo, que una conversación sobre cómo reparar una viga. A menudo los hombres suelen evitar las conversaciones multitareas en torno a las emociones.

Vías neuronales. El cerebro femenino genera más vías neuronales, no sólo desde el cerebelo a otros centros cerebrales, sino a través de todo el cerebro. En términos generales, el cerebro femenino es más activo que el masculino y cumple más funciones emocionales. La experiencia emocional es una de las experiencias más complejas que el cerebro tiene que procesar a lo largo de su vida. El cerebro femenino posee más vías de comunicación con los centros emocionales del cerebro, por lo que no sólo es más capaz de resolver las emociones complejas, sino de identificarlas.

La médula oblonga. El cerebro masculino desarrolla una mayor actividad en la médula oblonga que el cerebro femenino, sobre todo durante una experiencia emotiva. Por ejemplo, en una situación crítica, el cerebro masculino tiende a procesar la crisis no tanto en los centros emotivos del cerebro como en la médula oblonga, donde se localiza la reacción de huir o luchar. Tiende a actuar primero y luego a pensar y sentir. Esto crea reacciones emocionales retardadas.

Las hormonas. La fluctuación de las hormonas femeninas durante el ciclo mensual incide directamente en el procesamiento emotivo de una mujer debido a que las hormonas femeninas regulan el estado de ánimo, puesto que están conectadas directamente con las sustancias químicas del cerebro y la actividad emocional en el sistema límbico. Aunque la testosterona, la hormona masculina dominante, influye indudablemente en el estado de ánimo, no los «regula» porque no cataliza las sustancias químicas emocionales del cerebro tan directamente como los estrógenos y la progesterona. Dado que su hormona dominante no está tan conectada con el estado de ánimo y la emoción como las hormonas femeninas dominantes, el cerebro masculino dedica menos tiempo al procesamiento de las emociones que el femenino.

El cuerpo calloso. Este grupo de nervios que conecta los hemisferios derecho e izquierdo del cerebro es aproximadamente un 25 por ciento más pequeño en el cerebro masculino que en el femenino. Las emociones, y los pensamientos que brotan de las emociones, se comunican a través de los hemisferios en el cerebro femenino más rápida y plenamente que en el masculino. Esto es muy importante en la expresión emocional, porque el cerebro masculino depende de la comunicación entre los hemisferios para transformar las emociones en palabras (el cerebro masculino transforma las emociones en palabras sobre todo en el lado izquierdo del cerebro, por lo que necesita que los pensamientos se comuniquen con las neuronas de los sentimientos situadas en el izquierdo). Debido al menor tamaño de su cuerpo calloso, el cerebro masculino no desplaza tantos pensamientos sobre sentimientos hacia el izquierdo, por lo que expresa menos pensamientos sobre sentimientos.

Las sustancias químicas cerebrales. La norepinefrina, la dopamina, la serotonina, la oxitocina y otras sustancias químicas contribuyen a que el cerebro procese los sentimientos de modo similar a como el agua conduce la electricidad. El cerebro femenino, en esta analogía, posee más agua con la que conducir la electricidad emocional. Por ejemplo, el cerebro femenino segrega más oxitocina, una sustancia química que cataliza las estrategias emocionales destinadas a reforzar los vínculos afectivos, por lo que el cerebro femenino depende más de la intimidad emocional.

La circunvolución del cíngulo. Las estrategias emocionales destinadas a reforzar la intimidad pueden ser «conducidas» por las sustancias químicas cerebrales, pero cabe decir que están «regidas» por la circunvolución del cíngulo, un elemento para el procesamiento de las emociones muy potente situado en el sistema límbico. El cerebro femenino procesa una mayor proporción de experiencias vitales a través de la circunvolución del cíngulo que el masculino. Dado que posee más vías neuronales que comunican con la circunvolución del cíngulo, el cerebro femenino está más saturado de emociones.

La corteza cerebral (neocórtex). Los cuatro lóbulos situados en la parte superior del cerebro funcionan de distinta forma en hombres y mujeres. Un ejemplo claro son las estrategias verbales y espaciales. Puesto que el cerebro masculino posee más áreas corticales dedicadas a la experiencia espacial (desplazar objetos a través del espacio físico, como lanzar una pelota), los hombres tienden a convertir sus experiencias vitales en respuestas físicas espaciales. El cerebro femenino posee un mayor número de áreas corticales dedicadas a la experiencia verbal (hablar, escribir, leer), por lo que las mujeres tienden a transformar las experiencias en respuestas emocionales verbales. Dado que el cerebro femenino procesa el lenguaje en unos siete centros cerebrales, mientras que el cerebro masculino lo hace tan sólo en uno o dos, el cerebro femenino tiende a procesar todas sus experiencias, incluidas las emocionales, utilizando ante todo palabras.

Estas diferencias cerebrales que inciden en la emoción y el sentimiento nos ayudan a comprender mejor este factor crucial en las relaciones hombre/mujer: el cerebro masculino no tiende a elegir el procesamiento de las emociones como estrategia dominante, mientras que el cerebro femenino sí. Este hecho influye, tanto o más que cualquier otro, en el futuro de la relación hombre/mujer. Henry y Judith, como muchas otras parejas, rejuvenecieron su relación enfrentándose a este hecho. Y como muchas otras parejas, cada uno de ellos atravesó una fase en la que creía que los hombres o las mujeres eran superiores. Judith sostenía que su mayor capacidad de procesar las emociones creaba una mayor fuerza y coraje emocional, por lo que en un matrimonio el cerebro femenino era superior. Henry afirmaba lo contrario: un menor procesamiento de las emociones evitaba distracciones y redundaba en una mayor eficacia en las relaciones, por lo que su forma de amar era superior.

—Yo proceso mejor las emociones —decía Judith—. Tengo más acceso a sentimientos e intuiciones. Soy más ducha en materia emocional y más comprensiva. —Inconscientemente, decía: «Si Henry hiciera lo mismo que yo, nuestro matrimonio funcionaría».

A lo que Henry respondía:

—Yo no dedico mucho tiempo y esfuerzos a analizar emociones o pensamientos sobre emociones. —Inconscientemente, decía: «Judith debería seguir mi ejemplo. Ser eficaz. Ir al grano. No darle tantas vueltas a las cosas».

Es probable que usted haya oído este mismo debate en sus relaciones o entre amigos. Una mujer diría: «Los hombres tienen miedo de los sentimientos y las emociones. Puede que mi marido tenga más músculos físicos que yo, pero yo tengo más músculos emocionales».

Un hombre diría: «Mi mujer analiza continuamente un montón de emociones, siempre a punto de romper a llorar por cualquier minucia. Ella es el sexo débil».

Con frecuencia los hombres y las mujeres se comportan entre sí de forma brutal cuando reparan en el hecho, actualmente respaldado por la ciencia cerebral, de que las mujeres y los hombres manejan sus emociones de distinta forma. Hombres y mujeres hacen juicios biológicos errados con respecto al otro. Es más edificante ver dos tipos distintos de cerebros, igualmente valiosos, esenciales para la supervivencia, la gratificación y el amor entre los seres humanos.

EL MODO DE SENTIR MASCULINO

¿El cerebro masculino, menos emocional, es bueno para el amor? ¿De verdad? Gran parte de este libro está dedicado a responder a esta pregunta con un contundente «¡Sí!». Veamos otro fundamento de esta respuesta afirmativa explorando más profundamente las tendencias biológicas masculinas en la vida emocional. Esas tendencias masculinas son tan valiosas como en la mujer. Después de examinar las características del «modo de sentir masculino», analizaremos a los varones cerebros-puente, unos hombres que constituyen las excepciones que confirman esta regla.

Los hombres tienden a posponer sus reacciones emocionales. Una abuela me ofreció un ejemplo de esta estrategia típicamente masculina: «Cuando yo quería que Bill pensara en algo que era importante para mí, se lo decía antes de que se fuera a trabajar y luego hablábamos cuando él regresaba a casa. Le daba por lo menos un día para pensar en ello».

Estudios recientes han demostrado que los hombres pueden tardar hasta siete horas más que las mujeres en procesar datos emocionales complejos. Nuevos estudios neuronales corroboran el hecho de que debido a los circuitos y conexiones del cerebro masculino, la «reacción retardada» forma parte del modo de sentir masculino. Ciertamente, las mujeres pueden postergar sus reacciones emocionales y los hombres tener reacciones emocionales muy rápidas. Pero en términos generales, los resultados de los estudios demuestran que:

- Más hombres que mujeres no saben lo que sienten en el momento de producirse un sentimiento y tardan más en descifrarlo.
- Más hombres que mujeres son incapaces de expresar verbalmente sus sentimientos en un momento dado y tienden a tardar más en expresarlos con palabras que las mujeres, suponiendo que elijan adoptar una estrategia verbal.

Los hombres suelen preferir la emoción física a la verbal. «Las mujeres hablan, los hombres actúan.» Por más que se trata de un tópico, en muchos casos es cierto. Las mujeres prefieren sentarse a hablar, los hombres prefieren dar patadas a un balón. A algunos hombres les gusta hablar sobre las emociones, pero no durante tanto tiempo como a una mujer. Cuanto más elevados sean los niveles de testosterona en el hombre (o la mujer), más dependerá él o ella de las estrategias espaciales y físicas de procesamiento de las emociones. Cuanto más elevados sean los niveles de estrógenos/progesterona en el sistema cerebral del hombre (cuanto más tienda a ser un cerebro-puente), más procesadores verbales-emocionales creará y más tenderá a hablar de sus emociones. Dado que el cerebro masculino posee más circuitos para el procesamiento físico de los estímulos emocionales —en especial la tendencia del cerebro masculino a postergar el procesamiento en la amígdala o a desplazar las señales intensamente emocionales a la médula oblonga—, más tenderá a responder físicamente a un sentimiento. Esto se manifiesta de estas dos maneras:

- Si se siente dolido, el hombre es más propenso a descargar su ira golpeando algo que la mujer.
- Si se siente tenso, el hombre es más propenso a realizar un ejercicio físico que la mujer.

La oxitocina hace que una mujer busque a alguien con quien hablar porque sus circuitos cerebrales saben que, si puede comentar lo que le preocupa y desahogarse, sus niveles de oxitocina aumentarán y aplacarán su tensión nerviosa. Pero lo que muchas mujeres no saben es que el hecho de hablar sobre lo que les preocupa puede tener el efecto contrario en el cerebro masculino: con frecuencia no sólo sirve para aplacar la tensión, sino para crearla. El hombre, que lo sabe debido a la experiencia neuronal de toda una vida, suele resistirse a las emociones como una medida de autodefensa.

Dado que un hombre no puede decirle a su esposa o compañera: «Mientras hablamos tú produces oxitocina y eso hace que te sientas mejor, pero yo me siento fatal», la mujer debe aprender a identificar las señales masculinas. Por ejemplo, mientras habla, un hombre puede empezar a hacer gestos nerviosos o evitar mirar a la otra persona a los ojos. Puede que interrumpa, trate de zanjar el problema o soslayar la conversación para poder hacer otra cosa, como «desconectarse» mirando la televisión o trabajando en un proyecto.

En lo tocante a los sentimientos y las emociones, el cerebro masculino no sólo piensa de modo distinto del femenino, sino en muchos casos de modo opuesto al femenino. Lo que a una mujer puede tranquilizar, a él puede enervarle. La capacidad de una mujer de aceptar esto y reconocer las señales de agobio que transmite el hombre puede contribuir a proteger a la pareja de un estrés adicional.

Mientras procesan sus sentimientos, los hombres se ponen máscaras. La capacidad de una mujer de interpretar las «señales de enmascaramiento» de un hombre es un ejemplo de lo expuesto más arriba.

Debido a los circuitos del cerebro masculino, a los hombres les resulta más difícil identificar los sentimientos que a las mujeres.

Los hombres poseen un cuerpo calloso más reducido, por lo que sus sentimientos no se desplazan de un hemisferio al otro a través de los centros de lenguaje del cerebro, como ocurre con las mujeres. Un hombre puede sentir algo y la señal de ese sentimiento puede originarse en el sistema límbico y desplazarse hacia arriba, hasta el neocórtex. Puede ascender hasta el hemisferio derecho. Pero es posible que la señal se detenga entonces y desaparezca en el «limbo» neuronal porque no consigue acceder a un receptor en el centro del lenguaje situado en el lado izquierdo del cerebro. Debido a que su cuerpo calloso es un 25 por ciento más pequeño que el de la mujer, al cerebro masculino le cuesta más encontrar una vía de conexión a través de ambos hemisferios, y puesto que el cerebro femenino posee seis o siete centros de lenguaje en los hemisferios derecho e izquierdo, con frecuencia su cerebro no necesita la comunicación entre ambos hemisferios para identificar un sentimiento y expresarlo verbalmente. En términos generales, el cerebro femenino está mejor dotado para asimilar un sentimiento cuando se produce, procesarlo y verbalizarlo. Al cerebro masculino le cuesta más y ha tenido que adaptarse. La reacción retardada es una adaptación, y ocultar sus sentimientos bajo una máscara es otra.

El cerebro masculino se ha adaptado a su escasa rapidez en el procesamiento de las emociones utilizando más la estrategia de ocultar sus sentimientos que la mujer. El cerebro masculino tarda más en procesar los sentimientos de lo que sus circunstancias vitales le permiten. Si vive con una mujer, es posible que aún no haya procesado los sentimientos que ella intuye en él. Con frecuencia el cerebro masculino enmascara sus auténticos sentimientos con otros menos dolorosos o evitando cualquier sentimiento. Todos los ocultamos en algún momento, pero los hombres emplean esta estrategia más a menudo que las mujeres.

Por ejemplo, un hombre ha sido humillado por su jefe delante de otros en el trabajo. Los circuitos cerebrales de ese hombre registran el dolor. Cuando regresa a su casa después del trabajo, su hipocampo y otros centros cerebrales tal vez sigan inundados por los estímulos sensoriales del sentimiento, pero no demuestra su dolor con palabras. En lugar de ello, luce una máscara protectora que indica «déjame en paz».

La mujer: «¿Cómo te ha ido hoy en el trabajo?»

El hombre: «Bien. Avísame cuando regresen los chicos». Y entonces se refugia en el cuarto de estar y pone la televisión.

O quizá luzca una máscara que indique «si quieres pelea, la tendrás».

La mujer: «¿Te sientes bien?»

El hombre: «Siempre me preguntas lo mismo. Es algo que me revienta».

Algunos hombres regresan a casa y se ponen a comentar enseguida lo que les ha ocurrido durante la jornada. Pero muchos tienen que hallar otra forma de aliviar el estrés que sienten. Su amor propio está herido y tiene que recobrarse a fin de recuperar el equilibrio neuronal. En los dos casos descritos, la máscara «déjame en paz» permite al hombre replegarse en sí mismo para aliviar el estrés y recuperar su estabilidad emocional. La máscara «si quieres pelea, la tendrás» le permite provocar un conflicto con alguien a quien puede tratar de dominar, en este caso su esposa. Este dominio le ayuda a reposicionarse en un lugar más elevado en su sentido jerárquico interiorizado y a sentirse mejor. Cuando luce la máscara de dominio, no suele ser consciente de la fragilidad de su ego. Asimismo, por lo general no obra de mala fe hacia su esposa (aunque su estrategia de dominio puede ser muy desagradable).

Una tercera máscara que los hombres lucen con frecuencia es la de «no hay motivo para preocuparse».

La mujer: «¿Por qué estás tan decaído?»

El hombre: «No lo sé. He tenido un día duro». Esta máscara ayuda al hombre a recobrar su confort neuronal y protege a otros de su desasosiego interno. Sus circuitos neuronales tratan de elaborar la estimulación emocional de la jornada, pero no expresa sus sentimientos a otros, probablemente porque el hecho de expresarlos le crearía un mayor estrés neuronal y agobiaría a los demás con su estrés. De esta forma protege a su esposa y sus hijos.

Los expertos en relaciones humanas, y quizá cualquier pareja, pueden discutir durante años sobre si las máscaras masculinas son positivas o negativas en un matrimonio. En el sentido neuronal, no son ni lo uno ni lo otro. La tendencia masculina a enmascarar sus sentimientos es un hecho biológico. Es una estrategia de la adaptación humana. Es natural que las mujeres traten de reducir el enmascaramiento de los sentimientos por parte de los hombres para que los expresen verbalmente, pero conviene saber que ese enmascaramiento constituye una parte importante y protectora de la vida de un hombre. No es raro que, a medida que las parejas maduran en sus matrimonios, a menudo desarrollen la separación íntima que permite que se produzca ese enmascaramiento en una relación sin recriminaciones. El hecho de no comprender la importancia de ese enmascaramiento puede provocar problemas que pongan en peligro el matrimonio. Nuestra cultura popular —a través de libros de autoayuda y programas de televisión–– enseña a los hombres a no enmascarar tanto sus sentimientos y a expresarlos verbalmente con las mujeres. Debemos potenciar este aprendizaje enseñando también a las mujeres a comprender por qué es vital permitir que los hombres se protejan emocionalmente.

Al desarrollar esos métodos de enseñanza ayudaremos a las mujeres a comprender cómo deben reaccionar ante el enmascaramiento de sentimientos por parte de los hombres. Comprenderán que ellas mismas participan biológicamente en ello. Dada la composición química del cerebro femenino, que tiende hacia estrategias verbales inmediatas y constantes destinadas a reforzar los vínculos afectivos, con frecuencia las mujeres suelen interpretar las máscaras emocionales masculinas como rechazo y abandono de la propia mujer. A menudo las mujeres reaccionan al enmascaramiento emocional masculino como si hubieran sido abandonadas por el hombre que luce la máscara. No tienen en cuenta que, por regla general, la máscara masculina es una necesidad biológica para aliviar el estrés e incluso proteger las relaciones. Al centrarse inconscientemente en sus propios sentimientos de abandono, son arrastradas hacia un amargo drama.

Es lógico que el hombre y la mujer caigan en este drama provocado por el enmascaramiento emocional masculino y los sentimientos de abandono femeninos. En cualquiera de los tres escenarios que hemos descrito arriba, podemos interpretar fácilmente las realidades como el rechazo por parte del hombre de la estrategia cerebral utilizada preferentemente por la mujer.

- Las palabras que emplea el hombre cuando habla a través de la máscara de «si quieres pelea, la tendrás» probablemente provocan una áspera discusión que ahuyenta a su esposa o compañera.
- Las palabras que emplea el hombre cuando luce la máscara de «déjame en paz» rechazan la capacidad de la mujer de ayudarle a sentirse mejor.
- Las palabras que emplea el hombre cuando luce la máscara de «no hay motivo para preocuparse» impide que la mujer penetre en su intimidad.

En estas situaciones, una mujer quizá reaccione preguntándose:

- ¿Por qué la paga conmigo? (¿Es que no me quiere?)
- ¿Por qué no comparte conmigo sus problemas? (¿Acaso no valgo nada para él?)
- ¿Por qué quiere convertirme en la mala de la película? (¿Soy yo la causa de nuestros problemas?)

En ocasiones oigo decir a los hombres: «Está loca. Por supuesto que la quiero». Ésta también es una máscara que lucen los hombres: la máscara de la incomprensión.

No podemos tildar a una mujer de loca por sentir lo que siente. Sus sentimientos reflejan su experiencia neuronal. Desde su punto de vista, su compañero la ha rechazado emocionalmente.

No obstante, en una situación semejante la mujer tiene varias opciones. Controla la lógica interior que utilizará cuando el hombre luzca máscaras y trate de discutir con ella, eludirla durante un rato o comportarse como si todo fuera como la seda. Puede optar por sentirse dolida por la falta de contacto emocional por parte del hombre o mostrarse comprensiva.

A las mujeres les gusta expresar sus sentimientos, mientras que los hombres prefieren librarse de ellos. Las mujeres tienden a expresar sus sentimientos, mientras que los hombres optan por lo general por enmascararlos o realizar un ejercicio físico. En esta diferencia entre los hombres y las mujeres reside otra diferencia oculta. Los hombres tratan de descargar o expulsar sus sentimientos, en lugar de almacenarlos o expresarlos. ¿A qué nos referimos con esta sutil diferenciación?

Con un hipocampo más reducido que las mujeres, los hombres tienden a almacenar menos experiencias emocionales y sensoriales en el cerebro. El hecho de tener menos vías neuronales que comunican con el hipocampo contribuye a la tendencia del cerebro masculino a depender menos de la estrategia de almacenar emociones que las mujeres. Los hombres basan buena parte de sus respuestas a las emociones en la amígdala y la médula oblonga, por lo que no tienden a almacenar los sentimientos para expresarlos poco a poco, sino a activar las emociones con el fin de librarse rápidamente de ellas. El hombre dedica una porción menor de su cerebro a procesar los sentimientos, por lo que tiende a almacenar menos sentimientos en su memoria; considera más práctico librarse de ellos. «Si consigo librarme rápidamente de esos sentimientos —dice el cerebro masculino—, podré reanudar lo que estaba haciendo.» Por lo general, lo que estaba haciendo era una tarea o su trabajo.

Por el contrario, una mujer puede incrementar continuamente la capacidad de almacenar sentimientos en la memoria. Puede recordar algo que ocurrió hace uno o diez años, reflexionar sobre ello e incluso hablar de ello, tras lo cual almacena esta nueva reflexión junto con la experiencia emocional original. Quizá pregunte a su compañero o marido: «¿Recuerdas aquel día, el febrero pasado, que comimos en aquella excelente marisquería, y tú llevabas puesto tu traje azul y me dijiste...?» Quizá recuerde el episodio con profunda emoción. Es posible que ella y su marido hablen de él (es menos probable que el marido lo recuerde tan claramente como su mujer, y menos aún los detalles). Es posible que él responda: «Sí, lo recuerdo, pero en estos momentos no me produce una emoción especial» (¡un comentario que puede costarle caro!). La mujer quizás almacene esta conversación en su memoria junto con el episodio original y pregunte a su compañero o marido dentro de dos años: «¿Te acuerdas de...?»

Es posible que el marido en cuestión haya eliminado hace tiempo de su red emocional el episodio del restaurante. Es posible que no lo haya almacenado en el hipocampo. Suponiendo que lo recuerde, quizá no le inspire una emoción especial. Es problemático que en una relación hombre/mujer el cerebro femenino desee prolongar la vida de un sentimiento, mientras el modo de sentir masculino desee librarse cuanto antes del mismo.

El movimiento de comunicación entre parejas que se ha desarrollado durante las dos últimas décadas, en virtud del cual se enseña a los hombres a parafrasear lo que las mujeres les responden, es inmensamente valioso para las parejas. Cuanto antes aprendan los hombres a decir a las mujeres «así que según tú...», mejor; y cuanto antes aprenda una mujer a percatarse de que un hombre ha eliminado una experiencia emocional y desista de obligarle a sentir lo que ella siente, más fácil será la vida en una relación a largo plazo.

Para los hombres, las emociones son en muchos casos problemas destinados a ser solventados, y no sentimientos en los que deleitarse. La noción de que «a las mujeres les complace hablar sobre sentimientos y a los hombres les gusta solventar problemas» es acertada desde el punto de vista de los circuitos neuronales. Como apuntamos anteriormente, las emociones suelen ser menos placenteras para el cerebro masculino que para el femenino. Asimismo, el cerebro masculino tiende a situar los procesos de pensamiento sobre un plano abstracto más rápidamente que el femenino. Con frecuencia el cerebro masculino lo hace mientras el cerebro femenino todavía experimenta la concreción de la sensualidad o la experiencia emocional.

Las RM que se han llevado a cabo durante una década en diversos países del mundo confirman esta tendencia en el cerebro masculino. Cuando estudiantes universitarios de ambos sexos han sido sometidos a pruebas PET y se les ha pedido que expliquen qué emoción expresa el rostro mostrado en una imagen, las mujeres aciertan más que los hombres, y las pruebas PET demuestran que el cerebro femenino es utilizado más que el masculino para procesar la señal emocional. Por el contrario, cuando se pide a los hombres y a las mujeres que resuelvan un jeroglífico espacial o abstracto, los hombres suelen arrojar unos resultados superiores a las mujeres. Las áreas corticales y de neuroprocesamiento en el cerebro que usan las mujeres para procesar emociones, las utilizan los hombres para funciones espaciales y abstractas.

Cuando las mujeres observan a los hombres en la vida cotidiana, mientras intentan resolver el problema de unas experiencias emocionales lo más rápidamente posible, son testigos de la tendencia masculina a la abstracción mental. Los niveles superiores de oxitocina en el cerebro femenino llevan al sistema cerebral a conservar la sensualidad de las emociones y a mantenerse inmerso en unos sentimientos con el fin de estimular la empatía de la persona con la que está conversando, lo cual genera una mayor emoción entre las dos personas que conversan. Una mayor emoción, en este caso, incrementa la oxitocina, que reduce el estrés femenino. En el caso de los varones, el estrés se reduce mediante la abstracción mental.

Las hormonas desempeñan un importante papel en este caso. La testosterona y la vasopresina, las hormonas masculinas, hacen que los hombres tiendan a una respuesta basada en la resolución del problema. La testosterona y la vasopresina son sustancias químicas que generan el afán de dominio y la agresividad, y la resolución de problemas es una estrategia de dominio: la resolución de un problema es una forma agresiva de zanjar una situación problemática. Tanto el cerebro masculino como las sustancias químicas masculinas hacen que el hombre evite prolongar la vida del sentimiento, transformando la emoción en una idea que pueda controlar sin correr ningún riesgo. Si un hombre piensa que una emoción es una amenaza, lo más probable es que trate de conducirla al plano del dominio y la transformación.

Aunque es crucial que los hombres aprendan a contemplar el mundo a través de la experiencia de una mujer, y que la ayuden a expresarse como necesita hacerlo, y aunque muchos hombres contribuirían hoy en día a mejorar una relación «implicándose» en ella con más paciencia, no es menos importante que las mujeres comprendan la naturaleza primigenia del modo de sentir masculino y su forma de relacionarse con los demás. Nada menos que su seguridad, la salud de la relación con su pareja y sus hijos dependen de que la mujer desarrolle relaciones basadas en la oxitocina con otras mujeres (y con hombres cerebros-puente), con los que pueda desarrollar plenamente su mundo emocional y eliminar la tensión de la relación con su pareja.

Entre nuestros antepasados era habitual adoptar este enfoque de «familia extendida» con respecto al matrimonio. Los estudios contemporáneos de la biología humana nos piden que la situemos en otro nivel, tal como examinaremos de forma más práctica dentro de un momento.

EN DEFINITIVA: LAS MUJERES CONFÍAN MÁS EN LOS SENTIMIENTOS QUE LOS HOMBRES

Concluyamos nuestro análisis sobre el modo de sentir masculino con una acotación crucial. Dado que hombres y mujeres tienen distinta estructura cerebral, no es de extrañar que los hombres desconfíen inherentemente de los sentimientos y que las mujeres confíen instintivamente en ellos. Se trata sin duda de una generalización, pero quizá su experiencia personal la haya confirmado.

Si piensa en los hombres que conoce, quizás observe que en su mayoría no suelen considerar sus propios sentimientos como un comentario definitivo sobre una experiencia. Los hombres no suelen creer que basta con «sentir» una experiencia. Por lo general consideran los sentimientos como algo que experimentan otras personas.

Un hombre y una mujer tratan de ponerse de acuerdo sobre qué película van a ir a ver. ¿Qué tipo de película suele elegir el hombre? Una película de acción, la cual le generará menos sentimientos. La mujer tiende a elegir un drama emocional o una historia de amor, una película que le generará más sentimientos.

Otro ejemplo es la adquisición de una vivienda. La mujer tiende a fiarse de los sentimientos que experimenta cuando examina los armarios roperos, toca las cortinas y se detiene en silencio en la cocina, esperando que unas señales invisibles la conmuevan. El hombre tiende a reflexionar sobre el precio y esperar a que su imperativo del rendimiento quede satisfecho, esto es, el momento de negociar con el agente inmobiliario o el contratista. Probablemente considerará la compra de una vivienda como parte de su periplo vital, mientras que la mujer la considerará parte de su periplo emocional.

Esto no significa que una parte del hombre no espere en silencio comprobar si se siente a gusto en la casa, o que una parte de la mujer no quiera negociar el precio y actuar; simplemente demuestra lo que hemos experimentado en nuestras vidas cotidianas. Una mujer confía de manera instintiva en la experiencia de los sentimientos, de los que un hombre desconfía de manera instintiva. Los sentimientos no son muy lógicos, y el hombre necesita lógica. La lógica no es muy emocional, pero el cerebro de una mujer, su corazón, sus sentidos se sienten conmovidos de forma distinta al hombre.

Martin Buber, filósofo del siglo XX, escribió estas palabras en su obra *The I-Thou Relationship* [Yo y tú]: «Una auténtica comunidad no se forma por el mero hecho de que unas personas experimenten sentimientos los unos hacia los otros... Una relación viva y recíproca incluye sentimientos, pero no deriva de ellos».

—¡Típicamente masculino! —exclamó una mujer en un cursillo sobre parejas cuando utilicé los pasajes de Baber para exponer mis argumentos—. ¿Pero de qué está hablando ese hombre?

Como era de prever, a la mayoría de los hombres que asistían al cursillo el comentario de Baber les pareció lógico. Los sentimientos son unas fantasías comparados con la razón y la lógica. Como señaló un hombre:

—Las comunidades se erigen sobre la lógica y las leyes. Lo que las perjudica son los sentimientos.

No he utilizado este ejemplo para afirmar que todos los hombres prefieren la lógica a los sentimientos ni que todas las mujeres prefieren los sentimientos a la lógica. Lo cierto es que en nuestro devenir cotidiano, los sentimientos y la lógica se mezclan y combinan de forma que es falso trazar una distinción entre ellos. No obstante, es atinado decir que las mujeres confían más instintivamente en los sentimientos que los hombres. Como hemos mostrado en este capítulo, nuestras ciencias cerebrales revelan los motivos.

Cuando oímos decir «los chicos no deben llorar», nuestras ciencias cerebrales nos llevan a observar detenidamente a la persona que lo ha dicho y al chico o al hombre que acepta ese credo como parte natural de su vida.

Sentimientos y estrés

En *Iron Monkey*, una película sobre kárate estrenada recientemente, hay una escena entre un padre y un hijo. La película, ambientada en la antigua China, describe la pugna entre el bien y el mal, en la que tres guerreros —dos hombres y una mujer— luchan contra unos regímenes opresores. En una escena entre uno de los guerreros y su hijo de diez años, el guerrero Wong dice a su hijo: «Un hombre fuerte prefiere derramar sangre antes que derramar una lágrima». En cierto momento, el hijo —cuya madre ha muerto y deberá librar unos increíbles combates físicos— se echa a llorar. Wong no le castiga, pero critica las lágrimas de su hijo y le obliga a cesar de llorar. Wong desconfía de las lágrimas.

Este tipo de escenas —tanto si la película está ambientada en el mundo antiguo como en un terreno de juego contemporáneo entre hombres y adolescentes— ilustran la tendencia actual de los hombres a ordenar a los chicos que repriman sus sentimientos. Muchas personas —sobre todo padres y otros mentores masculinos— comprenden de manera instintiva que en un gran número de chicos los sentimientos incrementan el estrés en lugar de reducirlo. Para protegerlos, estos mentores adultos tratan de obligarlos a reprimir sus sentimientos. Es una costumbre polémica porque algunos psicólogos afirman que es perjudicial. En ocasiones, en especial cuando la frase «¡no llores!» se emplea de un modo agresivo, es perjudicial para los chicos (y todos los niños), así como para los hombres y las mujeres.

Pero contrariamente a lo que piensan muchos, la ciencia neuronal nos muestra que la mayoría de las veces no se trata de algo «beneficioso» o «perjudicial» ni «correcto» o «incorrecto». Simplemente forma parte del modo de sentir masculino. Los hombres no tienen acceso a las lágrimas como lo tienen las mujeres. Durante la pubertad, en el torrente sanguíneo de las mujeres circula un 60 por ciento más de prolactina. La prolactina es una hormona que controla la secreción láctea y las glándulas lacrimales. La mayoría de las mujeres poseen unas glándulas lacrimales más grandes que los hombres y, por tanto, procesan más sentimientos a través del llanto y las lágrimas. Los hombres tienden a procesar sus sentimientos de otra forma o a reprimirlos, pues carecen de un acceso semejante a los mecanismos y las glándulas que segregan lágrimas. Muchos padres y mentores de chicos y amigos de hombres adultos lo saben instintivamente. Pero muchos otros no.

Una frase pronunciada por un psicólogo asiduo de las tertulias televisivas se hizo muy popular durante un tiempo después del tiroteo ocurrido en una escuela de Columbine: «Si los chicos no lloran lágrimas, llorarán balas». Refleja la tendencia popular de creer que los chicos se vuelven violentos porque se les enseña a reprimir sus sentimientos, sobre todo las lágrimas. Este tipo de conceptos afecta también a los matrimonios. Una mujer que acudía a mi consulta lo expresó con toda claridad: «Creo que si mi marido llorara más a menudo, nuestro matrimonio sería más satisfactorio». Asimismo, hoy en día muchos afirman que los matrimonios fracasan porque los hombres han aprendido, a través de una cultura opresiva, no sólo a reprimir sus lágrimas, sino a evitar hablar de sus sentimientos. Nuestra cultura popular parece afirmar que, sin lágrimas y sin sentimientos, un hombre no puede amar a una mujer como es debido.

Desde el punto de vista neurobiológico, la idea de que «si los chicos no lloran lágrimas, llorarán balas» es bienintencionada, pero no existen pruebas científicas que la respalden. Lo cierto es que también puede demostrarse que cuantas menos lágrimas derramen los chicos, más pacífico será el barrio o la comunidad en la que viven. En Japón, por ejemplo, a los chicos se les enseña a reprimir las lágrimas y a evitar hablar de sus sentimientos. Se considera «vergonzoso» que un hombre llore, y hay menos conversaciones emocionales entre madres e hijos y maridos y esposas que en Estados Unidos. Pero Japón tiene una de las tasas más bajas de violencia entre varones del mundo, exponencialmente más baja que la que se da entre varones en Estados Unidos. La situación en China, donde se rodó *Iron Monkey*, es muy parecida.

Estados Unidos, por el contrario, es una de las culturas más activamente emocionales de la Tierra. Tanto los hombres como las mujeres hablan de sus sentimientos y lloran más que en otras culturas, pero nuestros índices de violencia entre varones y dentro y fuera del matrimonio se hallan entre los más elevados del mundo.

Si contemplamos de otra forma la escena de *Iron Monkey*, compadeciéndonos del chico que está obligado a reprimir sus sentimientos, y a la vez analizamos en profundidad el motivo biológico por el que el padre enseña a su hijo esa lección, comprenderemos una tendencia biológica masculina: la tendencia de los hombres a buscar seguridad no en la expresión directa de sus sentimientos a través de las lágrimas y las palabras (lo cual puede estresarles y enervarles), sino a través de otras estrategias que les calman y les permiten conservar la estabilidad emocional. Wong sabe que si el cerebro masculino no practica el control emocional se enerva. Wong se ve a sí mismo en su hijo, pues es un varón, y sabe que los sentimientos le confunden y prefiere autocontrolarse que caer en la confusión.

Aunque es crucial que todas las culturas ayuden a los hombres a hablar sobre sus sentimientos, no es menos crucial para el futuro de las relaciones a largo plazo y para la vida familiar que enfoquemos la represión de las emociones masculinas desde un punto de vista basado en la naturaleza. Para muchos chicos y hombres es un rasgo intuitivo y funcional tratar de aliviar el estrés que los sentimientos complejos, hablar de ellos y llorar provocan en el cerebro masculino y, en potencia, la situación que el cerebro trata precisamente de controlar. Esto a las mujeres les puede parecer contrario a su intuición, pero un nuevo estudio dirigido en Alemania puede arrojar luz sobre la sabiduría del enfoque masculino con respecto a los sentimientos. Este estudio ha demostrado que una conversación comprensiva y una charla compasiva sobre los sentimientos incrementa el estrés tanto en mujeres como en hombres. Aunque las mujeres propenden más que los hombres a aliviar su estrés hablando de sus sentimientos, incluso sus niveles neuronales de estrés pueden verse afectados por la estrategia que emplean.

Cuando nos relacionamos con hombres, conviene tener en cuenta que éstos conceden un significado muy distinto a la experiencia emocional y que los sentimientos que a una mujer le complace que recorran su sistema neuronal pueden provocar estrés en el cerebro del hombre. Ha sido muy gratificante ver a lo largo de treinta años a padres animando a sus jóvenes hijos varones a expresar sus sentimientos verbalmente. Muchos hombres han aprendido a descubrir partes de sí mismos que con anterioridad habían permanecido soterradas. Muchos matrimonios se han beneficiado de nuestros mayores conocimientos sobre las emociones. Al mismo tiempo, es problemático atribuir el éxito de unas instituciones humanas tan importantes como las relaciones sentimentales y los matrimonios a la idea de que un hombre sea capaz algún día de comunicar sus sentimientos a una mujer en la medida en que ésta considera ideal, o que experimente y comunique sus sentimientos como si su cerebro funcionara como el de una mujer. No debemos atribuir la salud de los matrimonios a la eficacia en materia de gestión emocional de los hombres o a la capacidad de un varón adolescente de llorar. En mi trabajo con parejas, suelo pedirles que empleen la «regla del 10 por ciento» en lo referente a expresar verbalmente los sentimientos en su relación. Animo a las parejas a descubrir una determinada cantidad de conversaciones sobre sentimientos que encaje en la naturaleza real de un hombre, y luego añadan un 10 por ciento. Por ejemplo, si el hombre posee unos niveles de testosterona de medianos a elevados y se inclina hacia el extremo más varonil del cuestionario sobre el cerebro masculino (las parejas pueden añadir otros factores a esa ecuación, en particular la educación que recibió de sus padres y su cultura étnica), es probable que se sienta cómodo hablando sobre sus sentimientos un 20 por ciento del tiempo dedicado a procesar las emociones. La regla del 10 por ciento requiere que añada otro 10 por ciento a esa cantidad, teniendo por tanto la responsabilidad de hablar sobre sus sentimientos aproximadamente un 30 por ciento del tiempo. Es una forma de contemporizar con el enfoque de su esposa o su compañera en lo referente a los sentimientos.

En cierta ocasión en que enseñé esta estrategia durante un cursillo, una mujer señaló en buena lógica: «Pero el 30 por ciento no es un trato justo». Sin embargo, para el cerebro masculino lo es. Como era de prever, este sistema les pareció instintivamente más satisfactorio a los hombres que asistían al cursillo que a las mujeres. Con todo, al término del cursillo la mayoría de las mujeres había captado mi idea. Como dijo una mujer: «Si consigo que mi marido hable sobre sus sentimientos un 30 por ciento del tiempo, me daré por satisfecha. Pero dudo que consiga hacerle llorar».

Como estudioso de la naturaleza humana, no me preocupa que un hombre sea capaz de llorar o no. No temo que un hombre incapaz de llorar ofenda, lastime o humille necesariamente a una mujer, o no sepa amarla como es debido. Soy uno de esos hombres que tiene las glándulas lacrimales muy pequeñas y derramo pocas lágrimas. Conozco otras formas de llorar, a solas, cuando contemplo a mis hijas ofrecer un recital y se me forma un nudo en la garganta, cuando mi esposa me cuenta algo que la ha disgustado y se me encoge el corazón. Sé que tiendo más hacia el cerebro-puente del espectro cerebral que al extremo de los niveles elevados de testosterona, y no derramo lágrimas. Soy así. Pero sé amar. La mayoría de los hombres, tanto si lloran como si no, y al margen de que expresen sus sentimientos un 50 por ciento del tiempo o que su rendimiento verbal no alcance esas cotas, sabe amar. Simplemente lo hacen de una forma que es típica de los hombres.

Confío en que, después de leer este libro, se muestre usted de acuerdo conmigo. Más aún, confío en que al comprender que hay motivos sobrados para no fiarse continuamente de los «sentimientos», comprobará que se abren ante usted mundos nuevos y beneficiosos para su relación.

CEREBROS-PUENTE: LAS EXCEPCIONES QUE CONFIRMAN LA REGLA

«¿Bromea? —me preguntó Thomas, un hombre de cuarenta y cuatro años, durante una charla—. Kay, mi esposa, es incapaz de abrirse. Soy yo el emotivo en la pareja. Me irrita lo poco que habla Kay sobre sus sentimientos. Debo de ser uno de esos cerebros-puente que usted menciona.»

Hemos dedicado todo este capítulo a demostrar que existen unas tendencias biológicas que hacen que las mujeres dependan más de la vida emocional que los hombres, pero todos sabemos que los hombres conceden gran importancia a las emociones y que algunos son incluso más propensos a hablar de sus emociones que las mujeres.

Todos conocemos al menos a un auténtico cerebro-puente, un hombre que supera a cualquier mujer en lo que se refiere a procesar las emociones. Un hombre como Thomas quizá tenga un cuerpo calloso más grande que su mujer o compañera, de forma que en su cerebro hay una mayor comunicación entre los dos hemisferios, lo cual le permite traducir en palabras una mayor proporción de emociones que otra gente. Saber que Thomas quizá sea un cerebro-puente —al menos en lo tocante a procesar sus emociones— no incide de manera negativa sobre Kay. Los cerebros-puente existen en todas partes, y nos enseñan que la naturaleza humana es infinitamente variada. Es posible que Kay sea un cerebro-puente femenino.

A veces, cuando hablo sobre los cerebros-puente con la gente, alguna mujer me responde enojada: «¿Insinúa que, como soy más espacial, tengo un cerebro semejante al de un hombre?» O un hombre pregunta: «¿Insinúa que, como soy más emocional, mi cerebro es parecido al de una mujer?» En realidad, eso es lo que decimos desde un punto de vista neurobiológico, no desde el punto de vista de los estereotipos o de los juicios de valor. Mi cerebro, cuando procesa emociones, se parece más en una imagen de RM al de una mujer que al de mi vecino.

Durante las próximas décadas, los conceptos que hemos desarrollado sobre el género femenino y el masculino sin duda no tendrán nada que ver con la lucha de sexos y el temor de los sexos, sino que propiciarán una apreciación mutua. Aprenderemos a apreciar la variedad, al tiempo que respetaremos las tendencias biológicas masculinas y femeninas. Cuando lo logremos, seremos capaces de practicar una saludable separación íntima.

PRACTICAR LA SEPARACIÓN ÍNTIMA: HALLAR EL PODER EN LA NATURALEZA DE LA VIDA EMOCIONAL

Marco Aurelio, el poeta romano, dijo: «No pierdas el tiempo hablando sobre grandes almas y cómo deben de ser. Conviértete tú en una de ellas».

Tanto las mujeres como los hombres pueden poner en práctica este concepto al tiempo que gozan de la naturaleza de la vida emocional, sobre todo las tendencias biológicas que hacen que los hombres se comporten en una relación sentimental de forma distinta a las mujeres.

Los hombres a menudo olvidan las sabias palabras de Marco Aurelio y exigen a sus esposas que vivan de acuerdo con una rígida imagen de «esposa». A menudo las mujeres olvidan las sabias palabras de Marco Aurelio y proyectan sobre su marido o compañero la idea de «se convertirá en un alma grande cuando aprenda a sentir como yo deseo que lo haga».

Conminar a un hombre a ampliar su capacidad de expresar sus sentimientos es muy respetable, pero las mujeres destinadas, por la vida y una relación íntima, a gozar del cerebro masculino tienen incluso una mayor oportunidad de convertirse en almas grandes adaptándose a una relación con un hombre (en especial un varón con elevados niveles de testosterona y muy masculinizado). Este viaje puede parecerle solitario a una mujer si su compañero no está capacitado para satisfacerla emocionalmente. También puede parecerle solitario si no renuncia a la convicción de que su compañero tiene la obligación de hacerlo. Si se aferra a la idea de que él debe convertirla en una mujer emocionalmente íntegra y saludable, le concede un poder decisivo sobre su vida emocional; acepta de modo tácito la idea de que él, su «compañero del alma», es su único y auténtico espejo. Suele ser un viaje solitario cuando una mujer aporta a la relación problemas importantes relacionados con su padre. Si su padre no le proporcionó un calor emocional durante su infancia, le costará superar sus propias exigencias emocionales para atender las de su marido.

Si un hombre —un novio, un marido o un «compañero del alma»— es, por su carácter y personalidad, incapaz de lealtad y fidelidad, una mujer tiene menos control sobre el resultado de su relación de lo que estoy insinuando en estas páginas. Para convertirse en un «alma grande» en una relación con este tipo de hombre tendrá que emprender un viaje espiritual casi santo a través de la vida. Algunas personas le dirán «debes de ser una santa para aguantar a ese hombre». Y si el hombre la maltrata, tendrá que abandonarle para convertirse en un alma grande.

Pero dado que la mayoría de los hombres son, por naturaleza, saludables y beneficiosos para las mujeres (algo que las mujeres intuyen claramente en su ansia por gozar del amor de un hombre), el viaje de una mujer será menos solitario cuanto mejor comprenda este hecho. La mujer que entienda la forma en que el cerebro masculino procesa las emociones podrá reducir su absurda idealización de las emociones de su marido y su deseo de que su estructura emocional se asemeje a la suya. De modo instintivo, utilizará estas estrategias prácticas:

- Le pedirá que piense en algo antes de que él se vaya a trabajar para darle la oportunidad de procesarlo.
- Dedicará más tiempo a observar cómo su marido procesa sus sentimientos, los juegos y deportes que practica, su forma de hablar, sus silencios, cómo se desconecta delante del televisor, cómo resuelve los problemas.
- Acabará gozando de las novedosas experiencias que le deparará observar el funcionamiento de un cerebro distinto del suyo. Estas revelaciones serán gratificantes para ella, pues comprenderá la inmensa variedad de la experiencia humana.
- Valorará la vida emocional en sus relaciones fuera de su matrimonio más que antes, sobre todo con sus amigas y algunos amigos que no representan un peligro emocional o sexual para su relación sentimental.
- Cuidará más de su persona, hará ejercicio, se arreglará con esmero, cuidará de su salud y su bienestar, para mantener la estabilidad emocional de su red emocional.

- Expresará clara y razonablemente a su marido sus expectativas emocionales. No dará por supuesto que él sabe lo que ella siente, aunque a veces sea así.

Estas estrategias constituyen la punta del iceberg. Aparecerán muchas más a medida que nos adentremos en este libro y los temas que plantea. Al término de *¿En qué puede estar pensando?*, habremos desarrollado un sistema destinado a favorecer una separación íntima, que confío en que no sólo contribuya a mejorar su relación o matrimonio, sino que la ayude a comprender que ha emprendido el viaje de un alma grande.

Cada uno de nosotros, hombre o mujer, merecemos realizar ese viaje. En última instancia, es el viaje que la mayoría de hombres desea ayudar a hacer a las mujeres de su vida. Los hombres aman a las mujeres y desean que éstas sean felices. Saber que su compañera o esposa se siente sola, que le falta el amor, afecta negativamente su valía de hombre. Los hombres desean salvar sus diferencias con las mujeres. No están capacitados para conocer el corazón de una mujer como muchas mujeres desearían, ni tampoco para experimentar la vida de una forma que se traduzca de inmedaito en palabras y sentimientos; pero comprenden una cosa con toda claridad: que las mujeres de sus vidas merecen hacer ese gran viaje. A medida que le explico cómo desarrollar una separación íntima, confío en que usted observe a los hombres que la acompañarán en este viaje desde el principio, desde los primeros días del amor romántico.

4

¿Qué piensa él realmente... sobre el sexo y el amor?

«Por más que parezcamos hechos de burda arcilla,
todos nos convertimos en poetas cuando nos enamoramos.»

Platón

Las velas iluminan la habitación, su luz llega desde la repisa de la chimenea, de la ventana, del centro de una pequeña mesa dispuesta para dos. Dos platos, dos copas, dos cuchillos, dos tenedores, todo está en pares, como si en esta romántica velada toda la vida se hubiera fundido para dar paso al momento en que dos se convierten en uno. La mujer, de veintipocos años, se ha duchado pausadamente y frente al espejo ha reflexionado sobre el aspecto que desea ofrecer, para luego crear gradualmente esa imagen. Se ha peinado con esmero. El vestido ciñe su cuerpo y realza sus curvas. Hace un mes que conoce a este hombre. Han salido en seis ocasiones. Esta noche harán el amor. Ella ama a este hombre, le encanta cómo huele, cómo anda; sus ojos reflejan a la vez energía y ternura. Quizá sea el hombre que ha estado esperando desde que era jovencita. Ha encendido las velas, ha dispuesto la mesa con primor y los aromas de la comida que ha preparado le recuerdan las noches en que los dos han ido a comer a un restaurante y han paseado por el parque. Esta noche va a ocurrir algo maravilloso, y ella está preparada, nota un cosquilleo en la piel y se siente pletórica de vida.

Al contemplar la ventana del apartamento desde la acera el hombre distingue el resplandor de las velas. En una mano sostiene una docena de rosas y en la otra una botella de vino. Aunque está a punto de cumplir los treinta, se siente joven, nervioso, excitado, como si ésta fuera su primera cita. Esta mujer ha cambiado su vida, su forma de pensar y sentir. Nunca había estado tan enamorado. Ella le acepta como es. Le ha contado todo sobre sí misma y él ha compartido con ella todo lo referente a él; a ella no le disgusta nada de él y a él le encanta todo lo relativo a ella. El temor que tenía de que nunca daría con la persona adecuada ha sido sustituido por la convicción de haber hallado todo cuanto deseaba en una mujer. Esta noche los besos y las caricias darán paso al sexo. El hombre lo presiente con unos sentidos que ignoraba que poseía. Está preparado. Está dispuesto a hacer lo que ella desee o necesite. Se alegra de todo lo que ha aprendido a través de otras compañeras sexuales. Será el mejor amante que ella haya tenido jamás. Al entrar en el vestíbulo, suena un disco de Dave Matthews. La música proviene del apartamento de ella. Dave Matthews es el cantante favorito de él. Percibe el aroma de la comida en el pasillo. El perfume de ella. Cuando se dispone a llamar a la puerta siente un cosquilleo, una calidez, como si le iluminara un sol eterno.

Existe un sentimiento especial reservado a los jóvenes enamorados. La mezcla de sexo y amor de la que depende en gran parte la continuidad de la especie humana queda perfectamente reflejada en la romántica velada hacia la que se mueve una pareja en las primeras semanas o meses de su relación, una velada en la que se producirá un encuentro de sus pasiones sexuales y románticas. A medida que se aproximan a ella, fascinados por los aromas y los perfumes, las flores y las fantasías, no piensan que esta cita puede marcar el fin de su relación, sólo piensan que con cada cita se produce un nuevo comienzo. Dos personas enamoradas y que físicamente se sienten atraídas, que tienen la sensación de haber tropezado, después de varias décadas de búsqueda, con el drama de la relación de pareja para el que han nacido.

Y es posible que así sea. Es posible que convivan juntos durante años, décadas, toda una vida. O no. Su biología cerebral lo decidirá.

LA BIOLOGÍA DEL SEXO Y EL AMOR

Existen pocos ámbitos en la vida en los que las diferencias entre la neuroquímica masculina y femenina aparezcan con mayor nitidez como en el amor y el sexo que dominan los primeros estadios de una relación sentimental. Las imágenes de RM, los estudios endocrinos y las pruebas de respuesta galvánica de la piel nos muestran cómo funcionan los cerebros de los hombres y las mujeres cuando exploran los misterios de la pasión y el amor. Cada esperanza y cada sueño que aportamos a una cena romántica es fruto de nuestra naturaleza, de las hormonas, de las sustancias químicas cerebrales y de zonas clave del cerebro.

El vínculo entre el sexo y la agresividad

El sexo y la agresividad están íntimamente vinculados en la biología sexual masculina por dos importantes razones bioquímicas. En las mujeres mucho menos. El motivo se debe a tres elementos bioquímicos.

1. ***Testosterona.*** Esta hormona dominante en los hombres es la del sexo y la agresividad en los seres humanos. Cuanto más elevados sean los niveles en un hombre, mayor es su deseo sexual y su agresividad. Conviene tener presente que la agresividad no significa necesariamente violencia. La agresividad es una actividad compleja en la que está involucrado todo el cerebro y que puede traducirse en un centenar de actividades, como ascender en la empresa o ser el mejor vendedor de coches de la localidad. Aunque la testosterona es una hormona masculina dominante, constituye también el punto de referencia de la potencia sexual y de la agresividad en todos los seres humanos. Unos elevados niveles de testosterona en las mujeres también significan un mayor deseo sexual y agresividad. Cuando los niveles de la hormona androgénica femenina (testosterona) son cíclicamente más elevados, al aproximarse la ovulación, las mujeres experimentan un mayor deseo sexual; cuando a las mujeres se les suministra, de modo arificial, testosterona, se vuelven sexualmente más agresivas y más enérgicas en su lugar de trabajo.

2. *Vasopresina*. Sin esta sustancia química cerebral, la actividad sexual es muy difícil para un hombre. Al igual que la testosterona, los estudios sobre la vasopresina muestran que la actividad sexual en los hombres constituye en gran medida una actividad agresiva. La vasopresina es una sustancia química que propicia la agresividad y se halla en la amígdala, uno de los centros de emoción-agresión del cerebro y el hipotálamo anterior, que regula las hormonas en el sistema límbico. La vasopresina está principalmente relacionada con la territorialidad y la agresión sexual. Durante las caricias preliminares al coito, el hombre segrega esta sustancia química. Paradójicamente, los niveles elevados de vasopresina no aumentan las funciones de cortejo en las mujeres, sino que las reducen. Cuanto más elevados estén los niveles de vasopresina, más desea el hombre a la mujer, pero menos desea ésta al hombre. Si durante las caricias preliminares el hombre segrega vasopresina y la mujer también, el hombre la deseará intensamente y ella deseará apartarse de él. Al igual que la testosterona, los niveles de vasopresina en el cerebro están en parte determinados por los testículos: si el hombre está castrado, sus niveles de testosterona y vasopresina disminuyen de manera significativa.

3. *Dopamina*. Esta sustancia neuroquímica, que desempeña un papel crucial en la salud general del cerebro, también tiene una función clave en la agresividad sexual masculina. Cuando se elimina la dopamina de la actividad cerebral masculina, el hombre pierde su deseo sexual. Deja de buscar a mujeres. Por el contrario, cuando se elimina la dopamina de la actividad cerebral de la mujer, su deseo sexual no se ve afectado.

Al estudiar la testosterona, la vasopresina y la dopamina, y observar el importante vínculo entre el sexo y la agresividad en los hombres, conviene tener presente que el esquema de actividad de esas hormonas no constituye «una conducta adquirida». Un chico no aprende a incrementar sus niveles de testosterona para desear a una pareja sexual. No aprende de su madre, de su padre ni de la sociedad cómo vincular su vasopresina o dopamina a su deseo sexual. Ni las chicas aprenden a eliminar ese vínculo en sus sistemas cerebrales, como ocurriría en los hombres con la falta de vasopresina. Estos patrones cerebrales se originan en el útero materno a través de la secreción de niveles de testosterona en los cerebros del feto masculino y femenino. Podemos aprender las artes sutiles referentes a nuestra sexualidad, pero la sexualidad es innata.

Conviene que una mujer tenga esto presente cuando se enoje con un hombre porque parece más interesado en perseguirla y conquistarla sexualmente que en comprometerse con ella. En especial en su juventud, el cerebro del hombre está más centrado en el sexo (caricias preliminares, coito, eyaculación) que en el amor (besarse y abrazarse, comprometerse con una sola persona). Buena parte de la actividad cerebral masculina se inclina hacia un determinado objetivo. Que no es necesariamente el mismo al que tiende una mujer. Para el hombre, el amor es un medio para llegar al sexo. Para la mujer, el sexo suele ser un medio para obtener un fin.

Sexo y vínculos afectivos

Debido a sus hormonas, el cerebro de una mujer está mejor dotado para una actividad romántica a largo plazo que el del hombre. Esto se observa con claridad en la actividad de la oxitocina en el hipotálamo. Los niveles de oxitocina (una sustancia química que propicia los vínculos afectivos) son inferiores en el hombre que en la mujer. En muchos hombres, son diez veces inferiores. Al igual que los niveles de testosterona son más elevados en los hombres, los niveles de oxitocina suelen ser más elevados en las mujeres.

No obstante, existe un momento del día en que los niveles de oxitocina en el hombre se aproximan a los niveles femeninos normales: durante el orgasmo sexual. Cuando un hombre eyacula, sus niveles de oxitocina aumentan hasta alcanzar los niveles que las mujeres experimentan en otros momentos del día. Cuando un hombre eyacula, se siente totalmente compenetrado con la mujer.

Al poco rato sus niveles de oxitocina vuelven a la normalidad, y cuando al día siguiente la mujer no recibe una llamada telefónica del hombre —pese a haberle asegurado él que la ama y que la llamará—, experimenta la disminución poscoito del nivel de oxitocina en los varones. Durante el orgasmo, la sustancia química dominante en las mujeres se convierte en la sustancia química dominante en el hombre. La testosterona y la vasopresina, que le han permitido realizar debidamente el coito, pierden presencia —tras haber completado su función— y ceden paso a la oxitocina, la sustancia química que favorece el establecimiento de vínculos afectivos.

Una de las principales razones por las que los hombres desean practicar el sexo más que las mujeres (en términos generales) se debe a la placentera sensación que les producen los niveles elevados de oxitocina; les gusta sentirse compenetrados con otra persona. Todos los seres humanos experimentamos un alegre estallido de química cerebral —la oxitocina desempeña un importante papel— cuando nos sentimos unidos a otra persona. En la bioquímica masculina, el sexo es el medio más rápido para que un hombre se sienta compenetrado con una mujer. Aunque esa sensación química sea transitoria, la naturaleza confía en que esa compenetración transitoria se haga más permanente, que aunque disminuya el nivel de oxitocina, el hombre se sienta cada vez más unido a la mujer, de forma que durante un tiempo se refuercen sus vínculos afectivos con ella hasta llegar al complejo estado cerebral que llamamos amor.

La naturaleza ha dado a las mujeres una forma muy distinta de enfocar el sexo y los vínculos afectivos. Un hombre joven puede sentirse completo al alcanzar el orgasmo —totalmente compenetrado durante unos instantes con su pareja—, mientras la mujer joven considera esa compenetración un proceso que no ha hecho más que empezar. Para el hombre, la compenetración con su pareja inducida por sus sustancias químicas cerebrales adquiere una gran importancia durante el coito; para ella, esa compenetración continuará a un nivel bioquímico durante la fase de cortejo y preparación de veladas románticas. Alcanza su plenitud durante el sexo, pero los niveles de oxitocina en la mujer son tan constantemente elevados, que ésta integra más fácilmente el acto sexual en el proceso de reforzar los vínculos afectivos a largo plazo. La mujer no tiende a considerar el sexo como una actividad de importancia decisiva, sino como un aumento momentáneo de sus niveles de oxitocina. La mujer concede importancia a un centenar de actividades, pensamientos, llamadas telefónicas, regalos, velas, sentimientos que acentúan, cada momento del día, sus vínculos afectivos con el hombre.

Al presentar este escenario quizá mostramos algo que puede parecer una trágica historia de amor. Posiblemente no exista un dolor más intenso que el deseo de obtener algo romántico o sexual de una persona que no quiere o no puede dárnoslo. Algunas mujeres pasan meses, incluso años, tratando de conseguir que los hombres se enamoren de ellas. Algunos hombres pasan meses, incluso años, tratando de conseguir que las mujeres se acuesten con ellos. A veces tenemos éxito, otras fracasamos. En cualquier caso, nuestra bioquímica es omnipresente.

Y ésta es sólo una pequeña parte del panorama.

La biología reproductora masculina y la diferencia sexual

Por lo general, el hombre alcanza en su adolescencia un punto de deseo coital —la necesidad imperiosa de eyacular— antes que las chicas de su entorno experimentan el deseo de alcanzar el orgasmo. Desde el comienzo de esta experiencia sexual íntima —que se desarrolla principalmente a través de unas fantasías sexuales que contienen escaso o nulo romanticismo—, el varón aspira, desde muy joven, a practicar el sexo con más frecuencia de lo que lo hacen las chicas y las mujeres. A lo largo de su vida, el hombre medio tendrá más parejas sexuales que la mujer media.

Las personas suelen pensar que esto ocurre porque los varones tienen más testosterona. Aunque la testosterona es un motivo (las mujeres que tienen niveles más elevados de testosterona también practican el sexo con más frecuencia que las mujeres con niveles inferiores de testosterona), no es la única explicación. Otro motivo clave de la importancia que los hombres conceden al sexo y a la fantasía sexual reside en la conexión del cerebro masculino con la biología reproductora masculina, en concreto los testículos, que regidos por el hipotálamo y la glándula pituitaria, generan billones de espermatozoides fértiles durante la vida del varón. Esto crea el impulso reproductor de eyacular con frecuencia en busca de unas parejas sexuales potencialmente reproductoras.

La biología reproductora masculina se basa en la suposición, es decir, puesto que cualquier hembra núbil es potencialmente fértil en cualquier momento, ¡a por ella! El cerebro masculino, a través del hipotálamo, se asegura de que el hombre secrete continuamente testosterona y vasopresina, haciendo que esté preparado para aceptar la oportunidad de un encuentro sexual en el acto y que sea capaz de competir para obtener y perseguir las oportunidades sexuales (o, si el hombre es muy tímido, fantasear sobre esas oportunidades más que perseguirlas).

La biología reproductora femenina no se basa en establecer una fertilidad permanente, sino en lo contrario: limitar las oportunidades de ser fértil. Las mujeres generan aproximadamente trescientos óvulos fértiles a lo largo de su vida. Comparados con los billones de espermatozoides, un óvulo fértil es raro. No son necesarios el hipotálamo y la glándula pituitaria de la mujer para conectarlo a un deseo sexual constante propiciado por la testosterona. Pero sí precisa estar conectado con los estrógenos y la progesterona, las hormonas femeninas. La testosterona desempeña un papel durante la ovolución, cuando aumentan las hormonas androgénicas de la mujer, potenciando el deseo sexual. Este aumento de las hormonas androgénicas dura unas cuarenta horas, no todo el mes. Las mujeres, a diferencia de los hombres, no desean ni están constantemente preparadas, en este sentido biológico, para realizar el coito.

La naturaleza de la mujer no es tan promiscua sexualmente como la del hombre, ante todo porque la biología reproductora y cerebral de la mujer la mitiga. Dado que sólo crea trescientas oportunidades fértiles en su vida, una mujer suele considerar el acto sexual con más prudencia que muchos, si no la mayoría, de los hombres que la rodean. Su cerebro es consciente del número de óvulos que es capaz de generar; el cerebro del hombre también es consciente del número infinito de espermatozoides que genera. Durante unos años, concretamente la década de los setenta, muchos aseguraban que los hábitos sexuales como la masturbación, la promiscuidad y las fantasías sexuales eran «hábitos adquiridos», y que las mujeres y los hombres eran iguales en esas áreas. Una mujer que no se comportara como un hombre en su vida sexual era considerada inmadura o reprimida. Fue un experimento interesante, pero de corta duración. Aunque muchas mujeres gozan hoy en día de mayor acceso a esas actividades, por lo general no se masturban con tanta frecuencia, no descubren tantos compañeros sexuales ni tienen tantas fantasías sexuales como los hombres porque sus deseos biológicos no son tan imperiosos.

En la cultura popular a menudo oímos decir en broma «los hombres piensan con su pene». Biológicamente, y en mayor grado de lo que sospechamos, es cierto. Asimismo es una de las principales razones por las que los seres humanos dominan el ecosistema natural. Si un hombre pierde su capacidad sexual —por ejemplo, debido a una disfunción eréctil como consecuencia del cáncer de próstata—, el efecto sobre su ego es devastador. La enfermedad le priva de una de sus principales fuentes de valía personal, destruye el vínculo natural entre el cerebro y los testículos.

La competencia de los espermatozoides: la sexualidad masculina y la valía de un hombre

El tema de la valía personal y la capacidad sexual forma parte de la sexualidad masculina. Es como si el cerebro y el cuerpo dijeran «si logro acostarme con alguien, por fin me convertiré en un tío importante». Esto no sólo se refiere a los varones adolescentes, que comienzan a desarrollar su valía personal y exploran todas las vías posibles, sino que muchos hombres de mediana edad se sienten importantes en función de sus conquistas sexuales.

El hecho de que el varón no asocie tanto su valía personal con el amor como con el coito no debe extrañarnos. Las fantasías románticas pertenecen en gran medida a la esfera femenina; las fantasías sexuales, a la masculina. La valía de un hombre va unida en gran medida a la frecuencia y pericia con que realice el acto sexual, mientras que la de una mujer se asocia a las ventajas no sexuales que adquiere mediante una relación sentimental: seguridad personal, progreso jerárquico a través de su relación con un hombre, estabilidad potencial para el futuro cuidado de sus hijos.

La imperiosa necesidad que suelen tener los hombres de explorar, conquistar y practicar el sexo para adquirir un sentido de su propia valía refleja la vía innata hacia la valía personal que posee la biología femenina y la falta de esa vía innata en la biología masculina. El esperma del hombre no posee un valor innato. Cuando el hombre se masturba derrama miles de millones de espermatozoides sobre su persona, toallas, el suelo y demás lugares. Sabe que su esperma en sí mismo no tiene ningún valor. Sabe que el valor de su acto sexual proviene de la competencia entre los espermatozoides: la habilidad de un espermatozoide de competir con otros espermatozoides (los suyos y, si una mujer tiene varios compañeros sexuales, los de otros hombres) hasta el momento en que se produce un encuentro fértil con un óvulo.

La biología sexual femenina funciona de otra forma. Ciertamente las mujeres compiten entre sí para atraer la atención de los hombres (al igual que los hombres se esfuerzan en desarrollar dotes románticas), pero las mujeres no compiten entre sí para alcanzar el orgasmo sexual. Compiten para seleccionar al varón potencialmente más útil y que les ofrezca más amor a largo plazo. Las mujeres rechazan menos que los varones a su pareja por un aspecto apocado o físicamente poco atractivo. Si es un triunfador o muestra indicios de convertirse en un triunfador (inteligencia), es probable que sea elegido por una mujer. Si encaja con ella desde el punto de vista emocional, cosa que hoy en día la mayoría de hombres consigue en los primeros estadios de una relación sentimental, también tiene muchas probabilidades de ser elegido por la mujer. Si es un buen amante en la cama, mejor que mejor, pero éste no suele ser uno de los motivos principales de que una mujer elija o rechace a un hombre.

Los hombres, por el contrario, suelen rechazar a una mujer que pierde su atractivo físico o deja de ser sexualmente competente. Este hecho biológico suele afectar hoy en día gravemente una relación a largo plazo, como veremos en el capítulo 6, porque muchas mujeres no se percatan del impacto que ejerce el cambio que experimenta su cuerpo sobre la biología cerebral masculina a lo largo de los años.

La forma en que el resto del cerebro contribuye a la unión sexual y a la química sentimental

Hemos hablado sobre las hormonas, las sustancias químicas cerebrales y los órganos sexuales. Al mismo tiempo, hemos observado la participación del cerebro en el sexo y el amor. Examinemos ahora más de cerca otras partes del cerebro y cómo ayudan a los hombres y las mujeres a unirse sexual y románticamente.

La fantasía sexual. Según recientes estudios cerebrales, los hombres tienen un 400 por ciento más de fantasías sexuales al día que las mujeres. La elevada incidencia de fantasías sexuales masculinas abarca todas las culturas: al margen del continente o el país, por regla general los hombres tienen más fantasías sexuales que las mujeres.

La fantasía es una proyección de imágenes que surge de la imaginación. La imaginación adquiere su capacidad en la corteza cerebral. Su motivación emocional suele estar conectada al sistema límbico. La vida de la fantasía sexual en los hombres y las mujeres comparte ciertas semejanzas y diferencias basadas, a nivel bioquímico, en la combinación de oxitocina, vasopresina, testosterona y otras hormonas y sustancias químicas cerebrales de los neurotransmisores que favorecen la imaginación. Las sustancias químicas están reguladas internamente por sistemas cerebrales genética y fetalmente codificados. Los niveles de testosterona y oxitocina, por ejemplo, se producen según el código de ADN y las secreciones de testosterona que contribuyen a formar el cerebro en el útero; asimismo, mediante los estímulos del entorno biológico, en el hogar, los medios, las calles, lo que oímos, lo que vemos, lo que nos dicen. Por la época en que se inician nuestras fantasías en el cerebro —hacia los diez años—, éstas representan una neuroquímica muy compleja. Como todo lo que hace el cerebro durante su vida, esas fantasías existen en el cerebro por motivos de adaptación.

La competencia entre los espermatozoides es una poderosa realidad biológica en los varones, e incide de forma tan profunda en la vida de los hombres que éstos no sólo utilizan las fantasías sexuales para divertirse, sino que basan en ellas su rendimiento sexual. Ésta es la cualidad de adaptación de la fantasía sexual.

Algunas personas rechazan la idea de la fantasía sexual masculina. Para el moralista tradicional, por ejemplo, las fantasías sexuales son pecado. Las feministas señalan que las fantasías sexuales reducen a las mujeres a la condición de objetos y pueden conducir a la opresión. Desde un punto de vista religioso o ideológico, tal vez sean argumentos válidos —la pornografía puede ser muy peligrosa—, pero la fantasía sexual, si la estudiamos desde el punto de vista de la biología cerebral, cumple una función muy importante en las relaciones hombre/mujer.

La biología masculina, que impulsa al varón a realizar el acto sexual y a eyacular, necesita proyectar con frecuencia fantasías sexuales sobre las mujeres a fin de crear una variedad en su proceso de selección y posibilitar el acto sexual incluso cuando el hombre ha elegido a alguien que en cierto momento no le parece atractivo. El cerebro masculino, tanto más cuanto que gran parte de su actividad se desarrolla en la médula oblonga y el sistema límbico inferior, puede crear de manera espontánea una fantasía sexual para posibilitar el acto sexual. Las fantasías que utiliza un hombre para masturbarse constituyen una práctica para las fantasías que necesitará a fin de hacer el amor a una mujer en cada oportunidad que se le presente.

Las mujeres con frecuencia ignoran cuántas veces al año un hombre incluye fantasías en el acto sexual. Una mujer puede desear practicar el sexo en determinado momento, pero quizás exhale un olor desagradable, presente un aspecto poco atractivo o puede que en aquel momento el hombre se sienta cansado o preocupado. Pero sobre todo en la primera década de su vida sexual, el hombre procurará realizar el acto sexual, obligado biológicamente a hacerlo, confiando en dar y obtener placer. Las fantasías le ayudan a conseguir una erección y el orgasmo le induce a sentirse unido a la mujer.

Los estudios muestran que el cerebro masculino proyecta una fantasía sexual cada pocos minutos —algunos sostienen que cada pocos segundos—, tanto si el hombre está trabajando o en casa, reparando algo en el garaje o haciendo el amor con su pareja. La corteza visual del hombre es capaz de calibrar en un instante el valor sexual y de fantasía del cuerpo de una mujer núbil que pase cerca de él. Esto puede resultar enojoso y amenazador para las esposas, que captan la atención que recibe la otra mujer. Aunque nunca es del todo agradable para un hombre o una mujer observar que su cónyuge muestra un interés sexual por otra persona, puede ayudar a las mujeres a tener presente que el interés masculino casi siempre es temporal, que está enraizado en su biología cerebral; no constituye una amenaza para la relación sentimental del hombre y, a nivel biológico, explica el motivo de que el acto sexual refuerce los vínculos afectivos en una relación sentimental.

Las normas morales que permanecen ciegas a los imperativos de la naturaleza no perduran. Las normas morales que incluyen el conocimiento de la naturaleza humana suelen sobrevivir al paso del tiempo. Si una mujer rechaza las fantasías sexuales sin comprender su utilidad, puede tener problemas en sus relaciones a largo plazo con hombres. Si una mujer valora la amistad duradera con su pareja, pero le humilla que él admire a una mujer joven y hermosa, es probable que perjudique esa amistad. Si una mujer valora la amistad pero rechaza toda experimentación sexual con su pareja, es posible que pierda a su pareja. Es necesario que los hombres que estén obsesionados con el sexo o sean adictos al mismo consulten con un psicoterapeuta, pero la mayoría de los hombres que tienen fantasías sexuales son normales.

Del mismo modo que la fantasía sexual masculina desconcierta a las mujeres, conviene tener en cuenta que las fantasías románticas femeninas suelen desconcertar a los hombres. Las mujeres desean recibir flores, tarjetas y cartas románticas para sentirse felices. Los hombres piensan que las mujeres desean que las llamen constantemente, que les aseguren una y otra vez que las aman. Al parecer, las mujeres quieren que los hombres hagan lo que ellas desean para satisfacer sus románticos caprichos. Por la mañana, su compañero debe comentar con ella sus sentimientos. Por la noche debe abrazarla en silencio. A las cinco de la mañana, cuando sus niveles de testosterona aumenten y se sienta excitado, debe respetar el descanso de su mujer dejando que siga durmiendo. La imaginación masculina dedica buena parte del tiempo a proyectar fantasías sexuales, mientras que la imaginación femenina construye una imagen del hombre que constituye su ideal romántico. Es la imagen de un hombre que evolucionará y cambiará como ella desee que haga. Es una diferencia casi trágica entre hombres y mujeres. La fantasía sexual del hombre no incluye específicamente grandes cambios. El hombre desea que una mujer exhiba distintos estilos y atuendos, pero no un cambio permanente en su atractivo físico. Desea que siga ofreciendo un aspecto tan núbil como sea posible.

Las mujeres se rebelan contra la «cultura de la juventud» que los hombres les imponen, señalando que ellos desean que las mujeres permanezcan jóvenes y núbiles para que les satisfagan sus fantasías sexuales. A los hombres en general les disgustan las fantasías románticas que proyectan sobre ellos las mujeres, alegando que éstas aceptan la cultura de la juventud no sólo para resultar atractivas a los hombres, sino para evitar sentirse viejas.

Nuestra sociedad se esfuerza hoy en día para resolver estos problemas, y en gran medida pierde el tiempo achacando la culpa al otro sexo. El amor humano funciona cuando la confusión da paso al compromiso. La pareja que comparte una cena a la luz de las velas se enfrentará a estos problemas más adelante, en fases posteriores de su relación. Por fortuna, de momento estos problemas permanecen en un segundo planto. Uno de los motivos de que permanezcan en un segundo plano son las feromonas.

Las feromonas. Son unas sustancias químicas maravillosas que hacen que los hombres y las mujeres sientan, durante las románticas fases de cortejo, que son capaces «de adivinar el pensamiento del otro». Las feromonas son unas ondas cerebrales telepáticas que percibimos a través de la nariz y el sistema olfativo (nuestro olfato), las cuales nos permiten oler la biología neurosexual del otro y modificar nuestro sistema cerebral en consonancia. Los hombres perciben por el olor cuándo las mujeres ovulan y durante esa época suelen agasajarlas con románticos gestos y sentimientos, lo cual hace que las mujeres se muestren más receptivas sexualmente.

Por ejemplo, la frase «te quiero» que pronuncian los hombres, y que hace que las mujeres se sientan bien, es más frecuente cuando las feromonas advierten al cerebro masculino que la mujer está más receptiva, más dispuesta a realizar el acto sexual. Asimismo, las feromonas femeninas advierten a la mujer sobre la biología masculina. Sin las feromonas, el amor humano, en los primeros meses de una relación, resultaría muy complicado.

La circunvolución del cíngulo. Ya hemos hablado de esta parte del cerebro, un importante centro emocional situado en el sistema límbico. Mientras las feromonas advierten al cerebro para que siga una conducta amorosa, las RM de los cerebros de parejas que están profundamente enamoradas muestran que la circunvolución del cíngulo contiene ese amor y lo hace real para el hombre o la mujer. Si dos jóvenes que creen estar enamorados pudieran hacerse RM de sus cerebros, los técnicos les dirían si están realmente enamorados o si uno o los dos proyectan simplemente unas fantasías románticas y sexuales sobre el otro, sin experimentar el amor profundo que conduce a una relación duradera. Por desgracia, en la fase que llamamos enamoramiento, la cual dura a veces sólo hasta que se produce la conquista sexual, a menudo entre seis meses y un año, la circunvolución del cíngulo puede engañarnos. Puede mostrar una intensa actividad, como si estuviéramos realmente enamorados, pero transcurrida la fase romántica —en ocasiones después de habernos casado y comprender que nos hemos equivocado en la elección de pareja— muestra una menor actividad y comprendemos que no estábamos tan enamorados como creíamos.

Algunas personas dicen «ya no estamos enamorados». Esa misma persona puede decir al cabo de un tiempo «he vuelto a enamorarme». Esto puede ser cierto en el sentido neuronal. Nuestros cerebros, incluida la circunvolución del cíngulo, están preparados para vivir una serie de relaciones sentimentales porque también lo están para una serie de relaciones sexuales. Aunque muchos preferimos la monogamia y poseemos una circunvolución del cíngulo más grande o activa que se adapta mejor a la monogamia, no todos los cerebros humanos están codificados para que esta circunvolución «se enamore» sólo una vez. En el próximo capítulo analizaremos cómo conseguir un matrimonio monógamo, aunque la monogamia nunca está asegurada en los seres humanos, en gran parte debido a que la circunvolución del cíngulo varía según la persona. Como era de prever, esta circunvolución suele ser más pequeña en los hombres que en las mujeres.

Muchos de los datos biológicos que hemos comentado en este capítulo han pasado a formar parte de nuestro diálogo cultural. Nuestras tecnologías científicas nos permiten investigar quiénes somos en cuanto hombres y mujeres que desean amarse. Cuando oigo a la gente hablar sobre temas relativos a las diferencias biológicas, siento un profundo optimismo. Estoy convencido de que dentro de poco la diferencia casi trágica entre lo que los hombres y las mujeres desean y necesitan del sexo y el amor se resolverá gracias a nuestros nuevos conocimientos.

Hace poco oí a una mujer que decía a su amiga en un restaurante: «Tengo entendido que los hombres primero miran a una mujer a los ojos y luego observan su cuerpo, pero que las mujeres miramos primero el cuerpo de un hombre y luego observamos sus ojos. Parece lógico, ¿no?» Algunos fragmentos de conocimientos biológicos penetran en nuestra cultura. Conviene que estos datos fragmentados se conviertan en una renovada visión basada en la naturaleza sobre el amor humano. Ésta es ciertamente la intención de *¿En qué puede estar pensando?* El que las mujeres sigan manteniendo relaciones con hombres ignorando la biología masculina equivale a que una mujer se entregue a un extraño.

LA IDEALIZACIÓN ROMÁNTICA PUEDE ESTIMULAR O ROMPER EL CORAZÓN DE LOS ENAMORADOS

Bajo el material biológico y relativo a las relaciones hombre/mujer que hemos explorado en este capítulo se oculta una cuestión: la de la idealización, tanto sexual como romántica. Las mujeres tienden a dedicar más tiempo a idealizar románticamente a los hombres y éstos a idealizar sexualmente a las mujeres. Ocurre desde hace millones de años, pero existen dos profundas diferencias entre el pasado remoto y el presente:

1. En el pasado, las sanciones sociales humanas que protegían los matrimonios tenían un gran peso. Las idealizaciones carecían de importancia porque las religiones y las sanciones sociales obligaban a los hombres y a las mujeres a seguir casados al margen de cómo se idealizaran los cónyuges. Hoy en día, estas sanciones han desaparecido, pero nuestra idealización de las relaciones románticas ha aumentado exponencialmente.

2. En el pasado, los matrimonios que no duraban eran considerados inferiores. Hoy en día, las relaciones hombre/mujer que no se basan en un constante romanticismo se consideran inferiores. El tiempo que dura una relación en la actualidad es menos importante que el grado de romanticismo que contenga.

Hasta hace poco, el sexo y el amor eran considerados elementos poco decisivos en las relaciones hombre/mujer.

El sexo era importante, pero podía realizarse como un «deber». Las mujeres intuían que los hombres reforzaban sus vínculos afectivos con ellas a través del sexo y procuraban adaptarse a las necesidades sexuales de sus maridos. Asimismo, los hombres podían practicar el sexo «clandestinamente» con otra pareja que no fuera su esposa. Por lo general, los matrimonios no se rompían por falta de sexo o porque un hombre no fuera monógamo.

El amor constituía también una parte opcional de las relaciones hombre/mujer a largo plazo. Puesto que el matrimonio era una cuestión práctica, las parejas se unían mediante un acuerdo y descubrían el amor más tarde, a través de la convivencia y el cuidado de los hijos, o no lo descubrían nunca.

En la actualidad estamos implicados en un experimento humano. Dado que el matrimonio es una opción más que una necesidad de supervivencia, hemos situado el amor en lo alto de nuestras jerarquías de necesidades personales y culturales. La civilización humana puede ahora buscar la inmersión completa del cerebro y el cuerpo en unas ilimitadas sensaciones y actividades de placer, sexo y amor. El movimiento femenino ha desempeñado un papel central a la hora de elevar el listón. Especialmente durante el último siglo, las mujeres han tomado buena nota de que las relaciones sexuales y románticas, incluido el matrimonio, se regían desde el punto de vista masculino. Por más que los hombres satisfagan las necesidades de las mujeres, no satisfacen sus anhelos románticos. Por más que las mujeres elijan al hombre con el que desean practicar el sexo, obligando a los hombres a competir para ser elegidos, eso no basta para satisfacer el corazón humano.

Cuando llegamos a la cena a la luz de las velas y al nuevo milenio, los hombres y las mujeres proyectan sobre el otro sus ideales sobre el sexo y el amor. Unidos por sus feromonas, por las sustancias químicas cerebrales, las emociones y las pasiones, hombres y mujeres emprenden una continua inmersión de sí mismos en el otro, sexual y románticamente. Pero desde el momento en que terminan las cenas a la luz de las velas y la llama sexual se apaga, se impone la visión femenina del amor. Si al hombre sólo le interesa el sexo, no la llamará al día siguiente y la relación concluirá. Pero si está profundamente enamorado de la mujer, iniciará un proceso de inmersión en las idealizaciones románticas de ésta con el fin de conservar la relación. Al cabo de un tiempo, lo más probable es que él empiece a oír algunas preguntas: por qué no conversa con ella con tanta frecuencia como durante las primeras semanas, por qué no la llama por las mañanas y por las tardes, por qué no desea llevarla a bailar, por qué no alaba la ropa que viste como hacía antes. Al cabo de unos meses, quizás empiece a sentirse agobiado por la idealización romántica de la mujer.

El hombre ha sido una imagen especular de la mujer durante las primeras semanas, capaz de mostrarle a ella, como a través de un espejo, el yo oculto de la mujer. Ha visto en ella a la auténtica mujer que ningún otro hombre ha visto. Pero al cabo de seis meses o un año ya no lo hace con tanta asiduidad. ¿Qué ha sido del rey del Amor?

Entre este hombre y esta mujer pueden ocurrir muchas cosas emocionalmente placenteras, es posible que se casen y permanezcan juntos durante cincuenta años, pero antes deben superar esta etapa, que puede ser muy dolorosa. El corazón empieza a desgarrarse un poco y muchas relaciones románticas mueren al cabo del primer año, dejando dos corazones destrozados. Dos químicas cerebrales, distintas en lo fundamental, pero que enmascaran temporalmente sus diferencias a través de la inmersión de las hormonas, los neurotransmisores y las fantasías sexuales y románticas, posibilitan al principio el amor, pero luego hacen que ese gran amor del pasado aparezca como una mentira.

Si una mujer desea averiguar cómo contribuir a conservar una relación romántica y evitar el dolor de una ruptura sentimental, es vital que comprenda y acepte el extremo al que ha llevado (a menudo inconscientemente) su idealización de los hombres. A continuación, debe comprender y aceptar que la mayoría de los hombres, por más que se esfuercen, son incapaces de satisfacer esas expectativas al cabo de un par de años.

La idealización romántica más difundida hoy en día es el deseo de que los hombres «hablen sobre sus sentimientos». Como hemos apuntado antes, las mujeres miden a los hombres por su capacidad de expresar sus sentimientos más íntimos A tenor de esto, cabe formular esta pregunta: «¿Por qué los hombres son capaces de hablar sobre sus sentimientos y hacer que una mujer se sienta especial durante los primeros seis o doce meses de una relación, tras lo cual vuelven a comportarse como cualquier hombre?»

La base biológica de la capacidad del hombre de llevar a cabo este gesto romántico se produce y luego disminuye durante los primeros meses (o quizás un año) de la relación sentimental. Las feromonas, que alcanzan su plenitud durante ese tiempo, permiten al cerebro masculino un acceso inmediato a la mente femenina (y a la inversa). La corteza cerebral del varón es catalizada por las señales transmitidas por la circunvolución del cíngulo y otras zonas del sistema límbico para que se concentre en el estímulo de las palabras en el hemisferio izquierdo, además de mirar a su pareja a los ojos y concentrarse en su capacidad de escuchar. El cerebro está literalmente ocupado con la tarea de fomentar el amor.

Al cabo de unos meses, el cerebro ha alcanzado su objetivo primordial: crear una relación hombre/mujer que conducirá al sexo, al establecimiento de vínculos afectivos y a una camaradería. Las feromonas disminuyen, el sistema límbico vuelve a concentrarse, no sólo en la pareja sentimental, sino en otras cosas no menos importantes en la vida, como ganarse el sustento y, cuando nacen los hijos, en criarlos. En ocasiones la mujer se siente menos amada porque el hombre expresa sus sentimientos con menor frecuencia. Es posible que la ame menos, pero la causa no residirá en el hecho de que exprese menos que antes sus sentimientos románticos. En la mayoría de los casos, la mujer probablemente sigue fantaseando sobre el ideal romántico, propiciado por las feromonas, del hombre de las cenas a la luz de las velas. El hombre que ama es el mismo, pero su cerebro se va adaptando a lo largo de los años a la siguiente etapa vital. Simultáneamente, ella es la misma mujer, y su cerebro también se va adaptando. Quizá ya no desee practicar el sexo con la misma frecuencia que antes. Quizá no le apetezca arreglarse tanto para su marido. Lo que la pareja experimenta es un bajón natural en su relación, que se debe a la disminución por parte del hombre de su anterior proyección sexual sobre su esposa y la disminución por parte de la mujer de la idealización romántica de su marido.

Cuando se producen esos cambios, conviene tener presente que la fase del amor —en el que los dos proyectan sus ideales sexuales y románticos— es sólo una de las doce fases del amor humano (analizaremos las doce en el capítulo 6). Cuando nos enfrentamos a la realidad de la disminución de las feromonas y otras funciones cerebrales, es imprescindible que modifiquemos nuestras expectativas del amor humano y las relaciones sexuales. Debemos comprender que un hombre quizá no vuelva a hablar nunca sobre sus sentimientos como lo hacía durante las cenas a la luz de las velas, pero eso no significa que haya dejado de amar a su compañera.

¿QUÉ EXPECTATIVAS ROMÁNTICAS PUEDE TENER RAZONABLEMENTE UNA PERSONA DE SU PAREJA?

Hasta hace cien años, la humanidad sólo tenía que responder a preguntas sobre expectativas morales y sociales. Las preguntas sobre las expectativas románticas eran relativamente escasas. Ahora han pasado a ocupar un lugar básico en nuestras mentes. Ocupan un lugar preponderante en las mentes de las mujeres porque ellas proyectan el ideal romántico, y ocupan un lugar preponderante en las mentes de los hombres porque, para ser elegidos sexualmente por las mujeres, ellos deben perfeccionar sus dotes en materia de satisfacer los ideales románticos de las mujeres, aunque sólo sean capaces de hacerlo, en la medida en que ellas se lo exigen, durante unos meses o un par de años a lo sumo.

Como es lógico, las expectativas románticas de las mujeres cambian a medida que se hacen mayores. En una encuesta realizada en 2001 por la Universidad de Rutgers, el 94 por ciento de las mujeres universitarias afirmaron que deseaban que cuando se casaran, sus maridos fueran, ante todo, sus compañeros del alma. Las jóvenes encuestadas aseguraron que era «más importante tener un marido capaz de comunicar sus sentimientos más profundos que un marido que se gane bien la vida». No obstante, al recabar la opinión de mujeres con hijos, la principal prioridad para ellas no era el ideal romántico, sino la capacidad de un hombre de mantener a su familia. En un estudio reciente, el 70 por ciento de las mujeres con hijos dijeron que querían un hombre capaz de ganar el dinero suficiente para mantener a su familia y que la mujer pudiera dedicar más tiempo a cuidar de sus hijos.

Esto refleja el hecho de que la biología hormonal femenina cambia cuando nacen los hijos, haciendo que las idealizaciones de las mujeres sobre los hombres se amplíen para incluir el tipo de hombre proveedor/protector que se asemeje a sus padres. Las mujeres siguen anhelando las mismas idealizaciones románticas de ciertas funciones, como «hablar sobre los sentimientos», durante todo el matrimonio, pero sus prioridades naturales cambian con el paso del tiempo. Muchas de las mujeres que logran que su matrimonio sea un éxito son las que modifican sus expectativas románticas de los hombres de forma consciente. Las mujeres que se aferran a unas expectativas románticas absurdas durante más de dos años —las expectativas que tenían durante la época de las cenas a la luz de las velas— suelen terminar siendo desgraciadas. En este caso conviene hacer una distinción entre las expectativas románticas y otras expectativas, como las morales. Las mujeres que, al tener hijos, reconocen que la capacidad de un hombre de ayudarlas a criar a los niños constituye su principal prioridad se han despojado de muchas de sus anteriores idealizaciones románticas, pero no de sus principios básicos.

El estudio biológico del amor y el sexo nos ofrece la oportunidad de adaptarnos mejor que antes a quiénes somos y quién es nuestra pareja. Aunque el éxito de una relación sentimental o de un matrimonio no depende única y exclusivamente de las mujeres, ellas pueden adquirir un inmenso poder cuando ajustan sus expectativas románticas sobre los hombres y, al mismo tiempo, averiguan en qué piensan. Cuando las mujeres ajustan sus expectativas durante y a través de la fase romántica de una relación, y comunican al hombre lo que necesitan, de paso se benefician averiguando las expectativas del hombre durante la fase romántica de la vida.

A continuación analizaremos más a fondo las expectativas de los hombres. Confío en que este análisis ayude a las mujeres que aman a los hombres a experimentar menor dolor y a gozar más de sus relaciones sentimentales al comprender con quién se enfrentan cuando inician el periplo del amor con un hombre.

Lo que los hombres necesitan: expectativas e interpretaciones

En especial durante los primeros meses y el primer año de una relación, los hombres transmiten numerosas señales a las mujeres sobre sus necesidades y expectativas. Por lo general no son señales verbales, como las que las que las mujeres les transmiten a ellos. ¿Cuáles son algunas de las señales que transmiten los hombres?

Soy frágil. Cuando el hombre alcanza una mayor intimidad con una mujer, necesita que ella le haga sentirse seguro. Con frecuencia las mujeres no se percatan de esto porque, sobre todo en la fase romántica de una relación, los hombres se sienten obligados por naturaleza a demostrar que son fuertes. Puesto que las mujeres por lo general no eligen a hombres débiles (en caso de que lo hagan, no suelen permanecer mucho tiempo con ellos o con quienes no las satisfacen), los hombres saben que las mujeres tienden a ser más leales hacia un hombre que satisface sus expectativas que hacia uno que no lo hace. Las estadísticas actuales sobre divorcios confirman la naturaleza humana básica. Desde la desaparición de los escollos sociales contra el divorcio, la mayoría de solicitudes de divorcio (un 65 por ciento) las presentan las mujeres. La razón más frecuente que alega una mujer al pedir el divorcio es que se siente insatisfecha de su marido. El poder de las mujeres para elegir a su compañero ha aumentado exponencialmente debido al hecho de poderse divorciar. Los hombres saben que deben seguir demostrando a las mujeres su capacidad de rendimiento y, además, soportar la presión que supone la ausencia de escollos sociales.

Incluso más allá de esta circunstancia, la fragilidad es natural en la psique masculina porque, impulsado por las hormonas a la agresividad, el hombre se coloca continuamente en situación de ser abatido. Esta fragilidad es potenciada por las citas y los encuentros románticos, de los que han desaparecido las normas de caballerosidad, y los hombres no saben cómo comportarse con las mujeres. Hoy en día los hombres dan muchos pasos en falso en sus relaciones románticas con mujeres y cometen muchos «errores», confiando en que las mujeres reaccionarán con indicaciones sutiles o evidentes sobre lo que deben hacer. Esto da a una mujer un gran poder en sus relaciones sentimentales. Los hombres dicen: «Soy frágil, más frágil de lo que imaginas; necesito que tus expectativas con respecto a mí sean razonables, que me las comuniques, y necesito que refuerces mi seguridad en mí mismo sin abrumarme». Cuando una mujer satisface esa necesidad en un hombre, comprobará que su pareja sentimental desea satisfacer esas necesidades en ella, pues la mujer también es muy frágil. Una mujer debe comprender que incluso las bravatas de un hombre constituyen una muestra de su inseguridad. Si la mujer le humilla por ser incapaz de satisfacer sus necesidades románticas y sus expectativas emocionales rápidamente, es muy posible que el hombre la abandone.

Necesito que me necesiten. Los machos humanos, como los machos de prácticamente cualquier especie, tienden a hacerse notar durante la época de apareamiento. Las hembras del paro carbonero observan y escuchan mientras los machos se enzarzan en una batalla vocal. Sus cantos les ofrecen la oportunidad de aparearse, pues la hembra elige al macho carbonero que gana el concurso de canto.

Los machos humanos también son pájaros cantores, y las hembras humanas escuchan constante y atentamente la canción del macho y calibran lo poderosa que es la canción del macho por el que se inclinan. Los machos humanos siguen cantando hasta ser elegidos por una hembra, y continúan a lo largo de la vida, confiando en transmitir unas señales de su propia valía e importancia.

Con su frágil ego constantemente presente, el hombre canta: «¡Mírame, observa de lo que soy capaz!», y bajo esas palabras se oculta otro mensaje: «Todavía me necesitas, ¿no es así?». Trabaja doce horas al día y necesita que le necesiten. Su trabajo, que puede ser muy duro y deprimente, se hace más llevadero si se siente necesitado por la persona que ama. La sensación de que su pareja sentimental aprecia sus esfuerzos le ayuda a transformar su trabajo en una canción.

Las mujeres que muestran interés en las actividades agresivas de un hombre (su trabajo, los deportes que practica, sus progresos con el ordenador) y comprenden su necesidad de ufanarse de quién es y de lo que es capaz de hacer, desempeñan un papel decisivo a la hora de fomentar en él la sensación de que le necesitan.

Muchas mujeres tienen que hacer unos sacrificios mayores que los hombres a fin de alcanzar el éxito que los hombres (respaldados por un chauvinismo social histórico) logran en su trabajo. Puede ser muy estresante para una mujer, al término de una dura jornada en la oficina, tener que «desconectar» sus instintitos competitivos para sentirse amada por su pareja. No obstante, es posible que sepa de manera intuitiva —y por experiencia— que al margen de sus logros personales, es imprescindible permitir que el hombre destaque, de lo contrario se expone a no recibir de él el amor que desea. Conviene que la mujer tenga presente que la necesidad del hombre de destacar se basa en su biología cerebral. Puesto que el hombre no cree poseer una valía innata, está obligado a demostrarla continuamente. La mujer, por el contrario, posee, en el sentido biológico, una valía innata.

El deseo que sienten algunas mujeres de ser tan competitivas y vocales («cantar canciones») con respecto a sus logros está claramente presente en muchas parejas durante la fase romántica de la vida. Con frecuencia desaparece más tarde. Cuanto más tiempo permanece un hombre en una relación conyugal sólida, más seguro se siente, por lo que no suele comportarse movido por su innata fragilidad. Su necesidad de hacerse notar durante la época de cortejo disminuye. Al cabo de unos años de mantener una relación, los hombres necesitan sentirse apreciados por lo que han conseguido, pero suelen prestar una menor atención al estatus que han alcanzado en la relación. La mayoría de los hombres, al cabo de unos años de casados, ceden buena parte de su poder a su esposa, para comprobar que ella sabe gestionar perfectamente el cuidado de la familia y su poder en la relación.

Los hombres no suelen renunciar a su poder durante la fase romántica, por más que parezca que se han convertido en unos «cachorros», que «él hace lo que yo digo», o «es perfecto, me complace en todo». Durante la fase de cortejo, si el hombre es incapaz de sentirse importante, respetado, valorado y poderoso, con frecuencia decide poner fin a la relación. Incluso después de haber cedido el poder a su esposa en el matrimonio, si ésta le desprecia y humilla constantemente o minimiza sus logros, el hombre busca la forma de distanciarse de ella, manteniendo aventuras extramatrimoniales, aislándose en su trabajo o abandonando a su mujer.

Necesito practicar el sexo contigo. Nuestros conocimientos sobre cómo funcionan la testosterona y la oxitocina en el hombre nos ayudan a comprender por qué los hombres conceden tanta importancia al sexo durante la fase romántica. Puesto que una de las formas principales en que un hombre refuerza bioquímicamente sus vínculos afectivos con su pareja es a través del sexo, si el hombre está de verdad enamorado, la señal evidente de «deseo practicar el sexo» oculta la señal de «necesito practicar el sexo contigo». Las mujeres adquieren una gran ventaja en su relación romántica aprendiendo a distinguir la diferencia entre esas dos señales.

Si un hombre transmite la señal evidente, consistente en «deseo practicar el sexo, cuanto más mejor; si no lo hago contigo, buscaré otra pareja», probablemente significa que su circunvolución del cíngulo no desempeña un papel importante en esta relación sentimental. «En realidad no te necesito —dice el hombre—, pero has accedido a salir conmigo, y me gustas, así que acostémonos.» Si el hombre no muestra la señal oculta —que siente una profunda necesidad de practicar el sexo con esa mujer para sentirse íntegro, completo, unido a ella y rebosante de vida—, la mujer debe decidir de inmediato si quiere unirse a él o simplemente gozar del sexo y la compañía temporal que le ofrece. Si el hombre transmite la señal de «necesito practicar el sexo contigo», es muy posible que no se convierta en un mero compañero sexual y social, sino en su pareja sentimental a largo plazo.

Aunque para una mujer es más difícil separar las dos señales que para un hombre, puesto que su biología cerebral se centra más que en el hombre en alcanzar una unión a largo plazo, ello no significa que sea imposible. Muchas mujeres se percatan de que un hombre no va «en serio», sino que disfruta con una relación a corto plazo. La clave reside en que la mujer comprenda cuanto antes qué tipo de señal le transmite el hombre. Si sólo le transmite la señal evidente, la mujer debe procurar —utilizando sobre todo los lóbulos frontales (capacidad de juzgar)— «guardar las distancias» con él. Si es incapaz de lograr que sus lóbulos frontales dominen en esta relación, es probable que caiga en la depresión, dado que su sistema límbico estará invadido por las hormonas del estrés. Este hombre puede ser peligroso para la salud mental de algunas de las mujeres con las cuales pretende acostarse. El peligro que representa no se debe a su mala fe, sino a la diferencia en las expectativas románticas/sexuales que mantienen él y las mujeres con quienes se relaciona.

Dado el riesgo que supone, muchas mujeres comprenden de un modo instintivo que es mejor para su bienestar emocional esperar a que un hombre diga «necesito practicar el sexo contigo». Muchas mujeres que han mantenido relaciones efímeras deciden en un momento dado renunciar a ellas, y se arriesgan a permanecer solas un tiempo a la espera de conocer el amor verdadero.

Necesito que confíes en lo que hago. Resulta especialmente desconcertante para muchas mujeres la intensa necesidad del hombre de que confíe en lo que hace, no en todo lo que dice o no dice. Durante la fase romántica, las mujeres desean que un hombre les diga cosas como «te quiero» en el momento indicado, junto con los objetos indicados, como flores, tarjetas, sorpresas y demás. Los hombres se esfuerzan en satisfacer esta necesidad en las mujeres. Pero de cara a ellos su mayor muestra de amor a largo plazo reside en lo que hacen, en especial en mantener su estatus y comportarse debidamente con su compañera y sus hijos.

Sobre todo en la cultura actual, los hombres han aprendido a interpretar las señales románticas de las mujeres, comprendiendo con toda claridad lo que ellas les transmiten: «Para mí es muy importante lo que dices». A los hombres, predispuestos por naturaleza y condicionados a hacer lo que sea con tal de ser elegidos por las mujeres, la adaptación les obliga a aprender a decir lo que una mujer desea que diga. Pero aunque desarrollen esas habilidades románticas que no precisaban hace unas generaciones para casarse, comprenden instintivamente que el mundo es un lugar en el que impera el rendimiento. Ansían que las mujeres confíen en ellos por lo que hacen, no sólo por lo que dicen.

Si una mujer sólo elogia a su compañero sentimental por lo que dice, éste intuye que ella no confía en él por su innata personalidad. No conseguirá establecer vínculos afectivos profundos con su compañera sentimental. Por el contrario, si la mujer dice, con palabras y signos no verbales: «Te quiero por decirme que me quieres, pero también me encanta que seas tan competente en tu trabajo, tus aficiones, los deportes que practicas...», el hombre probablemente pensará que su compañera siente una confianza y un amor holísticos por él. Si la mujer dice: «Me encanta que me digas que me quieres y me encanta que seas tan emotivo», pero rara vez muestra su apreciación por su trabajo, sus aficiones y los deportes que practica, el hombre deducirá que su compañera le ama por los aspectos de su personalidad que desea moldear o proyectar sobre el futuro, no por quién es como hombre.

LOS CEREBROS-PUENTE

Cheryl, ejecutiva, y madre de tres hijos y casada hace once años, me escribió:

> Creo que mi marido tiene que tener un cerebro-puente. Durante nuestro noviazgo era más romántico que yo. Me invitaba a cenas estupendas. Me leía poesía. Me escribía canciones. Era el hombre soñado. Ya de casados, si se iba de viaje, me enviaba postales y cartas de amor. Se ocupa a fondo de mí y de nuestros hijos. Siempre está cambiando de sitio los muebles. Le gusta que nuestro hogar sea acogedor. Incluso después de once años sabe cómo hacerme sentir como si fuera la única persona en el mundo que le importa. Todas mis amigas me envidian. Sus maridos casi nunca les dicen cómo se sienten.

En este capítulo hemos puesto el énfasis en las tendencias biológicas de la mayoría de los hombres. Pero como hemos apuntado, los hombres cerebros-puente no encajan en muchas de esas tendencias. ¿Cómo sabe una mujer si la ha cortejado un cerebro-puente? Es una pregunta que las mujeres se hacen por lo general de forma instintiva, inconsciente. A veces una mujer se pregunta: «¿Será capaz mi compañero de leerme siempre el pensamiento como lo hace ahora?», o «¿Me amará siempre de este modo?» O quizá se pregunte: «¿Cambiará como cambian los otros hombres?»

La mejor forma de obtener una respuesta clara a estas preguntas es dejar que transcurra un tiempo. Si el cerebro de un hombre está formateado para grandes funciones verbales-emocionales, y utiliza más áreas corticales para hablar de sus sentimientos, usted lo comprobará al cabo de un año de mantener una relación con él. Al cabo de uno o dos años, la química cerebral basada en las hormonas que inducen al amor se ha mitigado lo suficiente para mostrar una imagen nítida del cerebro del hombre.

Dentro de unas décadas nuestra cultura dispondrá de pruebas PET y RM de bajo coste para que las parejas puedan conocer sus respectivos cerebros. Mediante esos experimentos, las mujeres podrán averiguar si los hombres poseen un cerebro-puente desde el mismo día en que se conozcan. No tendrán que aguardar un año. Pero hasta que esta tecnología esté a nuestro alcance, las mujeres ignorarán si están emparejadas con un cerebro-puente hasta que no hayan transcurrido algunos años de la relación, o quizá lo averigüen al día siguiente de la boda.

Aunque algunas mujeres idealizan hoy en día a los cerebros-puente, conviene que todos tengamos presente que durante la fase del amor la principal directiva del cerebro y del sistema hormonal es ser seleccionado por el compañero o la compañera. En el caso de un hombre, esto significa hacer lo que sea con tal de complacer a la mujer (dentro de lo razonable). Durante el estadio romántico muchos hombres parecen encajar en el perfil de un cerebro-puente. Y aunque no sea así, es posible que la mujer esté tan enamorada que no le importe la ausencia de cualidades de un cerebro-puente en el hombre.

De momento.

PRACTICAR LA SEPARACIÓN ÍNTIMA

Teniendo en cuenta las diferencias entre los sistemas cerebrales y las químicas de las mujeres y los hombres durante la fase romántica, ¿qué debemos hacer? ¿Deberían las mujeres dejar que el proceso siga su curso, aun a riesgo de acabar solas? ¿Deberían los hombres dejar de presentarse como cerebros-puente —capaces de expresarse emocionalmente, como unos compañeros perfectos— durante la fase romántica? ¿Deberían las mujeres mostrarse más promiscuas sexualmente? ¿Cuál es la mejor táctica?

Dado el poder de la biología en el amor y el sexo, la naturaleza indica que una de las cosas más importantes que puede hacer una mujer para que su relación sentimental fructifique es practicar la separación íntima.

El poder de la selección sexual

En el baile biológico del sexo y el amor, en el que los hombres compiten entre sí por conquistar a las mujeres, ellas detentan un gran poder a la hora de elegir cuándo y con quién practicar el sexo. En nuestra cultura moderna, el sexo se produce rápidamente entre las parejas, de modo que los hombres dedican menos tiempo a cortejar a las mujeres y a competir entre sí para conquistarlas. Sencillamente, hoy en día las mujeres son más accesibles para los hombres. Esta nueva situación ofrece numerosas ventajas, entre ellas la aventura sexual. No obstante, una mujer también dedica menos tiempo a calibrar la valía y la compatibilidad de un hombre a largo plazo antes de acostarse con él. Por el contrario, las mujeres dedican más tiempo a calibrar la valía de un hombre después de acostarse con él. Esta tendencia permite que las mujeres traten de lograr que los hombres las cortejen románticamente (que les canten canciones) sin que el sexo constituya un objeto de conquista. Esto representa una innovación mediante la cual las mujeres confían en que la selección romántica, en lugar de la selección sexual, se convierte en el arma de poder femenino.

Esta nueva innovación posee un gran valor y seguirá perfeccionándose a lo largo de la danza humana. El poder biológico inherente a la naturaleza de la selección sexual —mediante el cual la mujer pospone acostarse con el hombre hasta calibrar su valía— es asimismo un valioso poder al que las mujeres han renunciado durante las últimas décadas. Las mujeres no deberían renunciar tan fácilmente a este poder. Confío en que las teorías y ciencias basadas en la naturaleza que presento en este libro muestren que las mujeres pueden detentar poder en el trabajo, en el hogar, en los medios de comunicación, en el amor y donde quieran sin tener que renunciar al poder de controlar sus relaciones sexuales. Las demás recomendaciones con respecto a practicar la separación íntima durante la fase romántica de una relación pierden fuerza si las mujeres no utilizan este primer concepto sobre selección sexual.

Si una mujer deja que el hombre la corteje durante varios meses —disfrutando de caricias sexuales, sexo oral y demás juegos sexuales, pero retrasando el momento del coito—, esta sencilla demostración de poder incidirá no sólo en esa relación, sino en la imagen que tenga la mujer de sí misma y en su autoestima durante sus años de maduración sexual y romántica. Un reciente estudio muestra que el placer femenino se obtiene a través del coito, pero que la autoestima entre mujeres jóvenes está relacionada con el hecho de retrasar el momento del coito. Por el contrario, una elevada autoestima en hombres jóvenes está relacionada con el hecho de practicar el coito. La naturaleza se expresa con elocuencia en este caso.

En términos puramente biológicos, en el caso de personas adultas, el sexo oral y otras opciones sexuales son útiles para las mujeres en la fase romántica de una relación. Las personas adultas que practican las caricias y el sexo oral pueden satisfacer los deseos propiciados por la oxitocina, la vasopresina y otras sustancias químicas, al tiempo que las mujeres conservan el poder de la selección sexual. Si una mujer adulta trata de conservar su poder negándose a practicar cualquier actividad sexual hasta que el hombre se case con ella, corre el riesgo de perder a ese hombre. El deseo bioquímico del varón de sentirse compenetrado con una mujer a través del orgasmo es muy poderoso, y es difícil que establezca vínculos afectivos con ella a menos que los niveles de oxitocina de la mujer aumenten durante el orgasmo. En nuestra época moderna, hay muchas mujeres dispuestas a practicar el sexo, por lo que no es probable que el hombre espere a que esa mujer consienta en hacerlo con él.

Pero si la mujer es capaz de decir: «Nos queremos y deseo formar parte de tu vida sexual, aunque hay ciertas partes de mí que son sagradas y reservo para el matrimonio», y se esfuerza en satisfacer sus necesidades románticas y las de su pareja, es probable que obtenga las dos ventajas que le ofrece su poder sexual: el tiempo necesario para comprobar si ese hombre es el que le conviene y una importante ventaja en materia de autoestima, la cual le será muy útil durante toda su vida, incluso más allá de la relación con ese compañero sentimental (suponiendo que rompan): que lo que es suyo es suyo y el hombre tiene que ganarse el derecho de conquistarla plenamente.

No digo que una mujer que practique el coito con un hombre durante la fase romántica pierda por fuerza su autoestima o el hombre la lastime. Hablo sinceramente sobre tendencias biológicas. Millones de mujeres experimentan hoy en día el trauma de practicar el sexo con un hombre después de salir un par de veces con él y verse abandonadas al poco tiempo. En el lenguaje del amor contemporáneo, utilizamos la metáfora «los hombres me han roto con frecuencia el corazón». Lo que queremos decir es que los niveles de cortisol (la hormona del estrés) en el cerebro femenino se disparan, provocando al cerebro un trauma, que a menudo induce a la depresión. Un gran número de mujeres experimenta una depresión más o menos aguda debido a sus relaciones sentimentales fugaces con hombres. Esta depresión puede reducirse, y la autoestima femenina aumentar, si la danza del amor sexual y romántico encaja mejor con la naturaleza femenina.

Conviene tener presente que las mujeres aportan una personalidad muy maleable a una relación sentimental. La química cerebral femenina, en especial su énfasis diario en la oxitocina, no tiende a conservar la independencia de la mujer, sino a obligarla a rendirse. La química femenina induce a la mujer a doblegarse, pero la naturaleza, sabiamente, le ofrece métodos compensatorios. La selección sexual de la mujer compensa su personalidad maleable siempre y cuando la mujer sepa utilizarla con tino. Si su anhelo de sentirse inmersa en un amor romántico la induce a darlo todo durante la primera semana o el primer mes de una relación, corre el riesgo de sufrir más tarde una depresión.

Por otra parte, si una mujer se enamora y crea un sentido de misterio, escucha al hombre y le observa para averiguar qué clase de hombre es, si le gusta a pesar de sus defectos, si le ama sin dejar de tener presente sus idealizaciones románticas, si, al cabo de varios meses, siente que el hombre la ama con la misma intensidad y si todo eso se cumple, llega la noche de la cena a la luz de las velas, en que los dos se disponen a culminar el cortejo sexual, y esa noche la mujer no sólo se sentirá ilusionada, sino poderosa. Habrá construido su identidad a través del proceso de darle al hombre casi todo, pero no todo; de haberse entregado a él, pero no del todo.

Dos estrategias basadas en la naturaleza

Aunque el poder de selección sexual femenino constituye ante todo una estrategia biológica que las mujeres utilizan para protegerse durante las primeras fases de una relación con un hombre, también pueden practicar otras clases de separación íntima. Permítame que exponga dos de ellas: la primera sirve para comprobar si el hombre está realmente enamorado; la segunda es un don que la mujer puede ofrecer y que suele proporcionarle buenos resultados.

Cambiar de aspecto. La atracción que siente el hombre por una mujer se basa fundamentalmente, como bien saben las mujeres, en las primeras impresiones. Las mujeres procuran ofrecer un buen aspecto, no sólo porque es una experiencia sensorial gratificante, sino porque es imprescindible para atraer a los hombres.

«Quién sabe —piensa una mujer mientras se arregla para ir a trabajar—, quizás hoy conozca al hombre de mi vida. Quiero ofrecer un buen aspecto.» Dado que hoy en día más de la mitad de los matrimonios están formados por parejas que se han conocido en su lugar de trabajo, es posible que esa mujer tenga razón.

La preocupación por su aspecto no termina cuando conoce «al hombre de su vida». Incluso después de conocerlo, desea seguir ofreciendo un aspecto inmejorable. La mujer hace esto a largo plazo no sólo porque disfruta con ello —las mujeres se esfuerzan de manera instintiva por ofrecer un buen aspecto porque ello les procura una sensación gratificante a nivel bioquímico—, sino porque, después de haber conocido al hombre, desea que éste siga pensando que es atractiva.

Los hombres también desean ofrecer un buen aspecto e impresionar favorablemente a las mujeres, pero saben que su aspecto no incide de manera decisiva en el proceso de selección de una mujer. Lo que hacen y consiguen, su ingenio y su inteligencia, inciden de forma más importante. Por lo general no dedican tanto tiempo a acicalarse (los hombres vanidosos son una excepción).

No debemos subestimar la importancia de la ropa y el aspecto personal en la danza del cortejo. El aspecto personal desempeña un papel fundamental en la separación íntima y, por tanto, en el poder femenino saludable.

Si, al cabo de unas semanas de relación, la mujer sigue esforzándose en presentar «un aspecto perfecto» para el hombre con quien sale, quizá desaproveche la oportunidad de poner a prueba la lealtad de ese hombre. Al cabo de un par de meses de relación, la mujer no tiene por qué ofrecer constantemente un aspecto perfecto para el hombre con el que sale. Si él está de verdad enamorado de ella, su amor le permitirá soportar de vez en cuando el hecho de que la mujer no vaya arreglada o maquillada. Al cabo de unos meses de amor, sería interesante que la mujer hiciera la prueba de dejar de presentar siempre un aspecto impecable.

Dentro de esa personalidad más libre, con un aspecto menos «perfecto», la mujer comprobará hasta qué punto el hombre está enamorado de ella, hasta qué punto su circunvolución del cíngulo está concentrada en adorarla, hasta qué punto se siente unido a ella. Si el hombre le indica que sólo le gusta verla desnuda o vestida de cierta forma, probablemente la ama en las áreas de la médula oblonga y el neocórtex, incluso en áreas del sistema límbico, pero sin ese amor profundo que identificamos en la circunvolución del cíngulo. Para expresarlo en términos menos científicos, es posible que ese hombre no esté enamorado de ella, sino de una imagen de lo que desea que sea: una idealización sexual-social de una mujer.

Reconocer la agresividad. Con frecuencia, los hombres cerebros-puente y tímidos se sienten atraídos por las mujeres agresivas. Los hombres cerebros-puente suelen preferir a las mujeres enérgicas y decididas, pues este tipo de hombres prefiere una vida más sedentaria, en ocasiones dedicada a cuidar de los hijos. Las mujeres agresivas permiten a los hombres tímidos disimular su timidez, y les ofrecen la oportunidad de penetrar en el ámbito del amor y el sexo.

Al mismo tiempo, la mayoría de hombres no son cerebros-puente, ni aun los tímidos. La mayoría funciona basándose en un imperativo de agresividad masculina en la danza del sexo y el amor. A la mayoría de hombres les cuesta enamorarse de una mujer agresiva y mantener con ella una relación basada en el amor. Quizá no les importe que sea ella quien les llame en primer lugar o sea la primera en decir «me gustas y me apetece salir contigo». Es posible que esto les halague. Pero si una mujer persiste en perseguir a los hombres de un modo agresivo, quizá no tarde en observar que ellos se inhiben. Los hombres se inhiben de dos formas: (1) dejándola plantada después de haber salido y haberse acostado con ella unas cuantas veces, o (2) permaneciendo unos meses con ella, pero ocultándole sus sentimientos.

Esa dinámica puede crear numerosos conflictos en una relación sentimental.

Toda mujer se pregunta: «¿Cómo soy?» Si tiene una personalidad agresiva que sale a flote durante la fase de cortejo, tiene que apechugar con ella. Si comprueba que los hombres y las mujeres recelan de su agresividad, quizá trate de asumir una personalidad que no es la suya. Asimismo, si comprueba que no tiene éxito en sus relaciones sentimentales, quizá se muestre demasiado agresiva para el gusto masculino. Quizá le convenga emparejarse con un hombre muy tímido o un cerebro-puente. O quizá deba replantearse su forma de comportarse con los hombres.

Los hombres temen a la mujer agresiva. Hoy en día no tiene nada de particular que una mujer diga: «¡Que se fastidien, yo hago lo que me da la gana!» Desde las ideologías sociales hasta las canciones pop, la palabra *bitch* (arpía, mujer agresiva), se ha convertido en sinónimo de mujer poderosa. Pero en el terreno del amor tiene sus inconvenientes. Cuanto más masculinizada sea una mujer (agresiva y dominante), menos posibilidades tendrá de conquistar a un hombre. Es posible que, sin pretenderlo, pase a formar parte de un grupo de mujeres a las que los hombres utilizan con fines laborales («Esa mujer ocupa un cargo de poder, si la impresiono quizá me ayude a promocionarme»), para competir con ellas y castigarlas («Ya veremos si esa tía es tan poderosa como cree. Utilizaré mis artes para seducirla y luego la dejaré plantada»), para burlarse de ellas («Esa mujer no se da cuenta de lo que los demás opinan de ella»), o bien las marginan sexualmente («No quiero saber nada de esa puta»). A nadie le gusta oír a los hombres hablar de esa forma de las mujeres, pero no debe sorprendernos que hablen así de las mujeres más agresivas que de las demás.

Asimismo, las mujeres con niveles de testosterona altos, como las consejeras delegadas o las abogadas, suelen ser, en los espectros cerebrales, cerebros-puente femeninos. En el trabajo esto puede serles muy útil; en el amor, puede representar una dolorosa desventaja. Por fortuna, basta con que una mujer se dé cuenta y reconozca este rasgo de su personalidad para modificar la forma en que los demás la perciben. Y comprobará que, paradójicamente, si aprende a controlar su agresividad cuando es necesario, a la larga disfrutará de un mayor poder. Como dice el viejo refrán: «La seda es más resistente que el acero».

CONVERTIR EL AMOR EN COMPROMISO Y MATRIMONIO

El poder de selección, el del aspecto físico y el de la seda sobre el acero son instrumentos basados en la naturaleza de la separación íntima y el poder femenino. Si el objetivo de una mujer consiste en reforzar su poder durante la fase romántica, estos instrumentos resultan útiles en una relación sentimental entre hombres y mujeres. Constituyen unas excelentes estrategias para calibrar el mérito romántico de un hombre. Le obligan a mostrarse tal cual es.

Como seres humanos, nuestra intuición personal es nuestra mejor guía para tener éxito en una relación sentimental. No es preciso seguir todas las tendencias biológicas para que una mujer sea feliz con un hombre o un hombre con una mujer. Pero nuestra libertad de elección aumenta a medida que se incrementa nuestro conocimiento sobre nuestras tendencias biológicas. Esto ocurre cuando buscamos el sexo y tratamos de convertirlo en amor; y también cuando tratamos de convertir el amor en compromiso y posteriormente en matrimonio.

Las relaciones sentimentales que duran más de un par de años suelen alcanzar el momento del «compromiso», una época de transición en la que el hombre y la mujer dicen «creo que te amo», y avanzan hacia la afirmación «sé que te amo», necesaria para que un matrimonio tenga éxito. (Al decir «matrimonio» nos referimos a una relación duradera, la cual incluye una «convivencia» o «un matrimonio de hecho».) Cuando las relaciones realizan esta transición, conservan una parte de la pasión que las propició, pero a la vez se transforman en algo distinto, algo que sólo es posible con un profundo compromiso entre ambas partes y el descubrimiento en nosotros mismos de nuevas posibilidades para nuestras vidas en tanto que hombres y mujeres.

En los próximos capítulos exploraremos el proceso mediante el cual las personas se comprometen en matrimonio, y exploraremos las fases de la vida del matrimonio. Observaremos que el amor ocupa sólo la primera de las doce fases de las que se compone el proceso biológico de esta relación humana. Constataremos que la mayor parte del desarrollo y la capacidad de sacrificio que experimentamos como personas que se aman una a otra no se produce durante la fase del amor romántico, sino en las once fases restantes. Las estrategias y las ideas expuestas en este capítulo sobre el amor y el sexo son pertinentes en las fases posteriores, puesto que el compromiso y el matrimonio se construyen en parte sobre el poderoso torrente de los primeros estadios del amor y un sexo gratificante; pero el compromiso y el matrimonio constituyen también otra cosa, más semejante a un océano que a un río. Mientras nos hallamos en la fase romántica, creemos haber hallado el océano del amor, no comprendemos hasta más tarde lo que el amor significa.

En la novela *La mandolina del capitán Corelli*, un padre sabio habla a su bella hija, que está profundamente enamorada, sobre el amor, el compromiso y el matrimonio.

> El amor es una locura temporal, estalla y luego remite. Cuando remite es preciso tomar una decisión. Debéis comprobar si vuestras raíces están tan entrelazadas que os parece inconcebible separaros. El amor no es sentir que uno flota; no es la promulgación de promesas de pasión eterna. No es el deseo de copular a cada segundo y a cada minuto del día, no significa permanecer por la noche en vela imaginando que tu amante besa cada centímetro de tu cuerpo... Eso es «estar enamorado», lo cual puede ocurrirle a cualquier necio. El amor es lo que queda cuando el enamoramiento ha desaparecido. Tu madre y yo gozamos de él, nuestras raíces se entrelazaban bajo tierra, y cuando todas las flores cayeron de nuestras ramas comprobamos que éramos un solo árbol, no dos.

Cuando nos percatamos de que esta locura es pasajera, nos topamos de nuevo con las tendencias biológicas de los hombres y las mujeres. Reconocer y respetar estas tendencias puede ser la clave para comprender la esencia del compromiso y el matrimonio.

TERCERA PARTE

¿Qué piensa él realmente... sobre el matrimonio y el compromiso?

«¿Cómo puedo saber si un hombre está dispuesto a compartir su vida conmigo? ¿Cómo puedo averiguarlo?»

Kira, veintitrés años, madre soltera

«Casarse fue fácil. Lo difícil fue permanecer casado.»

Sam, ochenta y dos años, padre y abuelo, jubilado

5

Creo que te amo: los hombres y la biología del compromiso

«Entregarse a una mujer era un acto de ternura al que él estaba predestinado. ¡Ojalá ella hubiera podido convencerle!»

Samuel Johnson

«Claro que me daba miedo casarme. ¡Más que miedo, terror!»

Terry, cincuenta y dos años, padre y marido, informático

Existen infinitas maneras de llegar a la decisión de casarse. Con frecuencia las películas muestran al hombre con una rodilla apoyada en el suelo que ofrece a su futura esposa un maravilloso brillante y le pregunta: «¿Quieres casarte conmigo?» Su rostro refleja variadas emociones: temor al rechazo, adoración por esa mujer. El rostro de ella combina la sorpresa y el amor, un profundo sentido de triunfo y la belleza que genera el sentirse adorada por un hombre bueno. A lo largo de los años he oído numerosas historias sobre cómo se experimenta la transición del cortejo al noviazgo y la culminación del noviazgo en el momento del compromiso. Hoy en día muchas personas no viven la escena del hombre que pide a la chica que se case con él de rodillas, con un gigantesco brillante, pero sí el mismo placer de adoración y las mismas esperanzas en el futuro.

En nuestro grupo de orientación psicológica de Spokane pedí a las mujeres que recordaran el momento o las situaciones durante las cuales comprendieron que su marido en ciernes había decidido dar el paso decisivo y comprometerse con ellas. En todos los casos, la mujer era ahora consciente de que el hombre había pasado varias pruebas sobre su predisposición a comprometerse. Les había dicho durante varios meses —o incluso años— «creo que te amo», como si pusiera a prueba su amor. La mujer también le había puesto a prueba, y todo ello había ocurrido soterradamente, mientras la pareja ejecutaba la danza de la vida cotidiana y los dos se sentían cada vez más compenetrados.

Penny, una mujer de treinta y ocho años, casada desde hace dieciocho, con dos hijos, relató esta historia:

> Supe que Malcolm estaba dispuesto a casarse conmigo cuando me regaló una perrita. Llevábamos bastante tiempo enamorados, eso era evidente. Nos sentíamos muy compenetrados. Pero Malcolm no estaba tan preparado para el matrimonio como yo. Aún trataba de hallarse a sí mismo. El episodio de la perrita ocurrió así: Malcolm sabía que yo quería un perrito como el que habíamos visto en casa de unos amigos, aunque me había dicho que no le apetecía tener un perro. Recuerdo que pensé: «Si no está dispuesto a hacerse cargo de un perro, ¿cómo va a hacerse cargo de una mujer y unos hijos?» Pero no insistí. Un día, aproximadamente un mes más tarde, llegué a casa después del trabajo y me encontré a Malcolm con la perrita en brazos. Me la entregó y me dio un beso. No decidimos casarnos hasta al cabo de unos meses, pero en ese momento comprendí que Malcolm estaba dispuesto a comprometerse conmigo.

Anne, cuarenta y seis años, casada desde hacía veintiuno, con dos hijos, y Claire, cuarenta y ocho años, casada desde hacía diecisiete y con un hijo, relataron historias similares sobre cómo pusieron a prueba la predisposición al compromiso por parte de sus futuros maridos.

Anne recordó: «Yo era enfermera y Jim médico. Cuando nos conocimos en California yo había obtenido un puesto en South Bend (Indiana). Al término de su año de residencia, Jim vino a verme a South Bend. Entonces comprendí que me quería. Nos casamos en South Bend.»

Claire explicó:

> Al principio Phil no quería acompañarme a Japón. Se hallaba establecido en Estados Unidos. Pero yo había obtenido un trabajo allí y era una oportunidad que no podía desaprovechar. Tenía que ir. Phil y yo llevábamos saliendo cuatro años. Yo no sabía qué hacer. Estaba muy nerviosa. Un día Phil regresó a casa después del trabajo y dijo: «Me voy contigo». Yo me emocioné mucho y recuerdo que insistí en que me dijera por qué había decidido acompañarme. Quería conocer sus razones. Phil respondió: «Quiero acompañarte porque te amo». Eso era lo que yo deseaba oír. Lo dijo en serio. Fuimos a Japón y nos casamos.
>
> Quizás habríamos seguido saliendo juntos durante años sin casarnos. En cierto modo, la oportunidad de Japón no sólo fue beneficiosa para mi carrera, sino para nuestra relación. Nos obligó a tomar una decisión. Obligó a Phil a comprometerse formalmente conmigo.

¿Cuándo sabe una mujer que el hombre está dispuesto a sacrificarlo casi todo por ella? ¿Cuándo sabe que un hombre la ama como no ama a ninguna otra? ¿Existe una prueba fiable para averiguarlo? ¿Existe una señal específica, como la luz de un faro, que indique universalmente la predisposición de un hombre a comprometerse con una mujer?

Por supuesto que no. Cada pareja es distinta. Una mujer dijo: «Comprendí que Andrew estaba de verdad enamorado de mí cuando vi sus esfuerzos por congraciarse con mi padre. Mi padre se mostró muy duro con él, pero Andrew hizo lo posible en llevarse bien con él. Eso me demostró su amor».

En un caso curiosamente parecido, otra mujer nos contó: «Mi padre es gay, lo cual incomodaba a Paul, pero trató de resolver sus problemas al respecto y llevarse bien con él. Eso fue muy importante para Paul y para mí. Él quería demostrarme que me quería».

Una noche nos reunimos para hablar sobre la danza del compromiso que ejecutan los hombres y las mujeres durante la mágica época entre los primeros días del noviazgo y la boda, y comentamos dos experiencias que eran casi universales para las mujeres presentes:

- Los hombres buscan la forma de demostrar a las mujeres que las aman.
- Los hombres suelen tardar bastante en decidirse a dar el paso decisivo.

Durante la velada, se formuló la siguiente pregunta: «¿Por qué temen los hombres comprometerse?»

Claire dijo: «Sé que en algunos casos es el hombre el que está dispuesto a casarse desde el principio. Yo tenía una amiga que cuando conoció a su futuro marido él acababa de perder a su esposa. Tenía dos hijos. Estaba preparado para casarse. Pero lo normal es que la mujer esté más dispuesta a casarse que el hombre. ¿Por qué será? ¿Sólo porque ellos temen comprometerse?»

Como era previsible, de las quince mujeres presentes esa noche, todas se mostraron de acuerdo en que los hombres «temían comprometerse» más que las mujeres. Casi todas conocían algún caso excepcional, pero también sabían que no era lo normal. Los hombres tardaban más en comprender que el compromiso del amor conyugal constituía un compromiso sobre el que fundarían su vida futura.

No es de extrañar que los hombres pongan a prueba su predisposición a comprometerse con una mujer durante la fase de cortejo, habida cuenta de lo que hemos comentado antes sobre la forma en que los hombres demuestran su valía y basan su vida en pruebas, retos y demostraciones de su identidad. El hecho de que los hombres tarden más en comprometerse que las mujeres tampoco debe sorprendernos, es algo intuitivo en nuestra vida cotidiana. No obstante, hay una parte oculta de la biología del compromiso muy interesante. Antes de explorar más a fondo el tema del compromiso, examinémoslo a través de los ojos de los hombres.

Los hombres y la cuestión del compromiso

Algunos temas clave con respecto a los hombres:

- Muchos hombres confían en retrasar el momento decisivo en su vida en que dependan de que una mujer satisfaga todas sus necesidades sexuales. Están biológicamente incentivados a buscar la variedad sexual por motivos que hemos apuntado en el capítulo anterior, unos motivos que exploraremos más a fondo dentro de unos momentos.
- Muchos hombres prefieren retrasar el momento del compromiso y el matrimonio hasta estar seguros de que podrán mantener su valía y su estatus durante el tiempo suficiente para estar a la altura de sus responsabilidades familiares y sociales.
- Muchos de esos hombres vieron a sus padres esforzarse y quizá fracasar como sostén de la familia. Esto les aterrorizó.
- Muchos hombres, cuyos padres triunfaban constantemente en el ámbito social, conocen los sacrificios que habían hecho sus padres —la cantidad de tiempo que dedicaban al trabajo, los viajes fuera de su hogar, el elevado estrés y una muerte prematura— y saben que a menudo las mujeres no reconocen este sacrificio.

  Como me dijo un hombre: «Hoy en día, las mujeres me exigen más de lo que mi padre le dio a mi madre, pero mi padre le dio a mi madre todo cuanto tenía. Yo me resisto a caer en esa trampa».
- Los hombres temen responsabilizarse de la felicidad de una mujer. Los hombres son muy listos: a partir de la adolescencia comprenden que las mujeres tienden a responsabilizar a los hombres de su felicidad. Los hombres, sobre todo hoy en día, saben que puede ser una batalla perdida asumir la responsabilidad no sólo del bienestar físico y económico de su mujer cuando nacen los hijos, sino también de su vida interior.
- Muchos hombres temen ser incapaces de establecer vínculos afectivos profundos con sus hijos. Los hombres no poseen los mismos niveles de oxitocina que las mujeres, los cuales

permiten a éstas no sólo establecer vínculos afectivos con sus hijos instintiva y socialmente, sino bioquímicamente. Con frecuencia los hombres se esfuerzan en establecer vínculos afectivos profundos con su compañera y sus hijos para sentir que poseen una capacidad afectiva tan intensa como las mujeres. Abundaremos en esta biología padre-hijo en el capítulo 8.

- Los hombres maduran biológicamente más tarde que las mujeres; su desarrollo cerebral concluye más tarde en la adolescencia que el de las chicas y las mujeres. Por consiguiente, en algunos casos la mujer que desea alcanzar un compromiso es psicológicamente más madura que el hombre con el que desea casarse. Es posible que ella esté preparada para el matrimonio y él no.
- Dado que los hombres no poseen una vía biológica que conduzca a la valía personal, a menudo tardan más que las mujeres en convencerse de que son dignos de contraer matrimonio. Alguno está tan concentrado en el matrimonio como en el desarrollo de su valía personal, mientras que la mujer a la que corteja tiene la ventaja innata de poseer una valía personal congénita y está más orientada hacia el matrimonio.
- No existe un reloj biológico para la reproducción masculina. Por tanto, una mujer puede sentir la necesidad de casarse y tener hijos, pero un hombre no siente esa necesidad. Mientras consiga el sexo y el cariño que necesita, el hombre puede retrasar sin contemplaciones la hora de ser padre.

Por regla general, los hombres tienen muchos motivos para no comprometerse tan rápidamente como una mujer. A algunos les aterroriza tanto comprometerse con una mujer que reflejan a la perfección el cliché «los hombres temen comprometerse». Pero al mismo tiempo los hombres son muy valerosos. En especial en el ámbito social actual, en el que muchas mujeres no sólo dejan la responsabilidad de sus necesidades económicas y materiales en manos de los hombres (en la mayoría de las familias se supone que el hombre debe ganar más dinero que su esposa cuando nacen los hijos), sino la responsabilidad de la salud emocional del matrimonio, sigue habiendo una gran proporción de hombres que se casan. Los hombres se comprometen con sus parejas sentimentales y se esfuerzan en adaptarse a sus parejas. Los hombres temen a las mujeres, pero saben que ellas les necesitan. La pulsión biológica de casarse sigue siendo muy fuerte, al igual que los factores biológicos que impulsan psicológica y físicamente a un hombre a someterse a las pruebas del compromiso.

LA BIOLOGÍA DEL COMPROMISO

Como hemos observado, existen numerosos factores biológicos en juego en esa época de la vida y el amor en que un hombre trata de decidir si debe decir «creo que te amo» o afirmar sinceramente «sé que te amo». Exploremos más a fondo esta biología del compromiso.

Diferencias en la química cerebral

La primera diferencia, y la más profundamente biológica, entre los hombres y las mujeres durante el noviazgo reside en la **oxitocina**, dominante en las mujeres y con niveles menores en el cerebro masculino. Las mujeres están biológicamente más concentradas en las oportunidades de establecer vínculos afectivos y en las estrategias mediante las cuales reforzar esos vínculos. Cuando una mujer se enamora, tiende a pensar antes que un hombre en cómo convertir el amor en una oportunidad permanente de establecer vínculos emocionales con su pareja. La oxitocina la impele hacia un compromiso permanente.

Los hombres están menos dominados por la oxitocina, y aunque ansían amar y ser amados, no suelen idear estrategias para reforzar o dar un carácter permanente a la unión sentimental con tanta rapidez como las mujeres. Como hemos observado antes, suelen estar más centrados en crear vínculos sexuales que en establecer un compromiso permanente. Cuando las mujeres les proporcionan esos vínculos sexuales y un afecto emocional antes de casarse, los hombres están menos incentivados biológicamente a comprometerse en matrimonio.

La **vasopresina**, con efectos distintos a la oxitocina, forma una base biológica para la experiencia masculina. Impulsa al hombre a la agresiva insistencia de demostrar su valía a su pareja, que es una estrategia agresiva externa, en lugar de impelerlo hacia la continuidad emocional de la oportunidad de vincularse afectivamente a través del compromiso del matrimonio. El hombre que regala una perrita, se desplaza a South Bend o a Japón para seguir a su amada está desoyendo —con decisiones de ejecutivo basadas en la corteza cerebral y sentimientos de «la amo sinceramente» basados en la circunvolución del cíngulo— sus impulsos agresivos propiciados por la vasopresina.

Aunque parezca que estos hombres se entregan por completo a una mujer, y que ponen incluso en las manos de ellas su corazón, es posible que no avancen hacia esa fase de la relación con tanta rapidez como las mujeres. Ellas pueden estar dispuestas, al cabo de un par de meses, a regalar a su pareja un cachorro, pero él quizá tarde dos años en alcanzar esa fase. Su danza biológica interior le incentiva a buscar bancos de pruebas en lugar de seres vivos y tiernos.

Por lo demás, cuando llega el momento de proponer o acordar matrimonio, muchas mujeres observan que el hombre trata de conservar su independencia al tiempo que trata de perderse en su amor por su alma gemela. La **testosterona** propicia la independencia, al tiempo que la necesidad emocional de un hombre de amar y ser amado —una necesidad que todos tenemos— le impulsa a hacer lo que sea con tal de complacer a su compañera.

Cuando las mujeres interpretan las señales masculinas durante esos meses y años de relación, con frecuencia observan que los hombres les transmiten dos señales contradictorias de compromiso: al mismo tiempo el hombre les dice «cambia lo que quieras en mí para que encaje en tu ideal» y «deja en paz mi identidad».

La diferencia en cuanto a plazos entre hombres y mujeres a la hora de comprometerse el uno con el otro la marca en gran parte esta química cerebral y el impacto que produce en el desarrollo de la identidad humana. Las mujeres transmiten rara vez esta doble señal durante los primeros años de una relación, puesto que las hormonas femeninas y la oxitocina las hacen más maleables en comparación con la testosterona masculina y la vasopresina. Las mujeres tienden a doblegarse y sacrificarse más rápidamente durante los primeros años de relación a fin de resultar más atractivas al hombre que aman. Por lo general, el hombre se resiste a entregarse por completo a otra persona.

Ciertamente, las mujeres transmiten hoy en día esa señal contradictoria con más frecuencia que hace unas décadas, dado que ahora son libres de transmitir tanto una señal de dependencia como de independencia. Pero desde una perspectiva bioquímica, son más propensas a cambiar que los hombres.

Y ciertamente hoy en día las mujeres tienen más libertad de elección que hace unos siglos debido a su independencia económica. No necesitan casarse para sobrevivir en sociedad, pero muchas mujeres comprueban que son más maleables que los hombres y caen en una depresión cuando se dan cuenta de que el hombre se resiste a ser maleable. Un poderoso ejemplo es la mujer que sale durante años con un hombre casado y que piensa constantemente que como está enamorado de ella no tardará en renunciar a su otra vida: su esposa, su hogar y sus hijos. Pero muchos de esos hombres no renuncian nunca a su otra vida. No son bioquímicamente tan maleables como pueda pensar una mujer.

No deja de ser chocante que las mujeres permanezcan junto a hombres que no son maleables. Incluso cabe preguntarse: «¿Por qué las mujeres, en tanto que grupo, no marginan a esos hombres con elevados niveles de testosterona y vasopresina, a esos tipos competitivos, agresivos e independientes?» Pero la biología es muy poderosa y las mujeres siguen sintiéndose atraídas por ese tipo de hombres difíciles de atrapar, esos hombres que transmiten señales contradictorias de compromiso.

En *Dos por la pasta*, una obra de la autora de novelas de intriga Janet Evanovich, la narradora, Stephanie, se refiere a su compañero sexual, y en ocasiones hombre romántico, Joe Morelli: «De adolescente, Morelli era una fiera. Dos años en la Marina y doce en la policía le habían enseñado a controlarse, pero yo estaba convencida de que, a menos que le extirparan los testículos, sería imposible domesticarlo. Morelli poseía una faceta salvaje que latía siempre bajo la superficie. Yo me sentía inevitablemente atraída por ella, y al mismo tiempo me aterrorizaba».

Morelli ocupa en el espectro cerebral el extremo de los elevados niveles de testosterona y vasopresina. Aunque los hombres como él tratan de demostrar su valor y ganarse el cariño y respeto de la gente, las mujeres confían en que el hombre primigenio acabe aflorando, por más que teman el poder masculino.

Las mujeres que emprenden un romance con hombres cerebros-puente o que poseen bajos niveles de testosterona experimentan este conflicto íntimo en menor grado que las mujeres que mantienen relaciones sentimentales con hombres con niveles de normales a elevados de testosterona. Pero independientemente de cómo sea el hombre, en cierto momento de la relación la mujer sostiene un diálogo consigo misma sobre cómo dejar al hombre tranquilo al tiempo que trata de amoldarlo; cómo darle libertad al tiempo que le domestica; cómo dejar que «sea él mismo» al tiempo que procura que sus propias necesidades constituyan la primera prioridad de su compañero.

Sin que la mujer se percate de ello, buena parte de este diálogo íntimo se refiere a la forma en que ella decide abordar el problema de la química cerebral del hombre. ¿Cómo va a sentirse a gusto la oxitocina femenina rodeada de la testosterona masculina? Y, más de lo que la mujer imagina, el hombre calibra el amor que su pareja siente por él basándose en cómo resuelve la mujer este conflicto íntimo. Si la mujer subestima la necesidad innata y natural del hombre de libertad (en especial si su química cerebral tiende hacia el extremo de una mayor testosterona), su amor por ella se complicará y probablemente al cabo de unos meses o años será insostenible. Por otra parte, si la mujer no trata de amoldarlo, el hombre se sentirá también subestimado, pues necesita que la mujer le ayude a cumplir las obligaciones que le competen en la relación entre los dos y en el mundo en general.

Con cada aliento y cada gesto, el hombre dice a la mujer: «Soy independiente, pero dependo de ti. ¿Qué harás con este poder?»

Un factor biológico oculto: la biología madre-hijo.

El problema del poder femenino es incluso más profundo para los hombres durante las fases del cortejo y el compromiso que la química cerebral inmediata. Incide en la misma biología del desarrollo de la identidad que los hombres experimentan con sus madres. En el caso de algunos hombres, la biología madre-hijo apenas incide en la danza del compromiso; pero en muchos hombres incide de forma decisiva, por más que rara vez es comentado en nuestra cultura o en nuestras relaciones sentimentales. Este hecho biopsicológico tiene efectos potenciales sobre cualquier matrimonio (como veremos enseguida), y lo ha tenido a lo largo de toda la historia. Cuanto mayor sea la intimidad psicológica de una pareja casada, más marcado es su efecto. Cuando se concertaban matrimonios por motivos económicos y para tener descendencia, pero no por amor ni para gozar de la intimidad que ofrece la pareja, la biología madre-hijo no constituía un elemento biopsicológico importante en el matrimonio. Pero cuando los matrimonios se basan en el amor íntimo, las probabilidades de que incida en la longevidad y cualidad del matrimonio se multiplican.

Hoy en día ocurre otro tanto durante las fases de noviazgo y compromiso. Las parejas pretenden basar sus compromisos a largo plazo en el amor íntimo, por lo que el desarrollo de la identidad biológica madre-hijo incide en la mayoría de los noviazgos entre hombres y mujeres.

La necesidad de una separación íntima con que las mujeres se topan a menudo en los hombres durante el cortejo y el noviazgo no sólo está relacionada con la biología de la independencia arraigada en las hormonas masculinas, las sustancias químicas cerebrales y los sistemas cerebrales, sino con la biología de la relación madre-hijo.

CÓMO AFECTA A UN HOMBRE LA RELACIÓN CON SU MADRE

La biología del niño varón está vinculada a la de su madre, pero a medida que se producen determinados cambios hormonales y cerebrales en la adolescencia, el hombre adquiere su identidad cuando logra separar su biología masculina de la biología femenina de su madre. Para convertirse en mujeres, las niñas deben separarse de su madre psicológicamente, pero no biológicamente. Los niños tienen que hacer ambas cosas, pues para alcanzar su identidad deben comprender que la vía biológica que les conduce a su identidad no reside en el cuerpo ni en el sistema cerebral de su madre.

El psicólogo clínico Michael Kirkpatrick ha resumido este desarrollo de la identidad esencial. Refiriéndose en primer lugar a las mujeres, dice: «La profunda y duradera identidad esencial de la mujer asume su inmutabilidad de la interacción psicológica durante los primeros dieciocho meses [con su madre]». Pero al referirse a los varones, escribe: «La identidad de los chicos [...] comienza con la identidad femenina, pero la fuerza biológica los impulsa [...] hacia una identidad masculina diferente. La identidad masculina de los chicos requiere la intensidad del deseo sexual masculino [...]. Es más frágil que la identidad sexual de las mujeres».

Abundando en la tesis de Kirkpatrick, la psicóloga Althea Horner explica: «Una vez establecido, el curso de la identidad femenina de la chica es relativamente ininterrumpido. La identidad femenina esencial se origina en las primeras relaciones con la matriz, mientras que la identidad sexual del chico depende de su capacidad de diferenciarse de la matriz».

Estos psicólogos relacionan las tesis freudianas y otras tesis con el análisis del desarrollo de la identidad basado en la biología a fin de acentuar un requisito esencial de la vida masculina biológica: el varón debe abandonar biopsicológicamente a su madre para adquirir su propia identidad. Todos los hombres —incluso los cerebros-puente— deben hacerlo. Como es lógico, un hombre cerebro-puente posee un sistema cerebral y hormonal más similar a la biología de su madre, de forma que no se ve tan forzado biológicamente a alejarse de la biología de su madre; pero debido a sus niveles más elevados de testosterona y vasopresina (así como a sus evidentes diferencias sexuales), todos los varones atraviesan una fase de actividad que los conduce a la separación biopsicológica de su madre para descubrir su propia identidad.

Gran parte de la ambición social, la agresividad sexual y el afán de correr riesgos del varón adolescente tienen una causa bioquímica y son utilizados por el chico como estrategias agresivas que le facilitarán separarse de la madre. Aunque sus hermanas también tratan de separarse de la madre, el varón, a diferencia de éstas, no se halla a sí mismo hasta haber experimentado un mayor grado de actividad biológica independiente. Los varones adolescentes se convierten casi en miembros silenciosos de la familia. Por lo general, se sienten abrumados por su madre más que por las chicas. Separan su biología neuronal de los ritmos biológicos de la madre, separan sus feromonas de las de su madre, separan su visión cognitiva de la de su madre. Descubren que la actividad independiente calma su estrés, no sólo el estrés de la vida cotidiana, también el de la separación de la madre que se produce durante el desarrollo. Una de las razones por la que los chicos adolescentes se inclinan de manera natural hacia el padre y hombres mayores que él es la necesidad de separarse biológicamente de la madre con el fin de adquirir su identidad masculina.

La pulsión del varón de alcanzar esta separación biológica es tan profunda que el hecho de conseguirlo puede tener graves consecuencias. Vemos numerosos ejemplos cuando estudiamos los trastornos de la identidad sexual. La mayoría de ellos aparecen en los varones. (Un trastorno de identidad sexual constituye, desde el punto de vista de un psicólogo, la constante confusión de una persona sobre si es un hombre o una mujer.) Estos trastornos indican la mayor vulnerabilidad de los varones a sentirse confusos —tanto desde un punto de vista biológico como psicológico— sobre la separación sexual y su identidad.

Es muy común ver a varones más propensos que las mujeres a reconocer que temen comprometerse antes del matrimonio. Durante las sesiones de terapia con esos hombres observamos, con más frecuencia que en el caso de mujeres, que temen «enredarse» o quedar atrapados en la visión o forma de ser de otra persona. Me convierto en ti, lo cual al principio me complace, pero al poco tiempo me aterroriza porque siento que me he perdido «a mí mismo». Tus expectativas y proyecciones me dominan, elevan mis niveles de cortisol (la hormona del estrés) y en última instancia me obligan a huir de ti.

Durante el cortejo y el noviazgo, tanto los hombres como las mujeres jóvenes temen ser absorbidos por las visiones sobre la vida y el futuro de la otra persona. Tanto los hombres como las mujeres temen quedar atrapados. Pero ellas suelen reaccionar a esto en las fases posteriores del matrimonio. Al principio de la relación, son ellos quienes temen «quedar atrapados» y ocultan sus emociones cuando la primera fase del enamoramiento da paso al compromiso. Los hombres temen más que las mujeres dejarse absorber por su pareja, y por lo general ni la mujer ni el hombre se percatan de hasta qué punto el temor del hombre a quedar atrapado va unido a la separación biopsicológica de su madre.

Al comienzo de este capítulo he citado a Penny y a Claire, quienes relataron unas historias sobre hombres que habían puesto a prueba su predisposición a comprometerse y habían salido triunfantes de la empresa. Cuando interrogué a Penny y a Claire sobre las madres de sus maridos, las dos respondieron «su madre le trataba como a un bebé». Las dos explicaron también que la relación de sus maridos con sus madres era «compleja» y «ha generado tensiones en nuestro matrimonio».

Sus historias, aunque anecdóticas, constituyen una ventana abierta que muestra la experiencia de muchas mujeres. Con frecuencia se dan cuenta, cuando les pedimos que se centren en ello, de que los hombres que tardan más en pasar las pruebas del compromiso han tenido que librar una profunda batalla psicológica para llevar a cabo la separación biopsicológica de sus madres. En la mayoría de los casos, ni la madre ni el hijo obran de mala fe ni desean lastimar al otro. Su «batalla» es simplemente la odisea del desarrollo de la identidad, la cual se complica cuando la madre se niega a «soltar» a su hijo.

Durante un período de entre diez y veinte años (y a veces durante toda la vida), los hombres miden de manera inconsciente el grado en que han conseguido separarse biológicamente de su madre y desarrollado una identidad independiente. Si el hombre cree que no ha alcanzado su identidad masculina («Soy un hombre seguro de mí, cabal, capaz de valérmelas por mí mismo»), es posible que se resista a adquirir el compromiso del matrimonio. Cuanto mayor sea el desarrollo de su identidad masculina independiente, mayor será su sensación de haberse separado de su madre y su predisposición a comprometerse en matrimonio. Las cosas no siempre son así, pero en muchos casos sí. Aun teniendo en cuenta la gran variedad de hombres que hay en el mundo, el hombre más seguro de sí e independiente es el que consigue ser feliz en su matrimonio a la larga (abundaremos en esto dentro de un momento), aunque con frecuencia, en las primeras fases de una relación, la mujer crea que es preferible que el hombre sea emocionalmente maleable.

Un hombre que acudía a mi consulta terapéutica me dijo: «Cada vez que me caso, deseo dos cosas: sexo y seguridad. Siempre obtengo mucho más de lo que esperaba». Es un comentario críptico pero indicativo de lo que muchos hombres desean del matrimonio y lo que obtienen. La frase «más de lo que esperaba» se refería a problemas relacionados con la separación madre-hijo.

Este hombre se había divorciado en tres ocasiones. Buena parte de las sesiones terapéuticas la empleé en ayudarle a comprender que cada vez que se casaba estaba sinceramente enamorado de su mujer, y sentía una necesidad de sexo y seguridad, pero que en el fondo era un hombre que carecía de una identidad masculina. Descubrimos este tema oculto cuando él me comentó que incluso cuando no se hablaba con su madre (los dos pasaban temporadas enemistados), seguía proyectando a su madre sobre las mujeres (hasta el extremo de pretender que le plancharan la ropa de determinada forma). En definitiva, convertía a todas las mujeres en su madre, y durante sus relaciones se dedicaba a reciclar la separación biológica madre-hijo: ahuyentaba a las mujeres durante unos años a fin de llevar a cabo la separación con su madre que debió haber completado durante la adolescencia.

La neurobiología masculina favorece de manera natural la búsqueda de la independencia, y la biología madre-hijo la exige, creando una constante diferencia biopsicológica entre los hombres y las mujeres con respecto a la forma de abordar la intimidad y la separación a medida que se aproxima el momento de comprometerse. Si a la biología y la psicología masculinas en general se añade la separación incompleta de la madre, la tensión entre la pareja cuando se aproxima el momento del compromiso, y durante las fases del matrimonio, puede aumentar notablemente. El hecho de que una persona se comprometa a compartir su vida con otra es de por sí algo muy estresante, por lo que el estrés añadido de la biología madre-hijo puede hacerse insoportable.

Con frecuencia es muy útil conocer esta dinámica, pues ayuda a las mujeres a comprender que un hombre no las abandona o rechaza por los defectos que puedan tener. En muchos casos, las mujeres sólo forman parte de la constante danza biológica del hombre.

Asimismo, el hecho de comprender esta danza ayuda a la mujer a evitar que el hombre se sienta «atrapado» en ella. Puede entender que él ha luchado durante años para separase de la forma de ser de su madre y ahora, cuando casi ha completado esta separación, trata de permanecer psicológicamente separado de los constantes estímulos emocionales de las mujeres. El hombre está dispuesto a trabajar duro para su futura esposa, dejar que ella le aconseje en un gran número de problemas cotidianos, que tome la mayoría de las decisiones relativas al hogar e incluso, al cabo de unos años, que le aconseje sobre el aspecto que él mismo debe presentar al mundo exterior (quizás incluso le permita que le elija la ropa). En suma, los hombres están dispuestos a conceder un enorme poder moral, familiar y social a las mujeres, pero a cambio de una cosa: que respeten su separación emocional.

Esta reivindicación masculina es formulada de forma aún más contundente cuando la separación madre-hijo no se ha completado. Tal vez durante los primeros dos años parezca que la biología madre-hijo de este hombre no incida en la relación. Pero cuando el estrés del compromiso conyugal entre en juego, este hombre quizá se distancie, manifiesta o sutilmente, y hiera a su mujer debido a su temor a dejarse absorber por ella.

¿No sería mejor para el matrimonio que los chicos no se separaran de su madre?

Al explorar la bioquímica hombre-mujer y la biología madre-hijo observamos una profunda dinámica en los compromisos hombre-mujer. A nivel neuropsicológico, el hombre tarda más en darse cuenta de que está preparado para una unión permanente con una mujer debido a que debe esforzarse en dejar atrás una unión anterior, la unión con su madre, y en desarrollar su propia identidad. A partir de ese hecho surgen varios elementos, en particular la tendencia del hombre a tratar de permanecer emocionalmente separado de su esposa en determinados momentos y de una forma que ella quizás interprete como un rechazo. En muchos aspectos la necesidad del hombre de hallar su identidad, que se manifiesta en los cambios que se producen en el vínculo madre-hijo durante la adolescencia, constituye la base del compromiso de un hombre: no sólo el cerebro del varón codificado mientras se hallaba en el útero materno le obliga a aportar una separación emocional a la danza de la relación sentimental, sino también la poderosa necesidad biológica esencial, que se concreta en la adolescencia, de la separación madre-hijo. En las relaciones contemporáneas, solíamos considerar la necesidad de la separación emocional y la independencia como elementos disfuncionales con respecto al compromiso y el matrimonio. El conocimiento de la biología masculina nos obliga cuando menos a preguntar: ¿estamos seguros de que es contraproducente hacer tanto hincapié en la independencia emocional en las relaciones como hacemos hincapié en la dependencia emocional?

Durante los últimos treinta años, las mujeres han descubierto que la independencia es beneficiosa para ellas. Mostrarse totalmente maleables en el matrimonio puede acarrear consecuencias negativas para las mujeres. Pero al tiempo que nuestra cultura hace hincapié en la independencia femenina, se pregunta si no podríamos eliminar la separación madre-hijo del desarrollo del varón. Esta cultura podría plantearse: «Puesto que la separación del varón adolescente de su madre genera una mayor independencia masculina, ¿no sería preferible para las relaciones entre personas casadas que los chicos adolescentes no se separaran de su madre?» Algunos psicólogos sostienen (sin pruebas biológicas) que los hombres que no se separan de sus madres son mejores maridos.

Durante la década de 1990, dirigí un estudio basado en la biología sobre las relaciones madre-hijo que mostró la falsedad de esta opinión. Los resultados de mis trabajos de investigación aparecen en mi libro *Mothers, Sons and Lovers: How a Man´s Relationship with His Mother Affects the Rest of His Life* [*Madres, hijos y amantes: cómo la relación con su madre incide en todos los aspectos de la vida de un hombre*].

Aunque en ocasiones el hombre que no se ha separado por completo de su madre se compromete rápidamente con su futura esposa, el hecho de que parezca «un mejor marido» suele ser un estado temporal. Es posible que durante unos años se doblegue a la visión emocional de su prometida, pero al cabo de un tiempo su falta de identidad esencial empezará a socavar el matrimonio. El hecho de sentirse «atrapado» le sobreestimula emocionalmente y o bien se vuelve contra su pareja o se inhibe emocionalmente de ella.

Todos los matrimonios llevan la carga, como un cuadro que preside una habitación, de la relación madre-hijo (y, como observaremos en breve, también la relación paralela padre-hija). Esas influencias permanecen invisibles mientras ambas partes gozan del placer de su relación sentimental y llevan a cabo sus compromisos conyugales, pero cuando comienza el matrimonio, el cuadro lo domina todo.

Uno de los grandes peligros que acechan hoy día al matrimonio es la aceptación por parte de nuestra cultura popular de ideologías masculinas/femeninas que no encajan en la biología. Somos una cultura basada en el amor romántico, y creemos a pies juntillas en la perfección de la intimidad y la compenetración. Cualquier tipo de intimidad es considerada una panacea. Es lógico que los psicólogos, que no exploran las ciencias biológicas, digan: «El hombre que no se separa por completo de la psicobiología de su madre trata mejor a las mujeres, es más sensible a sus biorritmos, necesidades y deseos. Lo que es más importante, está más capacitado para satisfacer el deseo de la mujer de que el hombre comparta el yo íntimo de ella y, en consecuencia, cree un amor romántico permanente».

Esta teoría suena muy bien, pero no sólo no está confirmada por la ciencia, sino que la naturaleza humana la desmiente. Sería más exacto decir que los hombres que no completan la separación biopsicológica de la madre suelen ser malos maridos. Como pueden atestiguar muchas mujeres casadas con este tipo de hombres, el permanente vínculo psicológico del hombre con su madre (o, si ésta ha muerto, con su recuerdo) puede llegar a destruir un matrimonio. Él no puede aportar al matrimonio una identidad independiente. Al cabo de unos años de matrimonio, la mujer empieza a darse cuenta de que mantiene una pugna psicológica insostenible con la madre de su marido.

Durante mis trabajos de investigación para *Mothers, Sons and Lovers*, comprobé que en casi todas las parejas existía cierto grado de vinculación entre un hijo adulto y una madre anciana (o difunta). En el caso de las parejas en que el hombre mostraba una exagerada vinculación con su madre, ello era, para muchos, causa de divorcio. Como era previsible, muchas mujeres me dijeron: «Ojalá hubiera sabido antes de decir "sí, quiero" hasta qué punto la relación de mi marido con su madre iba a afectar a nuestra vida conyugal».

Por desgracia, la vinculación y la separación incompleta de madres e hijos no sólo no se disipa sino que aumenta en nuestra cultura, y cabe suponer que la mayoría de nuestras hijas se encontrarán con este problema en sus matrimonios, a menos que volvamos a asumir los saludables ritos masculinos de iniciación, orientación por parte de un mentor y, especialmente, el papel del padre en la vida de los varones adolescentes. Un padre afectuoso constituye la ayuda más eficaz para la separación del varón de su madre y el buen desarrollo de la identidad masculina esencial.

Este padre es también un elemento clave para comprender lo que la mujer aporta a la danza biopsicológica del noviazgo y el compromiso conyugal.

El papel de la mujer en la danza madre-hijo del hombre

Cuando una mujer comprende cómo funciona la biología madre-hijo, a menudo decide averiguar qué papel tiene ella, como mujer, en ese baile. Asimismo, decide sabiamente enfrentarse a sus problemas biopsicológicos en la danza del cortejo y el compromiso.

La mujer ha seleccionado a este hombre durante la fase romántica con todo su bagaje biopsicológico. Se dispone a comprometerse a compartir toda su vida con él. ¿Qué bagaje aporta ella a este compromiso?

Mientras en el hombre se verifica la separación biológica madre-hijo, lo que desde el punto de vista psicológico le hace más resistente a sentirse «atrapado» en la mujer, con frecuencia observamos que la mujer a quien ama experimenta un sentimiento prácticamente opuesto: teme el rechazo. Su biología ha estado siempre dolorosamente separada de la de su padre y es biopsicológicamente tan sensible al rechazo como lo es el hombre a sentirse «atrapado».

Algunos hombres acuden a la cena a la luz de las velas y a las pruebas de compromiso con el temor a verse atrapados, pero el principal temor de la mujer de sentirse rechazada debido a la independencia y la distancia del hombre no es menos fuerte. Una mujer está biológicamente predispuesta a constantes estímulos de intimidad. En muchos casos, la personalidad y la masculinidad de su padre no se centra en una estimulación verbal emocional; por lo demás, su padre no ha estado por fuerza tan presente en su vida como ella hubiera deseado. Es posible que la mujer establezca ahora una relación con un hombre cuyo evidente deseo de no renunciar a su independencia desencadene sus sistemas naturales, fomentados por la familia, del temor de ser rechazada por los hombres. La profunda diferencia entre su cerebro en desarrollo y su biología hormonal y la de su padre crea una sensación natural de «distancia» entre padres e hijas (lo cual no significa que no se adoren), que puede resultar traumático si el padre ha rechazado o no ha estado lo suficientemente presente en la vida de su hija. Es un sentimiento inconsciente, pero que ocupa un lugar preponderante durante el proceso de la mujer de comprometerse con un hombre.

Es posible que su novio le diga: «Perdona, olvidé llamarte» o: «Vale, te dije que haría esa gestión para ti, pero he estado muy ocupado», o bien: «Déjame tranquilo, me agobias». Estos comentarios, que pueden deberse a la natural independencia del hombre o a problemas relativos a la vinculación con su madre, pueden hacer que una mujer se sienta rechazada. A veces puede ser en efecto un rechazo, y los sentimientos de la mujer constituyen una excelente guía en su proceso de selección: tal vez ese hombre no sea el marido adecuada para ella. Pero en otras ocasiones es posible que la mujer reaccione exageradamente a la independencia del hombre debido a la biología padre-hija.

El hombre aporta a su relación y sus compromisos la tendencia biológica a la independencia, y la mujer aporta la tendencia biológica a una unión íntima con él. En una relación saludable, buscamos una mezcla equilibrada de esas tendencias, pero es prácticamente imposible alcanzar ese equilibrio a menos que comprendamos lo que hacemos. Es del todo imposible alcanzarlo si la intimidad padre-hija y la separación madre-hijo no se han completado. Si no comprendemos estos problemas biopsicológicos, lo más probable es que establezcamos unos compromisos maritales que posteriormente se disolverán (a veces incluso antes de llegar al altar).

Pistas sobre los problemas de la separación madre-hijo

Al abordar la biología del compromiso desde el punto de vista de la bioquímica y la biopsicología, hemos explorado los problemas que se ocultan en los compromisos conyugales hombre-mujer. Podemos profundizar aún más en la biología madre-hijo y convertirnos en «detectives biológicos».

Existen tres importantes pistas que indican si un hombre ha completado o no la separación con su madre. Al exponer estas pistas, no pretendo exagerar la relación madre-hijo como causa, pues existen muchos factores que hay que tener en cuenta. No obstante, si una mujer es capaz de identificar esos rasgos en un hombre durante los meses (o años) en que la relación avanza hacia el compromiso conyugal, la dinámica madre-hijo es un buen punto para iniciar ese viaje de conocimiento, un viaje que, si se realiza durante el noviazgo, puede ahorrar mucho dolor al matrimonio.

1. El hombre carece de carácter y se afana en amoldarse a lo que cree que su amante o novia desea.

2. El hombre es obsesivamente dominante y concede a la mujer escaso poder.

3. El hombre, aunque está enamorado de su novia, va de mujer en mujer, tratando de conseguir algo —amor, afecto, poder— que al parecer nunca obtiene.

Si un hombre muestra estas características y la mujer aún se muestra totalmente entregada a él sin que la pareja haga nada para resolver esos problemas, cabe decir sin temor a equivocarnos que el temor esencial del hombre a sentirse atrapado y el temor esencial de la mujer a sentirse rechazada son demasiado activos en esta relación y es preciso resolverlos. Un compromiso maduro requiere que el hombre comprenda su temor a sentirse atrapado y la mujer su temor a la independencia masculina, a fin de forjar una relación que no se base en esos temores esenciales.

¿SON LOS HOMBRES LOS ÚNICOS QUE TEMEN COMPROMETERSE?

Al explorar la biología del compromiso, hemos examinado la biopsicología oculta de la dinámica hombre-mujer durante las primeras fases del amor (los primeros años de una relación). Conviene ampliar la palabra «compromiso» para que abarque las fases posteriores del amor y tomar nota de que con frecuencia los hombres y las mujeres rompen los compromisos que hacen: los hombres dejan a las mujeres al cabo de unos años de matrimonio y las mujeres dejan a los hombres. Lo que quizá sorprenda a muchas personas es que aunque ellos se resisten más que ellas a lanzarse a un compromiso a largo plazo durante las primeras fases de una relación sentimental, las mujeres, según las estadísticas, se resisten más que los hombres a mantener un compromiso a largo plazo.

Nuestra sociedad contemporánea, en la que los dictados sociales sobre el matrimonio y el divorcio prácticamente han desaparecido, constituye una especie de laboratorio. Las mujeres y los hombres gozan de una libertad para «ser ellos mismos» que jamás habían tenido. Al verlos desenvolverse en esta nueva libertad, observamos ciertas tendencias biológicas. Una de ellas es la tendencia masculina a resistirse el máximo de tiempo a completar su vínculo socio-romántico con las mujeres. A menos que se les obligue —a punta de pistola, por obligación o por un matrimonio concertado— a casarse en una determinada fecha, los hombres tienden biológicamente a posponerla más que las mujeres. A medida que las mujeres se hacen más promiscuas, los hombres no necesitan casarse para practicar el sexo.

Debido a sus niveles de oxitocina y demás elementos biológicos que propician el establecimiento de vínculos afectivos, incluido el reloj biológico de tener hijos, las mujeres tienden a buscar más asidua y rápidamente un compromiso en hombres con los que puedan casarse. Cuando los matrimonios no están concertados o deben celebrarse obligatoriamente, las mujeres se sienten frustradas por la tendencia del hombre a retrasarlo, a veces sin darse cuenta de que su generosidad sexual ha contribuido a ese retraso. Por otra parte, muchas mujeres no se percatan de que debido a la mayor independencia económica de la mujer contemporánea, así como a los sistemas de asistencia social para madres solteras, son las mujeres, no los hombres, quienes estadísticamente renuncian con más frecuencia al vínculo conyugal una vez que nacen los hijos y están creciendo. Durante esos años, los hombres tienden a sentirse más satisfechos dentro del marco conyugal, aún desean el contacto sexual con su pareja y otras seguridades emocionales, quieren tener éxito en su carrera y criar a los hijos y disminuyen sus expectativas emocionales. Ellas, por el contrario, tienden a aferrarse a sus elevadas expectativas emocionales durante más tiempo que los hombres. Un hombre quizá piense: «He derrotado a los demonios que me impedían comprometerme y he decidido ser un marido, por lo que debo afanarme en construir una vida junto a mi familia». Una mujer quizá diga a sus amigas: «Vale, he conseguido que mi pareja se case conmigo, ¿pero qué ha sido de la intimidad de la que gozábamos? Eso es lo que deseo».

La mayoría de divorcios son promovidos por mujeres. Aunque para muchas lo importante para el futuro del matrimonio es conseguir que los hombres se comprometan a casarse durante la fase del cortejo y el noviazgo, desde el punto de vista masculino a las mujeres les cuesta más permanecer comprometidas con un hombre una vez celebrado el matrimonio.

Nuestra cultura trata de adaptarse a esta situación, en la que a menudo los hombres se sienten dejados de lado. En el grupo de orientación psicológica de Spokane había dos psicoterapeutas que expresaron, aunque de distinta forma, una tesis universalmente reconocida por la comunidad psicoterapeuta. Según dijo Pan Brown: «Si me llama el marido para acudir con su esposa a mi consulta, sé que el matrimonio ha terminado. La mujer ha decidido romper el compromiso. Sé que cuando conozca a esa pareja, averiguaré que él cree haber sido un buen marido, pero que ella no lo cree. El matrimonio sólo puede salvarse si es la mujer la que llama para concertar una cita. Su llamada significa que aún no ha decidido irse».

Por supuesto, Pam estaba generalizando. Pero su comentario refleja los temores que siente un psicoterapeuta y la confusión que experimentan los hombres. Cuando me llaman los maridos, por lo general es un desesperado intento de mantener a flote un matrimonio que ya ha naufragado. Prácticamente en todos los casos, el hombre que llama es la mayoría de las veces una buena persona que se siente confundido por sus circunstancias.

Al indicar que estadísticamente los hombres se resisten más que las mujeres a comprometerse durante los primeros años de una relación y que las mujeres suelen romper con más frecuencia que los hombres ese compromiso durante las fases posteriores del mismo, estoy generalizando para pedir a los hombres y a las mujeres que enfoquen el compromiso de forma distinta a como lo han hecho hasta ahora. Solíamos considerar la inicial resistencia al matrimonio (por lo general entre los hombres) como un problema relacionado con el compromiso. Pero lo cierto es que el compromiso conyugal se halla hoy en día sometido a grandes tensiones a causa de ambos sexos.

LOS CEREBROS-PUENTE

Sue, cincuenta y dos años, casada desde hace diez, cardióloga con tres hijos crecidos, explicó: «Desde el día en que nos conocimos, mi marido me ha tratado como a una reina. Nunca fue empalagoso. Él lo único que quería era estar conmigo. Hablábamos mucho, a veces hasta altas horas de la noche. Mi marido sabía escucharme. Era él quien deseaba casarse enseguida. Yo me resistía. Había estado casada antes y no me gustaban las restricciones del matrimonio. Había recuperado mi libertad y no quería perderla. Pero Bill logró hacerme cambiar de parecer. Tener a Bill es como tener una esposa. Aunque es un hombre de arriba abajo».

Durante el noviazgo y las pruebas de compromiso, con frecuencia una mujer piensa que ha decidido casarse con un cerebro-puente. Como hemos indicado en el capítulo anterior, la biología del amor hace que el cerebro adulto sea más flexible, adaptable y maleable, de modo que todos parecemos cerebros-puente.

¿Pero se ha comprometido usted con un cerebro-puente? Es probable que una mujer no averigüe la respuesta exacta a esta pregunta hasta que hayan transcurrido unos años de matrimonio. Si al cabo de diez años tiene la experiencia que ha tenido Sue, es muy posible que conviva con un hombre cerebro-puente.

Claire habló sobre su marido en estos términos: «Sé que mi marido está entregado a mí. Lo demuestra haciéndome regalos importantes. Por ejemplo, se pasa meses planificando e informándose sobre el tipo de coche que desea regalarme. Me compra la tarjeta más grande que encuentra para mi cumpleaños. Dedica mucho tiempo a elegir las palabras que escribe en ella. Pero al final siempre se decide por la más grande. Cuanto más grande sea la tarjeta, mejor. Sé que me quiere, y posee unas maravillosas cualidades "femeninas", pero no creo que sea un cerebro-puente».

La intuición de Claire es correcta. En ese tipo de sutilezas podemos ver quién es un cerebro-puente y quién no lo es.

El ámbito biopsicológico en el que el hombre cerebro-puente y los demás hombres muestran escasa diferencia durante el compromiso marital es el de la biología madre-hijo. Según sea la personalidad de la madre y el viaje de separación del hijo, cualquier hombre puede tener problemas de separación madre-hijo, tanto si es un cerebro-puente como si no.

Pero no es menos cierto que un hombre cerebro-puente no tiene que alejarse tanto de su madre, en el sentido biopsicológico, como un hombre que posee elevados niveles de testosterona. Debido a que la neurobiología del cerebro-puente es más semejante a la femenina que la de un varón con elevados índices de testosterona, el cerebro-puente no tiene que llevar a cabo una ruptura tan radical de la biología de su madre para hallar la suya propia.

PRACTICAR LA SEPARACIÓN ÍNTIMA

La decisión de compartir o no la vida con un hombre es una de las cuestiones más profundamente importantes con las que una mujer debe enfrentarse. No deja de ser asombroso, dadas nuestras diferencias, que los hombres y las mujeres decidamos compartir nuestras vidas. Sobre todo hoy en día, cuando muchas estructuras sociales se hallan en transición y los hombres y las mujeres se enfrentan más que nunca al momento del noviazgo y el compromiso con la sensación de estar prácticamente solos. Frente al compañero o compañera en ciernes —cuya mente y corazón funcionan de forma muy distinta de la nuestra—, a menudo no sabemos cómo dar el salto hacia las frases «sé que te amo» y «deseo compartir mi vida contigo».

La práctica de la separación íntima puede constituir una ayuda. Puede ayudarnos a resolver los temas del deseo sexual, el enamoramiento y el amor mientras decidimos con quién deseamos compartir el resto de nuestra vida.

Qué buscar en un hombre

Aunque nadie puede afirmar qué es lo que una mujer debe buscar en su futuro marido, existen ciertas pistas ocultas en la biología masculina que propician un matrimonio saludable. La misma naturaleza masculina contiene un patrón con las características que convienen en un hombre. Esas «características convenientes», en especial si usted y el hombre son jóvenes, quizás existan sólo en potencia. Pero si usted observa esos rasgos en un hombre, aunque sean potenciales, es probable que esté practicando la separación íntima mientras trata de decidir si le conviene compartir su vida con él.

Expondré estas características a modo de preguntas que usted puede hacerse a fin de averiguar si ese hombre, cuando el amor romántico se haya disipado, será un buen marido.

1. ¿Es un hombre íntegro? ¿Es fundamentalmente honesto y franco en sus relaciones emocionales?

2. ¿Es capaz de controlar sus emociones cuando se desbordan? Es decir, ¿posee la capacidad de centrarse cuando se halla bajo un fuerte estrés? ¿De sosegarse? ¿De no perder los nervios?

3. ¿Vive con dinamismo y experimenta alegría?

4. ¿Se siente cómodo con el hecho de ser hombre?

5. ¿Posee un carácter bondadoso y firme?

6. ¿Es capaz no sólo de ver las cualidades de los demás, sino también sus puntos débiles? Lo que es más importante, ¿es capaz, en términos generales, de juzgar ambas cosas con ecuanimidad?

7. Todos sentimos en ocasiones envidia y celos, ¿pero es capaz ese hombre de recuperar la seguridad en sí mismo cuando le acometen esas emociones?

Cuando respondamos a estas preguntas, debemos tratar de hacerlo afirmativa o negativamente en los términos más amplios que sea posible. Por ejemplo, si usted define la integridad de forma muy limitada («la integridad significa que mi marido no debe mirar jamás a otra mujer»), es posible que el análisis basado en la naturaleza y la separación íntima no estén indicados en su caso y este cuestionario no le sea útil. Pero si consigue crear en su imaginación un amplio espectro para las respuestas a estas preguntas, aplicará un análisis «basado en la naturaleza» a su compañero en ciernes.

Estas siete características se hallan en el patrón masculino. El cerebro y las hormonas masculinas se enfrentan constantemente a la vida como un desafío entre dos extremos. La naturaleza masculina se afana al mismo tiempo en ser agresiva y tierna, enérgica y amable, honesta, valerosa, adaptable. A medida que responda al cuestionario reseñado más arriba, se formulará otras preguntas sobre el carácter del hombre. En gran medida, su naturaleza se refleja en su carácter. El psicólogo James Hillman denomina a nuestro carácter «el código del alma». Con esta frase indica que nuestra naturaleza se refleja en nuestro carácter. El fundamento básico del carácter de una persona es su capacidad de mostrar compasión. Cuando aplicamos un análisis basado en la naturaleza, confiamos en asomarnos al carácter del hombre, su capacidad natural de mostrar compasión. Es preciso que se asome a su carácter antes de casarse con él.

Cuando elegimos a determinados hombres para amarlos y casarnos con ellos, conviene que lo hagamos teniendo en cuenta en primer lugar el carácter y luego su capacidad emocional para atender nuestras necesidades. ¿Muestra ese hombre compasión en sus actos? Se trata de un punto fundamental en las demás preguntas. Es posible que ese hombre no sea capaz (por más que trate de engañarnos durante las fases del enamoramiento y el cortejo) de mostrar compasión por nuestras necesidades emocionales o expresarse emocionalmente cuando le pidamos que lo haga. No obstante, si muestra una gran firmeza de carácter, es probable que una mujer acierte al decidir compartir su vida con él.

Ciertos rasgos sobre los que no debe preocuparse

Aunque las características reseñadas más arriba constituyen una buena indicación sobre lo que debe buscar en un hombre, las mujeres que practican la separación íntima durante la fase del cortejo y el noviazgo suelen tener muy en cuenta ciertos rasgos. Son detalles que pueden parecer importantes durante los primeros años de una relación —detalles que a veces hacen que una mujer no se decida a comprometerse con un hombre—, pero que no son defectos graves.

- Algunos hombres se muestran muy testarudos, sobre todo durante el noviazgo. A veces se ponen a perorar sobre temas morales, a lo que es preferible responder con el silencio o con pocas palabras. Durante la fase del cortejo, los hombres a menudo mantienen determinada postura para demostrar su estatus («yo tengo razón»). Las más de las veces no se trata de ataques contra nadie, aunque el hombre emplee un lenguaje agresivo. Es importante que la familia, la sociedad e incluso la pareja traten de convencer a los hombres y las mujeres de que no empleen un lenguaje agresivo, pero a veces el orgullo y la pasión de un hombre no constituyen defectos, sino virtudes.

- Con frecuencia durante la fase del cortejo (y a lo largo de toda la vida) los hombres se lanzan a debates morales con el fin de relacionarse con las personas que aman. Aunque durante esas discusiones el hombre emplee un lenguaje muy agresivo, conviene tener presente que en ocasiones discute de forma agresiva para reforzar los vínculos afectivos con su pareja, para demostrar su valía, para poner a prueba sus dotes y para explorar verbalmente lo que quizá no pueda expresar en silencio. Rara vez discute con su futura compañera para lastimarla o llevarle la contraria. Es posible que discuta para demostrar que domina a la mujer, pero no suele juzgarla por su capacidad de hacerle cambiar de parecer o demostrar que ella tiene razón.

Dicho esto, es también esencial que las mujeres (y todos los amigos de un hombre) desempeñen el papel de espejo del carácter o la «naturaleza» de éste durante la fase del cortejo. Por lo general, los hombres no piensan antes de actuar. A menudo no prevén las consecuencias. En muchos casos no son conscientes de su propio poder y necesitan que las personas que les respetan y les quieren les digan: «Aunque no te hayas dado cuenta, eso que has dicho me ha herido...», o: «Aunque no te hayas dado cuenta, eso que has dicho ha herido a tu amigo...» Si se le hace ver que sus defectos pueden herir a los demás, en lugar de censurarle su carácter o humillarlo, por lo general el hombre trata de corregirse. Si durante el cortejo una mujer descubre un método eficaz para ser el espejo del carácter de su novio, pero él nunca le deja desempeñar ese papel, es posible que no sea el marido adecuado. Pero si, al menos de vez en cuando, el hombre dice: «Tienes razón, debo disculparme», significa que posee la capacidad de hacer algo que más tarde será muy beneficioso: reaccionar de forma saludable a la crítica constructiva.

- Cuando está claro que un joven se niega a cambiar de postura hasta que reconozcamos que «tiene razón», cuando es evidente que no desistirá hasta que le hagamos creer que ha ganado, podemos pensar que es inmaduro o que posee un serio defecto. O quizá se trate simplemente de un hombre inseguro de sí mismo.

- Los hombres y las mujeres que deciden compartir sus vidas, pero tienen valores esenciales muy distintos, no suelen permanecer casados mucho tiempo. Nuestros principios morales —que reflejan nuestro carácter, nuestra personalidad y nuestra naturaleza en tanto que individuos— deben estar en sintonía con los de nuestro compañero o compañera en ciernes.

No obstante, debido a las diferencias de criterio moral entre los hombres y las mujeres, como observamos en el capítulo 2, ellas procuran calibrar durante el noviazgo los valores primordiales de la pareja —para comprobar si están en sintonía— y conceden a los valores secundarios menor importancia. Una mujer vino a verme a mi consulta porque le disgustaba que su flamante marido, el padrastro de su hijo, fuera cazador y quisiera enseñar al chico a manejar escopetas y cazar animales. La mujer deseaba proteger a su hijo de las escopetas y del afán de matar. Pero a través de la caza ese chico (cuyo padre biológico lamentablemente se había distanciado de él) logró establecer profundos vínculos afectivos con su padrastro.

Esta madre había convertido la afición de su marido, la caza, que en rigor pertenecía al ámbito de los valores secundarios en el matrimonio, en un valor primordial. Su marido y ella se amaban y compartían los valores primordiales: la importancia de asistir a la iglesia, la lealtad y el amor por los hijos. La caza era algo secundario. Yo la ayudé a devolverle su condición de valor secundario, que ella aprendió a aceptar en bien de su matrimonio. Al final, la mujer comprendió que era una de las cosas que le habían preocupado durante el noviazgo, pero al darse cuenta de que no constituía la base de su matrimonio, se sintió liberada y el matrimonio sufrió menos tensiones.

- La práctica de perdonar es un buen indicio sobre si ese hombre será un buen marido. ¿Es usted capaz de perdonarle? ¿Sabe él cómo perdonarla a usted?

  Muchos hombres buenos cometen fallos durante los primeros años de cortejo y noviazgo. Es imprescindible que basemos nuestras relaciones con los hombres en el perdón, al igual que es imprescindible que los hombres perdonen a las mujeres. Debemos aceptar que un buen hombre cometa una torpeza. Debemos darle una segunda oportunidad. Debemos asegurarnos de que este hombre nos la dé también a nosotros. A menudo las mujeres proyectan su perfeccionismo sobre los hombres (y a la inversa); esa proyección destruye el amor e impide una clara valoración sobre las aptitudes de un hombre como marido.

- En muchos aspectos, las mujeres son más flexibles que los hombres. Mantener esa flexibilidad puede contribuir de manera decisiva a una relación saludable, en especial en una relación con un hombre situado en el extremo de las fidelidades a sistemas abstractos para demostrar su valía, tal vez a una Iglesia, al ejército o a un sistema que aprendió de su padre o su madre. La esposa de un coronel del ejército me confesó durante una de mis conferencias: «Si yo no hubiera sido flexible, nuestro matrimonio habría fracasado. Mi marido no tiene un ápice de flexibilidad». Durante la fase del cortejo, mientras la mujer trataba de decidirse en darle el «sí», la falta de flexibilidad de ese hombre le disgustaba; pero al cabo de veintidós años de matrimonio, había comprendido que su marido tenía otras cualidades y sabía amar, aunque lo hiciera desde una postura rígida.

- La fase de cortejo es un buen momento para averiguar cómo reacciona un hombre que se siente acorralado emocionalmente. Al tratar con un hombre durante esa época, no le sorprenda si, al darle un ultimátum, él opta por la independencia personal o un código moral en lugar de la compenetración emocional.

- Los hombres buscan constantemente la oportunidad de sacrificarse por otros o por una causa noble. ¿Posee su pareja esa cualidad? Conviene que se haga esa pregunta, en especial antes de formar una familia. Cuando la separación íntima funciona, los hombres y las mujeres se valoran en la misma medida. En general, los hombres hoy en día se esfuerzan por aprender a valorar más a las mujeres por las muchas cosas que configuran su carácter y su bondad, y las mujeres se esfuerzan en aprender a valorar más a los hombres por las cosas que hacen con el fin de demostrar su valía personal.

Las mujeres desean oír decir a los hombres: «Gracias por todo lo que haces. Te valoro muchísimo». Ellas desean que ellos les digan eso no sólo con palabras, sino con detalles románticos como flores, cenas, bonitas joyas y gestos amables.

Los hombres desean oír decir a las mujeres: «Gracias por todo lo que haces. Te valoro muchísimo». Ellos desean que ellas se lo expresen no sólo con palabras, sino tratándolos con respeto por su particular forma de «hacer» y «valorar» las cosas.

Durante la fase del cortejo, las mujeres se sienten profundamente gratificadas cuando practican una separación íntima que indica al hombre: «Te amo lo suficiente para permitir que te desarrolles libremente». Al igual que con frecuencia las madres que crían a hijos varones temen ver agresividad y separación en los ojos de ellos —agresividad y separación que ellas, como madres, no pueden comprender ni modificar—, las mujeres también sienten a menudo temor al ver la diferencia de ellas mismas reflejada en los ojos de su novio o amigo.

Pero si en esa independencia reside un carácter bondadoso y unas cualidades potenciales, la mujer accederá a una de las fuerzas más poderosas de la Tierra: un buen hombre dispuesto a compartir su vida con ella. Cuando los hombres deciden casarse con una mujer, en muchos casos no consideran el matrimonio básicamente un sistema emocional, sino parte integrante de su desarrollo personal y moral. Esto forma parte de su naturaleza. Tal como viene ocurriendo con todas las generaciones, las mujeres que aspiran a que un hombre se case con ellas deben averiguar qué grado de «masculinidad» están dispuestas a soportar durante las siguientes décadas de su vida. Por lo general, si prestáramos tanta o más atención al carácter como a la compenetración emocional, un matrimonio tendría más probabilidades no sólo de consumarse en el altar, en el dormitorio y al nacer los hijos, sino de durar mucho tiempo.

La mujer que se esfuerza sinceramente en comprender la naturaleza masculina y practica la separación íntima durante la fase del cortejo, es más probable que seleccione a un compañero para toda la vida. No está garantizado, pues nadie puede predecir el futuro. Pero si la mujer practica la separación íntima durante esa época, y deja a un lado las proyecciones románticas para calibrar las cosas esenciales que un hombre aporta al matrimonio —qué lugar ocupa en el espectro de la bioquímica, qué ocurrió en su familia de origen con respecto a su biología madre-hijo y en sus relaciones con su padre, cuáles son sus rasgos genéticos y su carácter personal— seguramente estará mejor preparada para avanzar hacia las siguientes fases de la relación y llegar al matrimonio. Sabrá si el hombre es sincero cuando pasa de decir «Creo que te amo» a «Sé que te amo». Se habrá comprometido con el hombre que la corteja, no con un hombre idealizado. Es de esperar que el hombre se haya comprometido con la mujer que corteja y con la que convivirá posteriormente, no con una mujer idealizada.

Estos cimientos son especialmente necesarios cuando comprendemos que la biología del matrimonio no ha hecho más que comenzar durante las fases del cortejo y el noviazgo. El matrimonio es un proceso biológico compuesto por varias fases. Es una parte de la naturaleza humana que conviene abordar durante las primeras fases del cortejo y el noviazgo con los ojos y el corazón centrados en lo que es natural en los hombres y las mujeres.

6

Sé que te amo: los hombres y la biología del matrimonio

«El alma, para conocerse, debe mirar constantemente con amor a otra alma.»

Antiguo proverbio griego

Con frecuencia el matrimonio puede gozarse a través del sentido del humor. Durante un reciente seminario se produjo la siguiente conversación, que comenzó de forma divertida y llegó al corazón del matrimonio:

—¿Qué debe hacer un hombre para que su matrimonio dure? —me preguntó un joven en edad de ir a la universidad.

—Es muy fácil —respondí—, casarse con una mujer razonable y hacer todo lo que ella le diga.

El público prorrumpió en carcajadas, pero el joven, un muchacho muy serio, me miró perplejo. ¿Era posible que Michael Gurian, un hombre de mediana edad, hablara en serio? No tuve que añadir nada porque en aquel preciso momento un hombre de cuarenta y tantos años inquirió:

—¿Dónde diantres vamos a encontrar a una mujer razonable? —Su pregunta desencadenó otro coro de carcajadas.

Una mujer de unos cincuenta años se levantó y dijo:

—No se rían de la idea de que un hombre haga lo que le diga su mujer. Si los hombres no hacen caso a sus mujeres, con los tiempos que corren, el matrimonio puede irse a pique.

Lo cierto, según apuntó esta mujer, es que los trabajos de investigación de John Gottman, de la Universidad de Washington, que ha llevado a cabo durante veinticinco años, han demostrado que, si los hombres no dejan que sus mujeres asuman el control en numerosos ámbitos conyugales, es probable que el matrimonio acabe en divorcio.

Cuando esta mujer nos contó más cosas sobre ella, averiguamos que era consejera matrimonial y había trabajado durante veinte años con parejas que se enfrentaban a serios problemas conyugales. No pretendía simplificar el matrimonio, pero deseaba corroborar nuestros estudios sobre lo que era natural en el matrimonio.

—Si queremos que ambos cónyuges tengan un estatus equiparable, debemos tratar de comprender a nuestro compañero o compañera —explicó la mujer, que según averigüé más tarde se llamaba Joan Amstadter—. De lo contrario, ¿cómo vamos a mantener unas expectativas razonables los unos de los otros?

En el seminario participaban doscientas ocho personas, cuarenta y cinco hombres y ciento sesenta mujeres. Para abundar en el punto de vista de Joan, pedí a las mujeres que guardaran silencio durante unos momentos mientras yo interrogaba a los hombres, cuyas edades oscilaban entre universitarios y jubilados. Empecé formulando a los hombres que llevaban más de cinco años casados esta pregunta: «¿Cuántos de ustedes, suponiendo (1) que se sientan comprendidos por sus mujeres y (2) que piensen que las expectativas que tienen sus mujeres de ustedes son razonables, estarían dispuestos a dejar que ellas manden en la mayoría de los asuntos cotidianos?» Como era de esperar, la gran mayoría de hombres alzó la mano (calculé que había entre cuarenta y cuarenta y cinco manos levantadas).

—Pero a condición de que sus esposas les comprendan y respeten, ¿no es así? —pregunté.

—Eso debe ser una de sus primeras prioridades —contestó un hombre.

Otro, de unos cuarenta años, añadió:

—Los hombres estamos dispuestos a ceder el poder a nuestras mujeres en el matrimonio siempre que sean razonables.

—¿Por qué? —pregunté.

—Bien —respondió el hombre—, hablo por mí mismo. No me avergüenza confesar que necesito una compañera que me ayude a resolver los problemas que se planteen en mi vida. Necesito a alguien que me apoye. Necesito una esposa y una compañera del alma. Estoy dispuesto a hacer lo que sea por ella siempre y cuando me respete. Estoy dispuesto a dejar que ella me guíe. Pero tiene que respetarme.

Intervino otro hombre, también de unos cuarenta años:

—Llevo dieciocho años casado. Durante los primeros años, mi mujer y yo nos peleábamos continuamente. Luego nacieron los hijos y tuvimos que repartirnos el control de ciertos ámbitos domésticos. Si no lo haces, estás perdido. Tengo muchos amigos divorciados, y quien más quien menos me asegura que su matrimonio fracasó porque su mujer quería convertirlo en otra persona.

Un hombre de edad avanzada comentó:

—Me llevó diez años caer en la cuenta de que quien mandaba en mi matrimonio era mi mujer. Ella tardó unos dos años en comprender lo que podía esperar razonablemente de mí.

—¿Cuánto tiempo lleva casado? —pregunté.

—Cuarenta y seis años —respondió el hombre.

Tras invitar a las mujeres a que participaran de nuevo en la conversación, comprobé que muchas llevaban casadas más de cinco años. Concretamente más de la mitad. Les pregunté:

—Teniendo en cuenta lo que hemos aprendido sobre el cerebro masculino durante los dos últimos días, ¿cuántas de ustedes dirían que sus expectativas sobre sus maridos son hoy por hoy razonables?

Sólo se alzaron unas veinte manos. Una mujer explicó:

—Antes de venir aquí e informarme sobre el cerebro masculino, creía ser razonable, pero ahora veo que no lo era.

Otra mujer dijo:

—Algunas de las cosas que he aprendido aquí son deprimentes. Es deprimente tener que cambiar, de nuevo, mis criterios sobre lo que creía que funcionaría en el matrimonio. Tengo cincuenta y dos años. Lo he intentado todo para salvar mis matrimonios. Sobre todo, he intentado cambiar a mis maridos. Ahora lo comprendo. Es deprimente tener que cambiar yo misma.

—Usted misma no —la corrigió una mujer sentada junto a ella—, sino sus expectativas. Tiene que ser razonable. No tiene que cambiar usted, sino lo que espera. Hay una gran diferencia.

—¿Pero en qué consisten unas expectativas razonables de un marido? —preguntó otra mujer—. Cada hombre es distinto.

En éstas intervino un hombre.

—Si eso es lo que piensan, señoras —dijo—, están muy equivocadas. Los hombres somos menos complicados de lo que imaginan.

Esto suscitó risas entre los asistentes.

Más adelante, durante nuestro debate ese día invité a los hombres a expresar su opinión y a las mujeres a escuchar. Ellas oyeron a los hombres referirse a los esfuerzos que hacían para amar y depender de mujeres que esperaban que fueran distintos a como eran. Los hombres hablaron sobre mujeres que sólo les trataban con respeto los primeros meses, después de lo cual «mostraban su auténtico carácter». También se refirieron a mujeres que creían comprender inherentemente a los hombres, como si los hombres fueran niños grandes.

Entonces pedí a las mujeres que compartieran sus experiencias con nosotros. Los hombres escucharon mientras algunas mujeres evocaban su propia odisea de promesas rotas. Cada una de esas mujeres recordaba la constante confusión provocada por el hecho de dar mucho y recibir muy poco a cambio. Cada mujer recordaba la norma de sus antepasados —seguir al hombre a toda costa— y sabía que era una norma absurda y superficial, no una verdad profunda del matrimonio. Las mujeres hablaron sobre su deseo de instruir a los hombres sobre cómo eran ellas, lo que necesitaban y lo que ambicionaban; y recordaron que muchos hombres se habían negado a prestarles atención y, al parecer, no lo harían nunca.

A medida que nuestro debate se acercaba a su conclusión, la palabra «confianza» fue pronunciada reiteradamente por hombres y mujeres. Una mujer dijo:

—Creo que los hombres y las mujeres han dejado de confiar entre ellos.

Todos nosotros sabemos que el amor no puede durar a menos que dos personas entregadas una a otra transformen el vínculo del amor romántico en un vínculo maduro basado en la confianza conyugal. Todos sabemos que tanto los hombres como las mujeres desean gozar de un matrimonio razonable. Sabemos que hoy en día comprender en qué consiste un matrimonio razonable es aún más importante que en el pasado, puesto que entonces las parejas tenían que permanecer casadas tanto si confiaban emocionalmente en su cónyuge como si no, por imperativos de una confianza social obligatoria. Pero hoy en día los matrimonios no pueden durar a menos que exista una profunda confianza entre los cónyuges, y cuando esa confianza no existe el divorcio es prácticamente inevitable.

EL DIVORCIO HUMANO

Recuerdo con toda claridad el momento en que se me ocurrió la posibilidad de que Gail y yo nos divorciáramos. Estábamos sentados en el coche, una noche de 1989. Nuestros mejores amigos nos habían comunicado que iban a divorciarse. Nosotros no habíamos previsto que eso pudiera ocurrir, y nos pareció increíble. Grant y Kathy parecían llevarse muy bien. Cuando nos disponíamos a marcharnos después de pasar la velada con nuestros amigos, Kathy contó a Gail lo del divorcio, y Gail me lo contó a mí. Hablé con Grant y me lo confirmó.

—No terminéis como Grant y yo —dijo Kathy—. Durante un tiempo fuimos felices, pero luego el matrimonio se vino abajo.

Cuando partimos en el coche, Gail me dijo que había pedido a Kathy que le diera más detalles. Según le había dicho ella, Grant se había alejado paulatinamente de ella. Hasta que ya no quedaba nada entre ellos.

Habían estado casados diez años y tenían dos hijos.

Gail y yo, que a la sazón llevábamos tres años casados, nos peleábamos con frecuencia. Después de cada pelea, uno de nosotros se distanciaba emocionalmente del otro durante días, sintiéndose rechazado; y el otro, para vengarse, se alejaba aún más. De pronto, al cabo de unas semanas comprendíamos que nos habíamos alejado demasiado uno del otro y tratábamos de reconciliarnos. Esas peleas, y las semanas de rechazo, ponían a prueba nuestro amor y en peligro nuestro matrimonio. Nosotros lo sabíamos, pero apenas hablábamos de ello.

Cuando nos marchamos de casa de Kathy, dije a Gail:

—Nosotros no terminaremos así.

Gail me miró y respondió sabiamente:

—Puede ocurrirle a cualquier pareja.

Miré a través del reducido espacio del coche y pensé en lo que Grant me había confesado en su casa. «Kathy nunca se siente satisfecha de mí —dijo con amargura—. No debió casarse con un hombre como yo.»

Al mirar a Gail, me dije: «Yo también pienso eso a menudo. Gail nunca está satisfecha. Me critica continuamente. ¿Por qué se casó conmigo?» Luego pensé: «Gail y yo nos amamos, pero quizás acabemos divorciándonos. Sí, probablemente sea inevitable».

Eso hizo que me sintiera muy deprimido durante días, pero no dije nada. Una noche, después de hacer el amor, Gail me dijo:

—Hace días que estás muy distante. ¿Qué he hecho de malo esta vez?

—Nada —respondí. Luego añadí—: He estado pensando en Grant y Kathy. Tú y yo tenemos que hacer algo para solventar nuestra situación.

—¿Como qué? —preguntó Gail de inmediato. Ella también había estado pensando en Grant y Kathy.

—¿Te explicó Kathy los motivos por los que ella y Grant rompieron? —pregunté.

—Grant nunca se abría a ella emocionalmente —respondió Gail—. Nunca se expresaba de una forma que demostrara que la quería. De haberlo hecho, según me dijo Kathy, habrían podido salvar su matrimonio.

—Grant no se sentía respetado —repliqué—. Es un hombre. Si no se siente respetado, no puede confiar en su mujer; si no confía en su mujer, no puede abrirse a ella. Los hombres somos así.

—¿Y tú te sientes respetado? —preguntó Gail echándole valor.

—A veces —contesté con sinceridad—. ¿Crees que me muestro demasiado distante?

Gail asintió. Luego movió la cabeza con tristeza.

—Somos como cualquier otra pareja, ¿no es así?

Ella tenía razón. Al igual que la mayoría de parejas, habíamos sido increíblemente felices durante las fases iniciales de nuestra relación. Desde el momento en que Gail y yo nos conocimos, disfrutamos de nuestra mutua presencia. Teníamos muchas aficiones en común. Nos gustaban las mismas películas. Podíamos adivinar lo que el otro pensaba y sentía. Los dos deseábamos tener hijos. Después de pasar las pruebas de compromiso, decidimos casarnos. Nos apoyábamos uno al otro. Desde el principio, Gail y yo nos amamos con pasión. En esto debíamos de ser como todas las jóvenes parejas románticas. Luego, una vez casados, nos ocurrió lo que a todos los matrimonios. Empezamos a sentirnos insatisfechos uno de otro; los detalles más nimios se convirtieron en grandes problemas. No queríamos reconocer que habíamos cometido un error. En ocasiones nos sentíamos inferior al otro, pero éramos incapaces de expresarlo. A veces nos sentíamos superior al otro, pero no podíamos reprimir nuestros egos. Pasábamos días y noches disgustados.

Pensé en Kathy y Grant. Kathy siempre criticaba a Grant por algo. Le censuraba a menudo por haber cometido alguna torpeza y reaccionaba de manera negativa a muchas de las cosas que él decía. Le llevaba la contraria y competía con él en público, aunque era evidente que eso disgustaba a Grant.

Por su parte, Grant solía volver la cabeza cuando Kathy hablaba, o asumía una expresión de cansancio que indicaba: «Diga lo que diga, me tiene sin cuidado». No hacía las cosas que Kathy necesitaba que hiciera para sentirse amada, gestos románticos como besos apasionados, flores u otra expresión de su amor por ella. Casi siempre se mostraba de acuerdo con ella, pero me dio la impresión de que ya no respetaba su opinión.

Estas tensiones maritales, u otras parecidas, pueden afectar a cualquiera. Gail y yo, Kathy y Grant, y prácticamente todas las parejas que durante la última década han acudido a mi consulta de psicoterapeuta, utilizamos frases como «Nos hemos distanciado» o «Ya no nos sentimos compenetrados». ¿Son un reflejo esas frases de toda la historia común?

Lo que Gail y yo no sabíamos en aquel entonces era que antes de que una pareja se distancie hay un paso anterior, que al parecer pasa inadvertido. El hombre y la mujer no están demasiado distanciados uno de otro, sino todo lo contrario: la raíz del problema es que están demasiado cerca.

La relación entre Gail y yo, al igual que la de Kathy y Grant, se hallaba bajo una fuerte tensión porque no comprendíamos la biología del matrimonio; tratábamos de vivirlo aferrados a las expectativas correspondientes a la biología del amor romántico. Esa biología nos llevaba constantemente a compartir un espacio lo más próximo e íntimo posible. Ese deseo, la abrumadora estrategia neuronal que es esencial en el amor romántico, la estrategia neuronal que obliga a las personas a dar el gran salto de fe hacia el compromiso matrimonial, estaba, paradójicamente, destruyendo nuestra relación porque no encajaba en la naturaleza del matrimonio.

Pasemos ahora a explorar la biología del matrimonio, la cual contiene las claves de un matrimonio razonable. Las transiciones neurobiológicas desde la fase del amor romántico al matrimonio son quizá las más difíciles a las que se enfrenta un adulto, pero, a diferencia de la adolescencia, se trata de una transición oculta para la mayoría de nosotros. El hecho de que no comprendamos esta transición constituye la raíz del problema de nuestra presente dependencia del divorcio para resolver nuestros problemas conyugales. El cerebro masculino, como comprobaremos, tiene al igual que el femenino mucho que enseñarnos sobre la biología del matrimonio y las fases naturales del amor por las que atravesamos juntos.

LA BIOLOGÍA DEL MATRIMONIO

Durante varios años, a finales de la década de 1980 y principios de la de 1990, dirigí unos estudios de investigación del desarrollo y psicología arquetípica y unos trabajos de investigación bioquímica y del cerebro que me permitieron descubrir un patrón a largo plazo de la relación conyugal basado en la ciencia cerebral, bioquímica y del desarrollo. Yo buscaba un mapa biológico del amor, que comenzó con la investigación neurobiológica de hombres y mujeres y sus relaciones y fue confirmado por datos psicológicos y experiencias humanas cotidianas. Al estudiar los datos científicos y la literatura humana de treinta culturas repartidas por todos los continentes, constaté que todas las relaciones a largo plazo se desarrollan en todo el mundo de forma muy similar: en cuatro épocas y doce fases perceptibles.

Éste es el mapa biológico del matrimonio que descubrí. Después de presentarlo, exploraré cómo podemos utilizarlo para desarrollar expectativas razonables sobre nuestra pareja y cómo tener éxito en el matrimonio. Conviene tener presente que la mayoría de fases duran por lo general varios años. Asimismo es importante observar que muchas parejas nunca abandonan las primeras fases —la primera época del amor—, sino que las reproducen una y otra vez hasta que se produce el divorcio, y en algunos casos las repiten en matrimonios sucesivos.

La época de la ilusión

Una relación se basa en sentirse bioquímicamente ilusionado ante las posibilidades que ofrece un compañero o amigo, incluyendo la posibilidad de alterar la vida de esa persona para introducir en ella nuestras proyecciones sobre lo que deseamos y necesitamos como amante y amigo. Durante toda esa época nuestras hormonas básicas —testosterona y estrógenos/progesterona—, así como otras sustancias químicas cerebrales —oxitocina, dopamina y vasopresina—, se hallan en un constante estado de flujo y reflujo.

Fase 1. El amor romántico. Una vez formado el maravilloso vínculo, durante un tiempo, por lo general entre seis meses y dos años, vivimos en el éxtasis. Cuando nos enamoramos —o nos sentimos atraídos sexualmente por una persona—, se encienden de manera simultánea cuatro centros del cerebro, incluyendo el centro clave del amor y la circunvolución del cíngulo situada en el sistema límbico. El aumento del flujo sanguíneo y el metabolismo de la glucosa en el cerebro inciden en esos centros, los cuales se comunican constantemente, proporcionándonos la sensación del amor romántico. La cena a la luz de las velas viene a iluminar no sólo una noche de pasión, sino la posibilidad de toda una vida.

Fase 2. El desencanto. En todas las relaciones, una de las partes y luego la otra se aleja, debido a que una de las partes ha hecho algo que ha disgustado a la otra o ella misma experimenta una sensación de desencanto. La perfección que hemos proyectado sobre nuestra pareja se disuelve inevitablemente en la dolorosa realidad. Esta fase dura entre seis meses y un año.

Durante ella muchos de los problemas no resueltos con nuestras madres y nuestros padres tienen un importante papel en nuestra psique. Nuestra química cerebral romántica se ve afectada por el cortisol, la hormona del estrés. Nos convertimos en cerebros estresados. Ciertas áreas del sistema límbico, como la circunvolución del cíngulo, que durante la fase 1 habían permanecido un tanto desconectadas de los centros de juicio situados en los lóbulos frontales, vuelven a conectarse con la parte superior del cerebro, agudizando nuestro sentido crítico.

Fase 3. La lucha de poder. Aunque es una fase normal del desarrollo conyugal, por la que atraviesan muchas parejas, y que dura de dos a más años, también es la fase en la que se producen más divorcios. Casi todas las parejas divorciadas han permanecido encerradas durante muchos años en esta fase de la relación, hasta que los niveles de la hormona del estrés aumentan en ambos cónyuges hasta el extremo de que uno o los dos inician los trámites de divorcio.

Durante esa fase, la pareja trata de resolver su sensación de desilusión y desencanto a la vez que las tensiones de la vida cotidiana —el trabajo, los hijos—, tratando de modificar la personalidad esencial o identidad de su pareja. Durante esa época, el cerebro está sumido en un confuso trauma de hormonas, sustancias químicas cerebrales y centros cerebrales. Las hormonas y las sustancias químicas que propician el amor romántico y el deseo sexual ya no dominan, por más que tratamos de apoyarnos en ellas. Domina nuestro sentido crítico, pero deseamos volver a sentir el dominio de las sustancias químicas cerebrales que nos han procurado tanta felicidad. Nos hallamos en un limbo neuronal que se manifiesta en nuestra lucha de poder y nuestra principal estrategia encaminada a lograr (con suerte) que nuestra pareja cambie a fin de que nuestra química cerebral regrese al éxtasis de hace unos años.

La época del despertar

La primera época de nuestro matrimonio consiste en una montaña rusa de ilusiones, decepciones y batallas psicológicas. En la fase 2 tratamos de apearnos de esa montaña rusa. Aunque muchas relaciones terminan en una lucha de poder, para muchas otras personas constituye una época de despertar psicológico en la que comprendemos que nuestro matrimonio no puede durar si seguimos peleándonos por asumir el poder o tratando de cambiar a la otra persona. Ése fue el momento que atravesamos Gail y yo cuando nos enfrentamos al divorcio de Kathy y Grant. Durante esa época el cerebro se concentra en combinar las funciones límbicas con los lóbulos frontales. Buscamos un nuevo ritmo para nuestra relación. En el sentido neuronal, la parte superior del cerebro gana la batalla entre las hormonas/sustancias químicas y los centros de pensamiento situados en el neocórtex. La organización de los impulsos neuronales derrota al caos del amor romántico y la atracción sexual.

Fase 4. El despertar. En los momentos de epifanía y percepción, sentimos un intenso alivio al comprender que podemos convertirnos en adultos capaces de amarnos profundamente en lugar de ser adultos-niños que proyectamos nuestras idealizaciones románticas sobre nuestra pareja. Durante esa fase sentimos una intensa dicha —un aumento de las endorfinas, un grato eco afectivo debido al aumento de oxitocina—, pero no es el éxtasis que experimentamos en la fase 1; es la dicha que procura la percepción, ver la realidad tal como es. A lo largo de unos meses, durante los cuales ambos cónyuges comentan entre ellos la sensación de despertar que experimentan, nos proponemos la ingente tarea de aprender la forma adecuada de amarnos. Decimos cosas como «Una relación no tiene que ser una guerra» y «¡Por fin creo que comprendo lo que nos ocurre!»

Adquirimos una mayor percepción y la sensación de despertar en el momento justo, porque es cuando empezamos a padecer un sufrimiento más intenso que nuestra lucha de poder conyugal.

Fase 5. La segunda crisis. En todas las relaciones se producen crisis. Uno de los cónyuges pierde su trabajo, un hijo sufre un serio accidente, los padres enferman de gravedad. Las crisis y los traumas son naturales en el viaje vital, y luchar contra ellos en tanto que pareja también forma parte del viaje conyugal. Aunque nadie sabe cuándo se producirá exactamente una crisis, el tipo de crisis externas o que afectan a la familia en general a las que nos referimos aquí suelen abatirse sobre un matrimonio al cabo de unos cinco años. No podemos afirmar que la naturaleza humana busque las crisis, pues no sabemos lo que hace el cerebro. Pero sabemos que todo matrimonio se enfrenta a varias crisis a lo largo de la vida.

Este mapa del matrimonio presenta cuatro fases de crisis importantes (al decir «crisis» nos referimos a los diversos problemas que se producen a lo largo de unos meses o años). La primera consistía en las peleas entre ambos cónyuges que daban lugar a una crisis de desencanto y a una lucha de poder. Al igual que la primera crisis puso en peligro nuestro matrimonio debido a los elevados niveles de cortisol —que provocan un intenso estrés y graves conflictos—, esta segunda crisis también lo hace. La primera crisis podemos resolverla experimentando un despertar o divorciándonos. La segunda fase en que se produce una crisis importante impone una nueva visión de los problemas conyugales. Ya no nos centramos en «cómo amarnos», sino en cómo hallar un valor más profundo como individuos o como pareja.

Durante cualquier época de crisis, el cerebro reacciona de forma traumática y la hormona del estrés aumenta. Si una pareja ha conseguido construir una base resistente para su amor, incluyendo el despertar, ambas partes pueden apoyarse en la fuerza, la compasión y los consejos del otro para superar la crisis, y las hormonas del estrés remitirán más fácilmente. Si se produce una importante crisis en un matrimonio antes de que la pareja haya abandonado la fase de la crisis del desencanto y la lucha de poder, es muy difícil que el matrimonio sobreviva.

Fase 6. Una intimidad refinada. Sobrevivir a la lucha de poder y luego a los avatares de la vida juntos puede conducir a la pareja a compartir el ritmo conyugal. Han transcurrido aproximadamente entre siete y diez años de matrimonio. Si la relación no se ha roto, es probable que se haya hecho más fuerte. Si al cabo de siete años la relación sigue siendo una lucha estresante, seguramente significa que la pareja se encuentra todavía en la fase 3. Pero si es una relación en la que cada persona espera con ilusión el fin de la jornada, la pareja pasa a una época de gran refinamiento, sobre todo en materia de comunicación y gestión de los problemas. Las habilidades del amor se han pulido y refinado. Buena parte de los traumas que han afectado emocionalmente al sistema límbico del cerebro se han resuelto. La amígdala, situada en la base del sistema límbico (donde suelen alojarse las respuestas agresivas), se activa menos cuando los cónyuges entran en contacto. El lóbulo temporal situado en la parte superior del cerebro, donde tienen lugar las funciones espirituales, es más activo. El problema de las «expectativas razonables» pasa a ser un tema de importantes conversaciones. Los cónyuges valoran las opiniones y las ideas del otro.

En esta fase los cerebros suelen moverse en mayor sintonía. Esta similitud en el ritmo cerebral no es comparable a la sintonía inducida por las feromonas que ocurre en las primeras fases del amor romántico, sino que produce una bien merecida dicha. Los cónyuges aprenden a interpretar las señales biológicas del otro y a obrar en consecuencia. Por ejemplo, cuando un cónyuge contrae la gripe, el otro sabe lo que él o ella necesita. Cuando un cónyuge pronuncia una frase clave durante una conversación cotidiana, como «No me siento valorado», el otro no responde con una reactividad inmediata («¿No he hecho suficiente por ti?, «¿A qué te refieres?», o: «¡Yo tampoco me siento valorado!»), sino con la frase o el gesto que el cónyuge que se siente deprimido necesita. Los dos saben lo que significa que su relación esté dominada por la química del amor romántico y posteriormente por la química del estrés y se esfuerzan en alcanzar un equilibrio más perfeccionado. Las relaciones en la fase 6 no son una lucha como lo eran antes, aunque la pareja no deja de esforzarse.

La época de compañerismo

Por lo general, cuando alcanzamos esa magnífica relación con que soñábamos de jóvenes hemos entrado en la mediana edad. Los hombres han alcanzado esa época en su vida en la que se comportan como un médico, no como un policía, en la que les dicen a ellas que se lo tomen con calma. Las mujeres probablemente han parido a todos sus hijos, que se hallan en diversas fases de la adolescencia. Las parejas han conseguido un ritmo en la mayoría de los elementos clave de su relación: la vida sexual, la educación de los hijos, el trabajo y la vida familiar.

Quizá la clave para comprender este hito en el mapa del matrimonio consista en observar a las parejas que llevan casadas más de diez años. La mayoría parece haber resuelto quiénes son y lo que necesitan uno de otro. Es probable que sepan que el otro es capaz de satisfacer buena parte de sus necesidades, pero necesitan amigos, carreras y comunidades en las que desarrollar una identidad de mediana edad. Han aprendido que su relación amorosa es única, que no existe una fórmula «correcta» para constituir una pareja.

Hoy en día más de la mitad de los matrimonios no alcanza esa época de compañerismo. En muchos casos, una pareja que lleva casada quince años está aún enzarzada en la lucha de poder.

Para las personas que alcanzan esa época en el matrimonio, la biología se convierte, como de costumbre, en un claro indicador. Sobre todo cuando el cónyuge entra en las transiciones biológicas de la mediana edad —la premenopausia y luego la menopausia en las mujeres, y la menopausia masculina en los hombres—, las parejas deben apoyarse y dar estabilidad a la relación para capear numerosas tormentas biológicas. Mientras nos afanamos en capearlas, podemos observar que nuestra relación conyugal no sólo nos ha sostenido a nosotros y a nuestros hijos, sino que ha sido muy útil a nuestra comunidad. Nuestro cerebro experimenta amor hacia el otro como una actividad que implica a todo el cerebro. En una fase anterior, dominaba el lóbulo frontal, y en otra, las hormonas situadas en el hipotálamo. Pero durante la época de compañerismo el flujo sanguíneo de nuestro cerebro se reparte de una forma equilibrada entre los centros cerebrales necesarios.

Fase 7. La relación creativa. Al cabo de una década o más de matrimonio, muchas parejas se sienten satisfechas (al menos durante un tiempo) de sus carreras, la educación de sus hijos, su labor de voluntariado y otras tareas creativas; comprenden que su matrimonio les ofrece la enriquecedora oportunidad de ser creativos. El matrimonio constituye una base estable a través de la cual alcanzar sus objetivos. Tendrán que sacrificar ciertos objetivos y aceptar ciertas limitaciones, pero en la fase 7 una pareja sabe si cuenta con una base estable que la satisfaga, aunque deba renunciar a algunos objetivos creativos para mantener la fuerza del matrimonio y la familia.

Son éstos unos años en los que las parejas suelen alcanzar cierto éxito económico y personal, y sentirse satisfechas no sólo de su relación, sino de la posibilidad de llevar a cabo la práctica espiritual que deseen durante esa década. En el sentido neuronal, dos individuos han aprendido a gozar de sus mutuos ritmos neuronales hasta el extremo de ser capaces de terminar las frases del otro e incluso adivinar sus pensamientos. A diferencia de la primera época de una relación, esta increíble disolución del yo y del conocimiento del mundo íntimo del otro no crea una lucha de poder, sino la generosa entrega de uno mismo.

Fase 8. La tercera crisis. Inevitablemente, esta época de la vida está marcada por crisis y tragedias. Al igual que en la fase 5, las crisis que la pareja debe afrontar requieren esfuerzo, una buena comunicación y unas expectativas razonables. Si un hijo muere o uno de los cónyuges tiene una aventura sentimental, es posible que el matrimonio se rompa. O es posible que la relación continúe a través de estos avatares y que su fragilidad y el dolor vital refuercen la compenetración de los cónyuges. En esta época muchas de las hormonas que dominaban los primeros estadios del amor romántico son aliados menos activos de la relación. Los niveles de la testosterona masculina comienzan a declinar. Las ambiciones sociales y el deseo sexual del hombre pueden disminuir. Las hormonas femeninas entran en la menopausia, una época en que las profundas alteraciones anímicas dificultan los gestos de afecto cotidianos y la estabilidad.

La capacidad de una pareja de sobrevivir a las crisis de esta época —tanto a tragedias externas como a los cambios hormonales internos— a menudo es equiparable a la superación de las fases anteriores de desarrollo biológico. El cerebro humano, en especial en el amor sostenido de ambos cónyuges, desarrolla ciertos ritmos al superarse una fase. Si una pareja se enfrenta a la muerte de un hijo antes de haber alcanzado la fase 7, es posible que les resulte más difícil permanecer juntos, dado que quizá no hayan cimentado bien su relación. Si, durante las alteraciones hormonales, uno de los cónyuges tiene una aventura sentimental, es posible que la pareja decida permanecer unida; quizá se sientan más dispuestos y capaces de este gesto si han superado con éxito las dos primeras épocas del matrimonio. Pero si la pareja ha permanecido enzarzada en una mezquina lucha de poder durante la última década, por más que realicen ciertos progresos en las últimas fases de su vida su matrimonio seguirá siendo muy frágil. Los cambios hormonales que se producen en la fase 8 (los cuales pueden durar alrededor de diez años) o las tragedias externas pueden romper fácilmente el matrimonio.

Fase 9. El amor radiante. Las parejas que, tras superar tragedias, crisis y la evolución hormonal normal, comprueban que su amor sale constantemente fortalecido de esas pruebas, se convierten en parejas que suscitan una profunda admiración en los demás. Parecen irradiar amor. En esta época, la pareja y su matrimonio se convierten en ejemplos modélicos. En la fase 7 quizás hayan desarrollado unas tareas inventivas y creativas que les reportaron unos beneficios económicos y otras recompensas; en la fase 9, curtidos por la tragedia, el destino y los cambios biológicos de la mediana edad que lograron superar, pueden centrarse en su afán de servicio, sin necesitar grandes beneficios materiales a cambio. Quizás hayan alcanzado cuanto necesitaban, sus hijos han crecido. Es posible que se conviertan en personas sobre las que los demás comentan: «Saben quiénes son».

La época del desapego

Han transcurrido muchas décadas. Las parejas entran en la ancianidad, una época de recuerdos y desapego (algunas parejas están en su segundo o tercer matrimonio). Quieren profundamente a sus nietos, pero también gozan devolviéndolos a sus padres al término de la jornada. Entran en una época de la vida en la que se cansan más fácilmente y duermen menos. Los ritmos circadianos cambian. El hipotálamo es menos activo, más indolente, le falta el ímpetu para procesar las oleadas de hormonas. Los hombres adquieren mayor ternura. Al entrar en la vejez el cuerpo comienza a ralentizarse. Las células cerebrales se disparan menos rápidamente. Algunas personas temen esta época de la vida, y aún confían en recuperar su juventud. Estas personas a menudo poseen unos niveles de testosterona más elevados de lo habitual a su edad. A estas alturas la mayoría de personas que han superado nueve épocas de una relación suelen centrarse en aceptar quiénes son. Las luchas de poder que permanecen latentes en una relación pueden aflorar de nuevo, y algunas personas en su tercera o cuarta década de matrimonio se divorcian, pero buena parte de los matrimonios que han superado las fases anteriores de desarrollo biosocial permanecen intactos.

Fase 10. La aceptación de la soledad. Cuando los circuitos cerebrales empiezan a ralentizarse, algunos centros del cerebro prácticamente se desconectan. La mayor parte del cerebro pierde materia gris y blanca con mayor rapidez que antes. Según la genética y los hábitos de una persona (fumar, beber), el deterioro cerebral se produce a distintos ritmos.

Durante esta época, a medida que el cerebro pierde estímulos, las relaciones aportan una gran soledad. Las personas siguen gozando con sus proyectos cotidianos. Es posible que practiquen el sexo con cierta frecuencia. La vida puede ser muy gratificante. Pero el sentido de un profundo deseo de crear, inventar y conquistar es suplantado por la necesidad de escuchar y oír. En el cerebro añoso, la disminución de flujo sanguíneo en el lóbulo parietal, donde se halla la orientación espacial, puede hacer que una persona se sienta menos conectada con las actividades cotidianas del mundo. Si ambos cónyuges viven, es probable que lleven casados tres o más décadas.

Fase 11. La cuarta crisis. Todas las épocas de la vida están marcadas por traumas, tragedias y crisis. Fiódor Dostoievski, el novelista ruso del siglo XIX, escribió: «Sufrir es el origen de la conciencia». El mapa de la biología humana parece confirmar en parte esta sabia afirmación, pues incluso en nuestras últimas fases de crecimiento biológico y de nuestras relaciones, las crisis y el dolor inciden en el cerebro. En este caso, la crisis más obvia suele ser la enfermedad y la muerte de nuestro cónyuge. Atender a un cónyuge cuyos cerebro y cuerpo se deterioran incide en nuestra química cerebral: los niveles de cortisol, el flujo sanguíneo entre el sistema límbico y los lóbulos frontales y los efectos sobre nuestros centros de memoria nos impactan profundamente.

En esta época de la vida, hablamos a menudo con nuestro cónyuge y nuestros amigos sobre dolencias, enfermedades y dolencias de otros. Hemos afrontado numerosas crisis en nuestra vida —la muerte de otros, la pérdida de trabajos, rupturas de relaciones, enfermedades mentales o físicas, peleas con nuestros hijos, altibajos económicos en nuestro país, el asesinato de nuestros líderes y héroes, el sacrificio de nuestros hijos en la guerra— y ahora estas crisis forman parte de lo que da a nuestro sistema neuronal la fuerza para superar la pérdida de nuestro cónyuge y la disminución de nosotros mismos a medida que nos aproximamos a la muerte.

Fase 12. El fin de la vida. La última fase de cualquier relación es la muerte de la relación. Nuestro cónyuge muere y luego morimos nosotros. El sistema neuronal se desconecta. Todas las fluctuaciones de nuestra médula oblonga, del sistema límbico y el neocórtex cesan. Es posible que cuando agonicemos digamos: «He vivido una vida plena. Estoy preparado». Quizá digamos: «Uno de mis mayores logros ha sido aprender a amar». O quizá realicemos simplemente el tránsito, quizá nuestro cerebro, nuestro yo y nuestra alma se desconecten a la espera de pasar a la siguiente fase, que nuestras ciencias no han conseguido explorar todavía.

UN MAPA DEL MATRIMONIO

Con el mapa conyugal que pone de relieve el desarrollo biológico, confío presentarle un cuadro reconocible del amor humano. Al contemplarlo quizá se pregunte: «¿Logra la mayoría de parejas hoy en día realizar todas las etapas del viaje?»

Este mapa del matrimonio basado en la biología no aparece sobre la mesa iluminada por las velas de una cena romántica, pero es el mapa al que nos entregamos cuando nos comprometemos con nuestra pareja. Las religiones confían en ayudarnos a entregarnos a él; los sacerdotes, pastores y rabinos ante los cuales nos presentamos al contraer matrimonio, dicen: «¿Te comprometes, Michael, a cuidar de Gail el resto de su vida?» La mayoría de las personas, incluso al responder afirmativamente, no se percatan de que existen doce fases biológicas en el matrimonio a las que se entregan en el momento de comprometerse; pero cuando las parejas fundan un hogar, empiezan a disponer el mapa del matrimonio sobre la mesa de la cocina: sus primeras conversaciones sobre el matrimonio están llenas de planes para el futuro.

Podemos hacer mucho más que esto cuando comprendemos el mapa biológico de un matrimonio. A menos que nos esforcemos, a medida que el matrimonio progresa lo poco que sabemos sobre nuestro desarrollo biológico como pareja puede perderse o quedar sepultado debajo de una cama, una alfombra, un viejo sueño. Podemos enzarzarnos en una eterna lucha de poder, distanciándonos uno de otro; el desdén puede suplantar al amor humano, y al cabo de unos años lo único que queda de las románticas cenas a la luz de las velas, de una vida sexual gratificante y de nuestros mutuos sueños no son sino los recuerdos.

Cuando los hombres y las mujeres se sienten tristes (una depresión neuronal), ante el desencanto que experimentan mientras luchan por sacar a flote su matrimonio, recuerdan con toda claridad la intimidad que han perdido. Al recordar, el hipocampo y los lóbulos temporales se dilatan debido a los neurotransmisores. La luz de las velas, el sexo, las largas conversaciones, el compromiso de casarse y todos los momentos de ternura e intimidad desfilan ante ellos como sobre una pantalla de cine. Empiezan a recordar los momentos de distanciamiento durante el noviazgo. Piensan: «La relación empezó a desintegrarse, pero no me di cuenta», o: «Si hubiera sido más inteligente, habría comprendido que él no me amaba como yo creía».

Juzgamos la calidad de nuestros recuerdos —tanto si nos producen sentimientos negativos como positivos— por su contenido de ternura e intimidad. Cuando un recuerdo contiene cierto distanciamiento, pensamos de inmediato que presagiaba la tristeza que nos produce el fracaso de nuestro matrimonio. Lo que deseamos es ternura, deseamos recordar la ternura. Incluso cuando pensamos en la posibilidad de divorciarnos, creemos que es la ternura lo que puede salvar nuestro matrimonio, suponiendo que nuestro matrimonio pueda salvarse. «Ojalá pudiéramos volver a experimentar la ternura que sentíamos durante esas veladas a la luz de las velas.»

Al cabo de cinco o diez años de matrimonio, buscamos soluciones evocando los primeros estadios de nuestra relación: el amor romántico. Cuando nuestro cónyuge llega a casa o nos sentamos a cenar con él, sentimos la ansiedad y la tensión provocadas por la lucha de poder. Durante unos cinco o diez años permanecemos atrapados en la primera época del amor humano; el hecho de estar atrapados en esta época nos condiciona a proyectar sobre nuestro amor presente y complejo las románticas expectativas de ternura e intimidad con que empezamos. Todavía no nos hemos centrado en todo el mapa del matrimonio, todo el patrón biológico de quiénes somos.

La evolución humana ha llegado a este estado de fracasos conyugales durante el último siglo. Por lo general, nuestros antepasados pasaban poco tiempo lamentándose en las fases 2 y 3 sobre la pérdida de la intimidad que habían experimentado en la fase 1. El matrimonio estaba obligado a durar por mandato religioso o por otros valores sociales. No era preciso que las personas conocieran un mapa biológico del matrimonio.

Hoy en día pasamos mucho tiempo viviendo en las ilusiones románticas perdidas. Constituye en la actualidad uno de los elementos principales del amor perdido. Una de las cosas más importantes que nos enseña el mapa biológico del matrimonio es la necesidad no sólo de estar compenetrados, sino de buscar respuestas en otro tipo de intimidad. Esta intimidad —la separación íntima— nos hace constantes guiños, tratando de captar nuestra atención, durante las distintas fases de nuestra vida. Expondré un ejemplo de lo desconcertante, a la vez que gratificante, que resulta observar las fases biológicas en la vida conyugal y la separación íntima que nos ayuda a superar todas esas fases.

ELLA DICE: «ME VEO GORDA». ¿QUÉ DEBE HACER ÉL?

Una pareja vino a verme a mi consulta de orientación matrimonial. Llevaban veintidós años casados. Entre sus numerosos problemas, cabe destacar uno.

Él:

La otra noche Sarah me dijo: «Me veo gorda y poco atractiva. A veces me entran ganas de tirar la toalla». Como usted sabe, está en la premenopausia y ha engordado. Solía hacer pesas y ejercicios aeróbicos, pero lo ha dejado. Se ha vuelto más sedentaria y se ha engordado unos quince kilos.

Cuando me contó cómo se sentía, dije:

—Te comprendo. Es verdad que te has abandonado un poco. Has engordado.

—¿Pero sigo atrayéndote sexualmente? —me preguntó.

Yo le dije la verdad. Puede que fuera un error, pero llevamos veintidós años casados y hemos hablados muchas veces de ese tema. Le dije:

—Te quiero porque eres mi mujer, de modo que no voy a hacerte el salto, si a eso te refieres. Pero me atraes más sexualmente cuando no estás gorda, cuando haces ejercicio. Cuando te mantienes activa y te cuidas, estás radiante. Cuando no lo haces, pierdes ese resplandor.

Sarah se puso furiosa, se echó a llorar y me dijo que no la apoyaba y que había herido sus sentimientos. Supongo que, en este caso, fue un error decirle la verdad.

Ella:

La otra noche dije: «Me veo gorda y poco atractiva». Quería que Trace me dijera que estaba guapa, pero estaba de un talante «brutalmente sincero» y me dijo que ya no le atraía sexualmente porque no hacía tanto ejercicio como antes. He engordado unos kilos, pero no estoy como una foca. Me sentí muy ofendida, muy herida por lo que me dijo. Trace vino a decirme que ya no me deseaba. De eso hace una semana, y creo que aún no le he perdonado. Trace insiste en que trata de ayudarme, de motivarme. Me siento como si me hubiera atropellado un camión. Me gustaría que me apoyara más.

Este incidente revela muchas de las diferencias biológicas entre los hombres y las mujeres. Tanto los hombres como las mujeres son capaces de distinguir el amor, el compromiso y el sexo cuando tienen que hacerlo por motivos funcionales, pero lo hacen de modo muy distinto. Ellos, con más frecuencia que ellas, eligen una estrategia que aporta independencia o una supuesta falta de apoyo íntimo a la relación; a ellas, dominadas por la oxitocina, eso las desconcierta. Pero lo que hace el hombre no deja de tener cierta sensatez.

Trace respondió con sinceridad cuando dijo a Sarah que no la encontraba físicamente tan atractiva como antes porque había perdido ese «resplandor». Esta frase resume su sentido de lo que le parece atractivo en su mujer, lo que le estimula sexualmente. A medida que las parejas envejecen, los hombres que siguen enamorados de sus esposas se adaptan a los cambios que experimenta el cuerpo de ellas. Pero los hombres tienen interiorizada una serie de cualidades que les parecen atractivas. Cuando una esposa pierde una de esas cualidades durante largo tiempo —si Sarah se hubiera engordado seis kilos en vez de quince, Trace quizá no le hubiera hecho aquel comentario—, el hombre se siente menos atraído sexualmente. En algunas relaciones sentimentales, incluso en matrimonios, esto puede contribuir a que el hombre «se busque a otra», sobre todo si la situación persiste durante varios años.

Éste es un hecho biológico del que no podemos huir. Los hombres y las mujeres, si están casados con un cónyuge cuyo aspecto cambia considerablemente, pueden tener aventuras extramaritales. El atractivo sexual y físico están contenidos en nuestra médula oblonga. Cuando Trace respondió con sinceridad a su mujer, practicaba una separación íntima. Decía: «Tengo una relación íntima contigo, pero no soy tú, soy yo, y desde mi punto de vista, estoy de acuerdo en que estás menos atractiva».

Cuando Trace dijo a su esposa que la amaba, pero que se sentía menos atraído sexualmente por ella, Sarah lo interpretó como un rechazo, un abandono. Es difícil no darle la razón en eso. Si Trace hubiera contestado: «¿Pero qué dices, cariño?, estás estupenda», una respuesta con una gran carga de intimidad, al menos superficialmente, es probable que Sarah no sólo se habría sentido mejor sobre su aspecto, sino también sobre su relación sentimental. Pero Trace no dijo eso. Prefirió la sinceridad y, desde el punto de vista masculino, estaba apoyando a Sarah. Trataba de motivarla, de que comprendiera que se había abandonado y debía hacer algo al respecto, una estrategia típicamente masculina que los hombres suelen utilizar con sus parejas cuando se dan cuenta de que las estrategias de su pareja han fallado.

«Te quiero porque eres mi mujer, pero...» El hombre puede pensar que su esposa no cumple la parte que le corresponde en el matrimonio si «se abandona» o «pierde su resplandor». A menudo los hombres piensan que conservar el atractivo sexual es una parte muy importante del compromiso de las mujeres con respecto a la longevidad de la relación. De hecho, con frecuencia he oído a hombres decir, en la privacidad de mi consulta, «las mujeres quieren que hablemos sobre nuestros sentimientos y tengamos todo tipo de detalles románticos con ellas, pero luego no se cuidan físicamente». Una relación sentimental es una transacción tanto para los hombres como para las mujeres, y los hombres suelen tratar de proteger esa transacción. A menudo observan atentamente lo que la mujer aporta a la relación, y juzgan sus habilidades románticas no por si le compra flores, sino por la forma en que se cuida para conservar su atractivo sexual.

Todo lo que hemos comentado aquí lógicamente tiene menos importancia para los hombres y las mujeres que se hallan en la posmenopausia. Cuando los niveles de testosterona disminuyen en los hombres, ellos siguen gozando del sexo y del amor, pero muchos de los problemas a los que se enfrenta el hombre durante los primeros veinticinco años de matrimonio no son los mismos a los que se enfrenta durante las últimas fases de su vida. Pero en el caso de Trace y

Sarah esto era un problema importante para ellos. El problema no radicaba sólo en que Trace estaba de acuerdo con Sarah sobre su falta de atractivo, sino en que, como dijo ella, «Trace no sabe compartir un clima íntimo conmigo. Siempre intenta distanciarse».

Durante las tres últimas décadas se han publicado numerosos libros sobre el matrimonio que parecen recoger todas las facetas de la vida conyugal. Pero al leerlos observará que suelen referirse al matrimonio como «un sistema íntimo» que, para que funcione, necesita una mayor dosis de intimidad. Como verá, en este libro he adoptado otro enfoque, basado en la ciencia cerebral.

Para que los matrimonios funcionen se necesita tanta separación como intimidad. El cerebro humano necesita independencia al igual que dependencia.

Estamos demasiado unidos emocionalmente

Es muy frecuente oír decir: «Las mujeres son maduras, los hombres inmaduros». Es cierto que el cerebro masculino completa su desarrollo adolescente más tarde que el de las mujeres, y cuando una pareja es consciente de que el hombre no ha alcanzado la total separación de su madre, la mujer se siente tentada a ridiculizarlo por su inmadurez masculina. Es cierto que algunos hombres son inmaduros. Pero no es menos cierto que el deseo masculino de independencia suele ser tildado y catalogado de inmaduro.

Pero quizá sea precisamente ese deseo lo que contribuya a que un matrimonio madure hasta alcanzar las últimas fases de la vida. La independencia, como hemos apuntado en el último capítulo, puede ser una influencia muy útil que ayuda a madurar. Los hombres saben de un modo instintivo que la independencia reduce eficazmente el estrés.

La excesiva compenetración emocional es más estresante de lo que imaginamos

Durante las últimas décadas, muchas mujeres han adoptado el enfoque masculino respecto a la «madurez» para alcanzar una mayor independencia. Algunas dicen: «Las mujeres no necesitamos a los hombres. Podemos ser felices sin un hombre». Este concepto puede reforzar el sentido de poder personal y es imprescindible para ser feliz, en especial si es compensado por la intuición de que una mujer puede necesitar efectivamente a un hombre, una intuición que se convierte en realidad biológica evidente cuando la mujer tiene hijos y se enfrenta al reto de criarlos sola.

Cuando las mujeres viven la vida y se enfrentan al estrés, no debido a la oxitocina que las impulsa a reforzar los vínculos afectivos con su pareja, sino por la independencia promovida por la testosterona, muchas pueden salvarse de la depresión causada por el estrés conyugal y protegerse de su temor innato al abandono.

En el cerebro humano, los problemas conyugales constituyen «factores estresantes de apego y compenetración afectiva». Los problemas conyugales aumentan los niveles de cortisol (la hormona del estrés), estimulan las funciones de las glándulas suprarrenales y otros indicadores físicos que encajan en la composición genética de una persona, incluyendo palpitaciones, ataques de ansiedad, depresión y adicciones. El cerebro enamorado experimenta estrés y prueba distintas estrategias para mitigarlo. El cerebro trata de librar la actividad neuronal de la estresante compenetración emocional de un individuo con otros individuos; trata de recuperar su independencia neuronal, de obtener un respiro de la intensa actividad neuronal y de relacionarse nuevamente con los demás.

La mujer rechaza la petición de sexo por parte del marido, y confía en alejarlo para recobrar en parte su poder. El hombre pasa doce horas al día trabajando, y confía en librarse de la sensación de estar atrapado en las expectativas, necesidades, deseos e insatisfacciones de su esposa. Estos escenarios son aplicables a ambos sexos.

De modo simultáneo se producen dos niveles cruciales de la danza humana: una íntima compenetración y una separación para alcanzar la independencia. El divorcio, la disipación de relaciones sexuales o la evasión en el trabajo son actividades de separación. La pregunta clave que cabe formularse es: ¿qué conduce al hombre y a la mujer al punto en que han tenido que apoyarse en actividades de separación? Lo que conduce al hombre y a la mujer a elevados niveles de cortisol y estrés no es sólo la distancia, sino también una excesiva intimidad. Cuando se esfuerzan en alcanzar una íntima compenetración, dos individuos adultos pierden su independencia. En términos neuronales, los cerebros y los cuerpos (incluidas las funciones hormonales y químicas) son absorbidos por la estimulación emocional, que al principio es gratificante, pero a la larga agobia.

Como apuntamos antes, el cerebro masculino trata de recobrar la independencia a fin de reducir el estrés más rápidamente que la mujer, pero ambos cerebros buscan la independencia para combatirlo. En esa búsqueda reside la clave de lo que indicamos al decir «es posible que muchos matrimonios fracasen hoy en día porque el hombre y la mujer están demasiado unidos emocionalmente debido a que él y ella están demasiado distanciados emocionalmente».

ESTAMOS DEMASIADO UNIDOS EMOCIONALMENTE. ¿PODEMOS SOLVENTARLO?

Esta excesiva compenetración emocional —la capacidad destructora de esta sobreestimulación emocional— ha sido objeto de estudio durante las últimas décadas. Al promover la compenetración emocional como ideal romántico del matrimonio, la cultura femenina ha respaldado los intentos de la mujer de independizarse de los hombres al tiempo que critica la independencia masculina. La cultura femenina ha llevado esto a cabo sin comprender que la independencia masculina forma parte de lo que contribuye a que un matrimonio funcione. La confirmación de la necesidad de una independencia emocional es uno de los elementos más positivos que el estudio de la naturaleza masculina aporta al matrimonio; esta confirmación va acompañada de la insistencia en la separación y la independencia.

Armadas con el conocimiento sobre la biología masculina basada en la independencia y su influencia benéfica sobre el matrimonio, las mujeres disponen de un nuevo instrumento con que reforzar su matrimonio. Las parejas que superan las doce fases de la relación lo consiguen porque son capaces de reducir el estrés causado por la intimidad a través de vidas independientes y al mismo tiempo de una compenetración íntima.

Muchos matrimonios no logran salvarse por más que el hombre o la mujer decidan dejar de lado sus precoces idealizaciones románticas y proyecciones parentales, pues muchos hombres (y mujeres) nunca cumplen su parte para que el matrimonio funcione. Pero una mujer dispone de un poder enorme cuando da el paso de renunciar a su desencanto provocado por la falta de una intimidad constante y empieza a juzgar su relación por el equilibrio que mantiene entre la intimidad y la independencia.

En mi consulta de psicoterapeuta he visto con frecuencia a mujeres que han roto su matrimonio porque no podían seguir adelante debido al temor que les inspiraba la independencia, la distancia y la separación de sus maridos. Esas mujeres rara vez trataban de descubrir su propia independencia dentro del matrimonio. De hecho, creían tácitamente que su independencia significaba fracasar como mujeres, amantes y esposas. No tenían el «poder» de crear una independencia social en sus vidas.

He visto también a mujeres que han dejado a sus maridos después de obtener una independencia social y emocional. Esas mujeres no habían temido comprometerse durante la fase del noviazgo y el compromiso, pero habían tenido problemas a medida que la pareja avanzaba hacia las fases posteriores del matrimonio y la necesidad de separación. A menudo esas mujeres confesaban sentirse emocionalmente insatisfechas del hombre. Puede parecer paradójico, pero muchas de ellas pasaban de un divorcio a otro sintiéndose siempre insatisfechas. Habían ganado independencia social, pero no la independencia emocional que buscaban. Más tarde, algunas se lamentaban al repasar su trayectoria, porque comprendían que el hombre al que habían abandonado era justamente el que les había dado la seguridad emocional para desarrollar su sentido de independencia.

En muchos casos, esas mujeres no comprendían que la nueva independencia emocional que sentían en la mediana edad provenía en gran medida de los cambios producidos en su biología hormonal. Cuando las hormonas androgénicas femeninas (testosterona) se hacen notar, las mujeres se sienten biológicamente más independientes.

Más matrimonios de los que imaginamos se disuelven en estas confusas circunstancias vitales. En la mayoría de los casos, los matrimonios no se rompen debido a malos tratos o al alcoholismo, sino porque los cónyuges se sienten insatisfechos y la lucha de poder de esta insatisfacción acaba cansándoles. La causa más común de desencanto entre las mujeres es el hecho de que los hombres no satisfagan sus deseos románticos y emocionales. Mi trabajo de psicoterapeuta me ha demostrado que aunque la insatisfacción emocional puede romper un matrimonio, al menos la mitad de sus efectos pueden disiparse gracias a la capacidad de la mujer de comprender tanto la necesidad de separación como la de intimidad. Dentro de unos momentos exploraremos cómo poner esto en práctica.

Las mujeres se enfrentan a un gran reto cuando comprenden la biología masculina. Entienden que la insistencia del hombre en alcanzar cierta independencia, distancia y separación en realidad es beneficiosa. La mujer que idealiza el amor romántico y no puede superar ese estadio se siente muy sola. Es posible que culpe al hombre de su soledad. Durante la fase del despertar en la relación, muchas mujeres se percatan de que su sensación de soledad es en parte culpa de ellas, y comprenden que para avanzar hacia otras fases posteriores en el matrimonio deben buscar otras personas, no necesariamente el cónyuge, con quienes gozar de vínculos afectivos y de momentos imprescindibles para un sistema neuronal basado en la oxitocina. Esas mujeres dedican tiempo a relacionarse con amigas y miembros de su comunidad, aportando su parte correspondiente en la evolución de la relación hacia el amor radiante.

Al decir esto, no nos referimos a que la conducta independiente sea la única clave para que un matrimonio funcione. Si un hombre y una mujer se independizan demasiado uno de otro, es muy posible que su matrimonio fracase. Si un hombre y una mujer interpretan la independencia como una lucha de poder, es probable que su matrimonio fracase. Si él o ella abusan de su merecida independencia —por ejemplo, teniendo aventuras sexuales o románticas— con frecuencia, el matrimonio fracasará. Pero si el concepto masculino del matrimonio coexiste en equilibrio con el concepto femenino, el matrimonio tiene un futuro halagüeño y todo indica que los cónyuges alcanzarán las fases posteriores del amor.

LOS CEREBROS-PUENTE

El hombre cerebro-puente procesa sus emociones de una forma más femenina y su necesidad de independencia no es tan acusada como en otros hombres. Quizá sea más hogareño que otros, pase más tiempo en el nido. Es probable que ocupe un lugar destacado en el extremo verbal del especto cerebral, por lo que seguramente goza con el tipo de conversaciones que complace a las mujeres.

Muchas mujeres casadas con cerebros-puente confiesan sentir una inmensa satisfacción. Una mujer comentó con tono divertido durante un seminario: «Estoy casada con un cerebro-puente. Es como tener una esposa. Es genial». Otra me escribió para decirme: «Mi marido no sólo es mi mejor amigo, es como una amiga. Hablamos de todo, le cuento todos los secretos, y nos reímos mucho. Tenemos exactamente la misma percepción del mundo».

El marido cerebro-puente quizá sea ideal para muchas mujeres, al menos en teoría. Pero lo cierto es que muchas mujeres consideran al hombre cerebro-puente «demasiado blando».

La libertad y la diversidad de nuestra sociedad contemporánea, aunque crea más confusión para la mayoría de hombres y mujeres, ofrece a los hombres cerebros-puente más posibilidades de disfrutar de un matrimonio feliz. Los viejos estereotipos sexuales, que hacían hincapié en el proveedor y protector de la familia con elevados niveles de testosterona, están menos extendidos y conceden a los hombres cerebros-puente más oportunidades de competir con éxito para conquistar a una mujer. A medida que el nivel de testosterona aumenta en algunas mujeres, la necesidad de hombres cerebros-puente dotados de unos niveles inferiores de testosterona se incrementa de manera natural. La adaptación humana siempre se pone al día.

Al mismo tiempo, los niveles masculinos de testosterona también aumentan. Cabe pensar que el hombre cerebro-puente seguirá siendo más bien una excepción a la norma durante la larga vida de un matrimonio humano. Y aunque una mujer se case con un cerebro-puente, la lucha de poder puede producirse. La separación íntima sigue siendo necesaria.

PRACTICAR LA SEPARACIÓN ÍNTIMA: DAR LA VUELTA AL MATRIMONIO

Durante estas últimas décadas en que he enseñado esta teoría basada en la naturaleza, he tenido la suerte de contribuir a dar la vuelta a mi matrimonio y propiciar unos cambios positivos en muchos otros. Como dice Gail: «Lo que salvó nuestro matrimonio fue comprender lo que pensaba el otro».

Nuestro mutuo amor sigue siendo un misterio, y siempre habrá aspectos del otro que permanecerán ocultos; pero nos comprendemos, y la felicidad de nuestro matrimonio se basa ante todo en ese esfuerzo. Gail y yo hemos sido capaces de destruir las fantasías que teníamos uno de otro, en especial las fantasías sobre cómo deben funcionar las cosas entre una mujer y un hombre. Durante los dieciocho últimos años, hemos llegado a vernos tal como somos, y hemos decidido que nos gusta lo que vemos. La compasión que precisaba nuestro matrimonio la obtuvimos del mundo de la ciencia —cerebros, hormonas, cuerpos, mentes—, y esa compasión facilitó unos actos de amor cotidianos que todo matrimonio necesita para prosperar. Cuando nos peleamos, o necesitamos separarnos durante un tiempo, o atravesamos momentos estresantes, recobramos el juicio y la sensatez pensando en que sostenemos la llave del matrimonio feliz: el conocimiento de la naturaleza humana. Yo disfruto teniendo en cuenta la naturaleza de Gail como mujer, y ella disfruta teniendo en cuenta la mía como hombre.

En nuestra profesión como consejeros matrimoniales, Gail y yo hemos logrado ayudar a muchas personas. Éstos son algunos testimonios de personas que han conseguido dar la vuelta a sus matrimonios.

Joyce, de treinta y cinco años, dijo:

Siempre nos peleábamos. Mi marido estaba emocionalmente distanciado de mí. En cierta ocasión me fui, lo cual le dejó noqueado. No lo había previsto. Decidió esforzarse en darme lo que yo necesitaba. No es un mal hombre. Es el padre de mis hijos. Pero no me satisfacía, y yo no sabía qué hacer.

Siguiendo su consejo, decidí dejar de esperar a que mi marido tratara de remediar la situación. Decidí tomar yo misma la iniciativa. Me quedé asombrada cuando descubrí cómo funciona el cerebro masculino. Mi marido y yo cambiamos nuestras vidas y enfocamos nuestro matrimonio como si se tratara de un «proyecto». Esto funcionó para mi marido. A los hombres les gustan los proyectos. Dedicamos más de un año de esfuerzos, pero logramos dar la vuelta a nuestro matrimonio.

Seguimos siendo los mismos, pero nuestra relación es muy distinta. Creo que nuestro amor ha triunfado. Usted nos dijo que merecíamos ser felices y tenía razón.

Carrie, cuarenta y cuatro años, de Minneapolis, escribió:

Mi esposo y yo somos personas religiosas. Creemos que una pareja debe permanecer casada cueste lo que cueste. Pero no nos entendíamos. Hablamos sobre la posibilidad de divorciarnos, y fue terrible. Yo tuve que medicarme contra la depresión.

Cuando oímos hablar sobre el enfoque «basado en la naturaleza» del matrimonio, nos informamos. Asistimos a una de sus conferencias y comprendimos a qué se refería. Usted aconseja que una persona aprenda a conocer a fondo el alma de su pareja. Hace tiempo que me esfuerzo en comprender cómo es el alma de mi marido. Creí que lo sabía. Ahora sé que he logrado conocerla. Somos mucho más felices.

Layne, cuarenta y siete años, dijo:

Yo era una feminista radical, hasta que tuve un hijo. Sigo siendo feminista, pero sé que los chicos son muy distintos de las chicas. Hay una diferencia abismal. Pero me resistía a reconocer lo diferente que es un hombre de una mujer. O quizá lo sabía pero no quería reconocer que fuera importante. Traté de dejar de lado mis prejuicios. Pero he tenido que esforzarme en mis matrimonios. Algunas veces culpo a los hombres. Ahora soy mayor y me doy cuenta de que no consigo nada echándoles la culpa y ridiculizándolos, pero no puedo evitarlo. Sé que mi actitud no contribuye a que los hombres me comprendan a mí.

Ahora estoy con una persona a la que amo profundamente. Una amiga me habló sobre el enfoque del matrimonio basado en la naturaleza. Al principio me mostré escéptica, incluso me enojé. Confieso que imaginé que usted se dedicaba a largar los típicos sermones con aire patriarcal sobre los hombres y las mujeres. Pero me ha convencido. Muchas mujeres reaccionan superficialmente ante la idea de que es preciso que comprendan a sus maridos para que éstos las amen. Pero vivirlo es otra cosa. ¡Su método funciona! Mi marido y yo llevamos juntos seis años. Ésta es la relación más paritaria que he tenido en mi vida.

Darren, cuarenta y un años, escribió:

Estoy divorciado, tengo dos hijos. Vivo con una mujer. Empezamos a convivir hace tres años. Las cosas se agriaron tanto entre nosotros que ella me abandonó.

Le rogué que volviera y lo hizo. Decidimos modificar nuestra relación. Fue idea de ella. Había oído hablar del matrimonio «basado en la naturaleza». Yo no imaginaba que pudiera ser divertido tratar de comprender mejor a mi compañera. Ahora nos tratamos de otra forma. También hemos cambiado nuestras expectativas mutuas.

Sherry, treinta y nueve años, la compañera de Darren, se mostró de acuerdo:

Llevo diez años divorciada. Me he pasado la vida buscando el amor. Ahora creo que lo he encontrado. Creo que en nuestra generación el matrimonio ha cambiado mucho. Buena parte de los supuestos sobre los que mis padres habían basado su matrimonio a mí no me sirven. Pero quiero sentir que mi marido me ama y cuida de mí. Creo que durante toda mi vida he esperado que apareciera ese hombre, aunque estaba convencida de que era yo la que lo sacrificaba todo por él. Ahora sé que tengo el poder de construir mi matrimonio como desee, y que ese poder me pertenece por derecho propio. No tengo que competir con Darren para arrebatarle su poder. Nunca he conocido a un hombre tan bien como conozco a Darren.

Ya no estoy en la inopia con respecto a los hombres, lo cual me ha ayudado a enamorarme.

Estas historias felices no demuestran que basta con conocer la naturaleza humana para que todos los matrimonios se salven. Pero puesto que yo he pasado por esas mismas circunstancias, me anima saber que muchas personas practican la separación íntima con éxito.

¿Pero qué ocurre si una mujer está casada con un hombre profundamente herido?

Después de relatar estas historias felices, todos sabemos que muchos matrimonios no tienen salvación. Sabemos que algunos hombres, al igual que algunas mujeres, han recibido una herida tan profunda debido a un trauma infantil o a un matrimonio anterior que tratar de relacionarse con ellos no trae más que dolor.

¿Qué éxito podemos alcanzar a través de la separación íntima con esos hombres cuyo desarrollo neuronal ha sido gravemente dañado? Dado que apenas existe un hombre o una mujer que no haya sufrido alguna herida psíquica, es una pregunta importante.

Todos los seres humanos hemos sufrido algún trauma que ha afectado a nuestro sistema neuronal, pues todos avanzamos a través de la vida afrontando diversas crisis y adaptándonos a ellas. Todos crecemos con cierto estrés postraumático de baja intensidad, lo que ahora denominamos «bagaje». Esas heridas forman parte de nuestras etapas vitales, de quiénes somos, de nuestro carácter y nuestra identidad. En gran medida, esos traumas neuronales —esas heridas— se han integrado en nuestro yo, para convertirse en factores motivadores, educacionales y útiles. Incluso pueden ayudarnos. No tienen por qué incidir negativamente en nuestro matrimonio. Cuando hablamos de un hombre o una mujer heridos emocionalmente en el contexto del estrés conyugal, no nos referimos al estrés normal del apego y la separación que experimentamos en la infancia, ni a cualquier herida que sufra la psique, el cerebro, el corazón y el alma. Nos referimos a heridas que se convierten en poderosos impulsos neuronales.

Una RM del cerebro de una persona gravemente traumatizada muestra unas manchas oscuras en unas áreas en las que por lo general observaríamos una actividad neuronal saludable. El hipocampo puede reciclar constantemente el recuerdo del trauma a través del sistema límbico, que a su vez permite que el estrés siga reciclándose a través de los neurotransmisores del cerebro. Cuando se produce un hecho desencadenante en el entorno, el cerebro emprende una actividad abrumadora. Los centros del cerebro que deberían calmar esta recreación permanecen oscuros. Cuando estudiamos el cerebro herido desde un punto de vista endocrino, el recuerdo postraumático y el consiguiente aumento de la hormona del estrés y la adrenalina tal vez no tengan un efecto tangible sobre la vida cotidiana de la persona, pero cuando se produce el factor desencadenante, las hormonas del estrés aumentan, junto con la adrenalina, y la persona responde con la reacción de luchar o huir. Las áreas de la parte superior del cerebro permanecen oscuras, pero las de la zona inferior estallan en una actividad frenética.

Un hombre puede vivir en la misma casa con su esposa y proyectar sobre ella sus estresantes recuerdos postraumáticos. Cuando el estado postraumático del cerebro que denominamos «la herida» se manifiesta, casi siempre lo hace en respuesta a un factor desencadenante. Éste puede ser una sustancia, como alcohol o drogas; también, una película, una pesadilla o una experiencia cotidiana, o la propia relación sentimental o la conducta de la esposa. Y conviene tener siempre presente que todo cuanto decimos sobre los hombres se aplica a las mujeres. Cuando una persona está herida, él o ella reaccionan de forma relativamente previsible.

Si su compañera tiene una personalidad dominante, es muy probable que el hombre vea a su madre dominante en ella. Si el carácter dominante de la madre entorpeció seriamente el desarrollo de su identidad durante la adolescencia, existen muchas posibilidades de que el hombre se resista, como un soldado, al carácter dominante de su mujer, aunque quizás aprenda a ocultarle el hecho de que proyecta a su madre sobre ella. Es posible que se doblegue ante su esposa durante unos años —comprándole lo que ella desea, satisfaciendo sus necesidades—, pero le hurtará el tipo de amor que ella anhela. En el matrimonio contemporáneo, esto probablemente conduciría al divorcio.

¿Qué debe hacer una mujer si está casada con un hombre seriamente herido? Las mujeres tienen el poder de elegir lo que desean hacer. Pueden optar por continuar comportándose de una forma que desencadena esas reacciones en el hombre, o pueden modificar su conducta.

Es natural que la pareja que convive con un hombre herido diga: «No soy yo quien hace que se aleje de mí, sino su herida. ¿Por qué tengo que modificar mi conducta?»

Una esposa quizá diga: «Si su madre no hubiera hecho eso o lo otro, nuestro matrimonio funcionaría mejor».

O quizá: «Es problema de él, no mío; él es el motivo de que nos divorciemos».

Si el poder consiste en acertar en estas situaciones, significa que hemos alcanzado el poder que ansiábamos. Pero si el poder consiste en gestionar las relaciones humanas hasta el punto del éxito y la longevidad, significa que el poder proviene de replantearse la situación. Sea cual sea la herida del hombre, el estrés del apego que le hirió forma parte integrante del cerebro del hombre. Si el hombre es adulto —ha cumplido veinte o más años—, ya se habrá completado buena parte de su desarrollo cerebral. El cerebro del hombre es como es. Pueden producirse algunos cambios, y una terapia eficaz puede ayudar, al igual que la medicación, pero la plasticidad del cerebro a los veintitantos años es limitada. El hombre no puede dejar de ser quien es.

La teoría basada en la naturaleza favorece un matrimonio razonable, sobre todo en el caso de hombres para quienes el hecho de herir constituye un poderoso impulso neuronal. Un matrimonio razonable se basa en la realidad, dando por supuesto que ni las heridas del hombre ni las de la mujer cicatrizarán por completo a lo largo del matrimonio. Excluyendo los casos de evidente peligro, las parejas pueden descubrir las doce fases de la relación si se adaptan mutuamente a sus heridas; el hombre y la mujer deben estar pendientes uno de otro y afanarse en comprender la dinámica que hay entre ellos. La curación completa del yo del otro suele ser una expectativa poco viable, pero es muy posible gestionar un matrimonio a través de un equilibrio entre la necesidad de intimidad propiciada por la oxitocina y la necesidad de independencia propiciada por la testosterona del hombre. Por regla general, las parejas más racionalmente inteligentes utilizan su sentido de la oportunidad al aplicar estas estrategias.

Con frecuencia en mi consulta tengo que indicar a las mujeres que la inteligencia relacional —la conveniencia de hablar o guardar silencio, de mirarse a los ojos o no— que aplican a las relaciones a largo plazo con sus amigas, por regla general no funciona con los hombres, sobre todo si están heridos. Dado que las mujeres enfocan la inteligencia relacional desde el punto de vista femenino, a menudo se sorprenden al descubrir el punto de vista masculino de la inteligencia relacional.

El ejemplo más ilustrativo nos lo ofrece una pareja, los dos de treinta y tantos años, que vinieron a verme antes del nacimiento de su segundo hijo. Frank, el marido, era un hombre colérico. Durante la adolescencia y los primeros años de juventud había visitado a un psicólogo para que le ayudara a controlar su ira. Nunca había golpeado a una amiga o a un niño, pues había conseguido aprender a descargar su ira sobre objetos inanimados: golpeaba las paredes, puertas, etc. En cierta ocasión chocó con su coche contra una valla. Su esposa, Anne, le amaba, y él a ella, pero estaba preocupada por su matrimonio. Había decidido visitar a un psicoterapeuta, y traer a su marido «para ayudarle a reprimir sus accesos de ira».

Al hablar con ellos averigüé que Frank había sido abandonado por sus padres, que había sido criado por padres adoptivos y había tenido problemas con la ley durante su adolescencia. Había obtenido ayuda de numerosos círculos: servicios sociales, mentores y la religión. Había tenido éxito en los negocios, pero según me contó Anne:

—Cuando se enfada y trato de ayudarle haciéndole hablar del motivo, se enfurece más y eso me asusta. No puedo seguir viviendo así. ¿Y si un día pierde los estribos y me lastima a mí o a nuestro hijo?

El temor de Anne era muy real, y Frank reconoció que su actitud era para alarmar a cualquiera. Era mucho más alto y fuerte que su mujer. Hacía un mes había asestado un puñetazo en la pared del dormitorio y había hecho un agujero.

—No me gusta ser así —dijo Frank—, pero no soporto que mi mujer me dé la lata. ¡No lo soporto!

Este comentario contenía la explicación del grave problema de ese matrimonio. En lo referente a su herida (la pérdida de afecto y el estrés que esto le había producido durante su niñez y la adolescencia), Frank (aunque no lo supiera) era más racionalmente inteligente que Anne. Trataba de decir: «Déjame en paz cuando estoy furioso». Sabía que cuando se enfurecía tenía que controlar él mismo sus impulsos neuronales. Anne, que veía las cosas desde un punto de vista femenino, quería que le explicara el motivo que le había enfurecido.

—Trato de ayudarle a que me diga lo que siente —dijo Anne. Que era justamente lo que no debía hacer.

Les expliqué que el método de Anne para ayudar a Frank era el detonante que perjudicaba su relación. Para cerciorarme de que mis sospechas eran fundadas, pregunté a Anne:

—¿Cree que Frank sería capaz de lastimar a alguien cuando se enfurece?

—No —respondió Anne—. Lo que me asusta es cuando la ira empieza a acumularse en él.

—Cuando Frank se enfurece, ¿le dice usted algo o guarda silencio?

—Entonces trato de ayudarle, porque veo que no puede controlarse.

Mis sospechas eran fundadas. Sin darse cuenta, Anne colaboraba a la creación de su propio sufrimiento en este aspecto del matrimonio, además de sus temores y los del hijo que llevaba en su seno. Había muchas cosas que Frank debía modificar; pero en este ámbito, que era el más problemático para Anne, era ella quien tenía que cambiar su conducta. Tenía que comprender que cuando la oscuridad en el cerebro de Frank daba paso a unos poderosos impulsos neuronales, ella no podía intervenir para alterar o remediar su herida psíquica.

Describí la forma en que el cerebro de Frank, que había experimentado un intenso trauma en su infancia, probablemente reaccionaba durante un fuerte estrés. Cuando su ira se desencadenaba debido a un factor de estrés procedente del exterior —tal vez un problema en el trabajo—, su amígdala se llenaba de sangre. En el cerebro de una persona capaz de procesar su ira de forma menos violenta, la sobreabundancia de neurotransmisores en la amígdala se desplazaría rápidamente hacia el lóbulo frontal, donde la corteza frontal y prefrontal contribuirían a calmar la ira. Debido al estrés que había padecido Frank en su infancia por la falta de afecto, y su dotación genética —su madre también había sido una mujer colérica— su cerebro procesaba más lentamente el movimiento de los neurotransmisores hacia el neocórtex, desplazándose luego rápidamente a través del líquido cefalorraquídeo de la médula oblonga y a continuación a través del cuerpo físico. En lugar de reprimir rápidamente su ira, Frank hacía acopio de energía para descargarla. Y tardaba más que otras personas en calmarse.

Cuando Anne veía que Frank se enfurecía, trataba de ayudar a su cerebro a desplazar la energía neuronal hacia la corteza cerebral. Trataba de hablar con él. Intentaba hacerle procesar lo que sentía. En esos momentos el cerebro de Frank, su inteligencia relacional, gritaba: «¡Déjame tranquilo!» Anne no comprendía que eso era precisamente lo que debía hacer. En lugar de darle tiempo para que su cerebro se calmara, trataba de acelerar su proceso neuronal. Al apremiarle a que produjera palabras en la corteza cerebral, lo que hacía era estimular peligrosamente la ira de Frank. Si Anne no hubiera dicho nada, si se hubiera retirado y le hubiera dado tiempo, lo más probable es que Frank no hubiera descargado su ira contra ningún objeto. Su amígdala y otras funciones cerebrales habrían dispuesto del tiempo necesario para que controlara la ira provocada por su herida psíquica.

Al escuchar este escenario basado en la naturaleza, Anne lo comprendió todo. Comprendió el papel que desempeñaba en su matrimonio. Durante los siguientes meses Frank se sometió a sesiones de terapia para resolver ciertos temas, y Anne descubrió varias lagunas en su inteligencia relacional. Descubrió que había elegido a Frank, de un modo inconsciente, debido a la idealización de su padre, un hombre también colérico que la había abandonado.

Cuando me encontré con Anne y Frank en un partido de hockey al cabo de dos años de que hubieran concluido sus sesiones psicoterapéuticas, estaban felices y habían tenido a su segundo hijo, un niño sano y robusto. Charlamos un rato y Anne me explicó lo que la había ayudado más. «Cuando Frank se enfurece le dejo tranquilo. Gracias a esto las cosas son ahora muy distintas.» Según me dijo Anne, los accesos de ira de Frank ya no desencadenaban en ella el temor a ser abandonada y no necesitaba salvarse ella misma salvando a Frank. Él me contó que la vida era ahora mucho más agradable para él y su familia.

Al tratar con hombres heridos, no siempre puede garantizarse un final feliz como el de Anne y Frank. No existe un proyectil mágico. Pero el hecho de comprender los misterios del cerebro masculino puede cambiar la vida de muchas parejas. Ese conocimiento puede ayudarles a gozar de las fases posteriores de su amor. La práctica de la separación íntima consiste en considerar las heridas como parte del proceso vital, en adquirir inteligencia racional, no sólo desde el punto de vista femenino, sino masculino, lo cual constituye el sistema más natural de hacer que el amor sea duradero.

¿Qué es un compañero o compañera del alma?

Cuando dos personas comprenden perfectamente sus mutuas naturalezas pueden abrazar el alma de la otra persona, y complacer la necesidad de intimidad y distancia del alma.

Todos buscamos un compañero o compañera del alma. Cuando nos enamoramos, creemos que el alma es la naturaleza oculta de la persona, la más profunda y recóndita de la persona. Durante el matrimonio deseamos aproximarnos a esa parte profunda de su ser.

Pero no conviene que nos aproximemos demasiado.

Desde el punto de vista basado en la naturaleza, nos casamos por tres razones principales:

1. Para cuidar y proteger a nuestros hijos, en caso de que tengamos.

2. Para dar y recibir un amor incondicional.

3. Para satisfacer nuestra vocación personal en el mundo desde la seguridad y la confianza en nosotros mismos que nos procura un hogar estable.

Cada una de esas razones se inscribe en el ámbito del porqué las personas dicen que desean hallar a un compañero o compañera del alma. Cuando nos divorciamos, experimentamos una desintegración de una de esas áreas. Por regla general, el movimiento hacia el divorcio se produce cuando una persona cree que no recibe suficiente amor incondicional. La teoría basada en la naturaleza tiene en cuenta el hecho de que haber permanecido atrapados en nuestras idealizaciones y las de otras personas socava las raíces del matrimonio; asimismo, que no reparábamos en el origen del problema porque la relación resistía durante tres, cinco, siete o más años. Pueden transcurrir varias décadas —de un matrimonio a otro— sin que muchos de nosotros nos percatemos de que cuando decimos «Mis matrimonios siempre acaban rompiéndose» o «No encuentro el amor que necesito porque no consigo hallar a un hombre que sepa compartir un clima de intimidad conmigo», podríamos decir también «Nunca aprendimos durante el matrimonio que es preciso mantener cierta separación. Tratábamos a toda costa de crear un clima constante de intimidad, lo cual es contraproducente. Por eso nos separamos».

Las mujeres son muy inteligentes. Durante la última década muchas han comprendido que el concepto del matrimonio basado en la intimidad a toda costa podía ser defectuoso. Toda mujer sabe, en su fuero interno, que detenta un poder inmenso en su matrimonio; y las mujeres se dan cuenta cuando hacen algo que conduce de manera inevitable al fracaso. Creo que el matrimonio, que ha cambiado radicalmente en cien años, va a experimentar un nuevo cambio, adoptando el método basado en la naturaleza. No tardaremos en comprender el papel que desempeña un compañero o compañera del alma en nuestra vida cotidiana.

Aunque en algunos matrimonios las mujeres no reciben un buen trato de hombres narcisistas que se niegan a cambiar, aunque problemas como el alcoholismo, la drogadicción y la violencia hace que muchos matrimonios sean insalvables, aunque algunos hombres convierten el matrimonio en un infierno, he observado que la mayoría de los matrimonios no fracasan por el hecho de que el hombre posea un grave defecto de personalidad o emocional, sino porque la mujer y el hombre no han descubierto el auténtico poder. En el caso del hombre, cuando él permanece en su caparazón, tratando de relacionarse con su pareja desde la postura «Soy un individuo independiente de ti». En el caso de ella, cuando no se ha convertido en la mujer razonable —respetuosa de la independencia y que necesita que su pareja cuide de ella a través de sus actos en lugar de las palabras— a la que el hombre estaría dispuesto a conceder poder emocional y conyugal. La pareja permanece enzarzada en una lucha de poder hasta que se divorcia. Aunque a lo largo de los años la mujer haya conseguido desarrollar una identidad que le proporciona seguridad en sí misma, no ha sido capaz de renunciar a las idealizaciones románticas sobre los hombres y descubrir unas expectativas razonables sobre la naturaleza masculina.

Cuando una mujer comprende la naturaleza de su marido, comprende el alma del hombre al que ama. Sus expectativas se hacen claras y razonables porque entiende quién es realmente su marido; la mujer trasciende sus proyecciones de la masculinidad, de su padre, y sus idealizaciones sociales de un hombre. La mujer, a menudo junto con el hombre, alcanza la madurez plena. Ella y él tienen mayores probabilidades de superar la lucha de poder y conocer el significado de vivir junto a un compañero y una compañera del alma.

Esta trascendencia marca el camino hacia el despertar, el poder real, el amor real, y la combinación de independencia personal y dependencia mutua en que debe basarse un matrimonio. Cuando una mujer se molesta en responder a la pregunta «¿En qué puede estar pensando?», su compañero tiene más probabilidades de comprobar que sus expectativas con respecto a él son razonables, y estará más que dispuesto a satisfacerlas. Satisfacer las expectativas razonables de su mujer se convierte para él en un reto. El hombre estará dispuesto a hacer lo que sea con tal de complacerla; se siente comprendido y amado, y la mayoría de las personas que se sienten amadas disfrutan recompensando a otras. Las expectativas que el hombre tiene sobre sí mismo también se hacen claras, y trata de expresarlas en el matrimonio (aunque no tanto verbalmente como desearía su mujer).

En esta expresión se produce algo aún más prodigioso. Ahora, el hombre que se siente comprendido por su mujer no sólo desea cuidar de ella, sino también comprenderla, aceptarla tal como es. Los hombres que se sienten respetados salen de sus caparazones. No tienen necesidad de forzar, dominar, de distanciarse para proteger su frágil ego y su identidad. Son capaces de escuchar, admirar, gozar.

En sus idealizaciones sociales sobre los hombres, las mujeres suelen pensar: «Mi marido debería tratar de comprenderme y vivir entregado a mí al margen de cualquier otra consideración. En eso consiste el amor incondicional. Debería adorarme por encima de todo». Algunas mujeres piensan: «Mi marido dice que me ama, con eso basta. ¿Por qué tengo que asumir unas "expectativas razonables" para que me ame? Una mujer debe tener las máximas expectativas y el hombre satisfacerlas. Así es como mi marido me demuestra que me ama». Este punto de vista tiene sentido, ¿pero es práctico si buscamos a un hombre como compañero del alma?

La naturaleza transaccional de los vínculos afectivos masculinos

Exploremos este tema más a fondo.

Una de las cosas más importantes que la naturaleza masculina aporta al matrimonio y al concepto de «compañera del alma» es un poderoso sentido de transacción. Los hombres son seres transaccionales. Buscan a una compañera del alma que comprenda esto y con la que, a través de esta estrategia, puedan superar las numerosas etapas del viaje de la vida y el amor.

Como hemos apuntado, determinantes biológicos hacen que los hombres experimentan la vida como un viaje de búsqueda personal a lo largo del cual conocen a otras personas con las que realizan transacciones. En el mundo laboral diríamos «con las que hacen negocios». Aunque algunos hombres poseen una increíble capacidad de sacrificio —hasta el punto de entrar en un edificio para salvar a otros sin preocuparse de su propia seguridad—, por lo general tienden a ocultar su yo emocional a menos que alguien consiga obligarles a revelarlo mediante una transacción. Tienden a dar emocionalmente lo que reciben a través de una transacción. Las mujeres son distintas. Las hormonas y el sistema cerebral de las mujeres suelen hacer que sigan dando hasta el día en que, agotadas, tratan de liberarse.

Con frecuencia las mujeres y los hombres me dicen que la naturaleza masculina «transaccional» contiene aspectos sobre los que resulta doloroso hablar, pero es preciso hacerlo. Cuando las fases del enamoramiento y el cortejo concluyen —al cabo de unos dos años— los hombres entran en una estasis emocional, a la espera de comprobar si serán respetados, comprendidos y tratados con profunda compasión por su pareja. Si reciben esas cosas, es probable que salgan de sus caparazones. De lo contrario, se entierran más en sí mismos. Acuden a mi consulta quejándose de que «no se sienten respetados». Este comentario constituye una clara advertencia sobre la posibilidad de divorcio.

El mero hecho de que la mujer comprenda el sentido de transacción del hombre en el matrimonio hace que sucedan cosas maravillosas en la relación. Incluso cuando el hombre «no se entera» de lo que precisa un matrimonio o «no quiera esforzarse en mejorar el suyo», mientras lo haga la mujer, la relación puede cambiar de forma radical. El hecho de que el marido «no se entere» y «ella sí» no es tan eficaz como cuando el hombre y la mujer se esfuerzan, unidos, en comprender la situación, pero es más eficaz de lo que imaginan muchas mujeres.

«Mi marido no se entera de nada —me contó una mujer después de un seminario—, pero al menos yo hago un esfuerzo. Como pareja, hemos aprendido a convivir. Estamos a gusto juntos. No es perfecto, pero funciona. Buena parte del éxito de nuestro matrimonio se debe más a lo que yo hago y pienso de lo que había imaginado. Me alegro de haber aprendido a emplear mi inteligencia relacional mejor que antes. Antes me daba rabia que mi marido no tuviera una gran inteligencia relacional.»

Las mujeres que comprenden la naturaleza transaccional de los hombres comprueban que el matrimonio estimula su propia inteligencia relacional más que la sofoca.

Aunque a nadie le gusta reconocer que «un matrimonio puede funcionar aunque el hombre no se entere de nada», me alegra que algunas personas me confiesen que en ocasiones es cierto. Todos los que deseamos que un matrimonio tenga éxito debemos seguir trabajando con los hombres para potenciar su capacidad de practicar la versión femenina de la inteligencia relacional, pero no es preciso que renunciemos a la felicidad y el matrimonio sólo porque un hombre no consiga enterarse nunca de nada.

Llevar a cabo la transacción

Cuando afirmo que un matrimonio puede tener éxito aunque el hombre no posea una gran inteligencia relacional, no pretendo decir que no importa que el hombre no cumpla la parte que le toca de la transacción. Aunque sea relativamente poco inteligente en el sentido emocional, puede cumplir con sus responsabilidades a favor de la estabilidad del matrimonio a través de sus actos, si no de sus palabras.

En mi consulta clínica y durante mis seminarios, con frecuencia pido a los hombres que den su conformidad a una lista de «requisitos conyugales», la cual aparece reseñada más abajo. Confío en que usted la modifique, por ejemplo una noche que salga con su pareja, asumiendo la tarea de convertir su matrimonio en una transacción tan consciente como gratificante.

Yo, como hombre, me comprometo a:

1. Cumplir mi deber de mantener a la familia.

2. Cumplir mi deber de contribuir a que tú y nuestros hijos os sintáis seguros.

3. Responder a lo que has dicho, al menos una de cada tres veces, con la frase «Ya te he oído» u otra por el estilo, antes de tratar de resolver el problema, criticar o hablar sobre mí mismo en relación con el tema.

4. Participar contigo en los ritos típicos de las parejas: charlar después de que los niños se hayan acostado, salir a cenar, etc.

5. Demostrarte mi amor de forma sensual, por ejemplo regalándote flores, al menos cinco veces al año.

6. Descargarte de tus responsabilidades para que te diviertas sola o con tus amigas.

7. Llamar a casa todos los días cuando estoy de viaje y hablar contigo y los niños aunque sea brevemente.

8. Participar en las vidas de los niños como un padre (véase capítulo 8), no como una madre.

9. Serte leal, en el entendido de que esta lealtad sea una muestra de respeto hacia ti.

10. Buscar oportunidades para decirte que te valoro por lo que haces por mí, los niños y el mundo.

La mayoría de los hombres se muestran conformes con estas cláusulas de la transacción. ¿Se conforman las mujeres con ellas? Cuando las mujeres y los hombres deciden hacer estas transacciones, conviene que ellas confeccionen una lista de sus responsabilidades en la transacción. Algunas serán idénticas a las de los hombres, pero otras no. Los maridos no sólo deben aceptar los términos razonables de la transacción, también, al igual que las mujeres, deben decir que se conforman con el cumplimiento de estas cláusulas.

UN OPTIMISMO NATURAL

A lo largo de los años muchas personas me han dicho: «Eres demasiado optimista con respecto a los hombres, Gurian». Mi idea global —de que los hombres desean ser buenos maridos, gozar de todas las fases del amor y conceder poder a las mujeres cuando se sienten satisfechos de la transacción conyugal— en ocasiones es acogida con incredulidad.

Pero me reafirmo en ello. Algunos hombres son peligrosos y no pueden ser maridos, pero esos hombres no constituyen la norma, sino la excepción. Si una mujer utiliza correctamente su intuición durante la fase del amor romántico y el cortejo, si tiene en cuenta la genética y el tipo de familia de la que proviene el hombre, y si combina hábilmente la separación íntima con los misterios y las pasiones del amor que siente por su pareja, calculo que cuatro de cada cinco matrimonios tendrán éxito. Al decir que tendrán éxito me refiero a que los hombres serán maridos razonables, afectuosos, atentos y compasivos a su estilo, y capaces de satisfacer las expectativas razonables de una mujer.

A hombres y mujeres les beneficia que a la mayoría de los varones sus madres les inculcaron cuidar de la primera mujer en su vida y, por consiguiente, de las siguientes. Si la madre exageró este vínculo a expensas de la separación adolescente normal, el hombre experimenta el matrimonio como algo terriblemente complejo. Esto requerirá que la esposa hile fino en relación con el tema de la separación íntima. Pero incluso en tales casos, el meollo de la complejidad radica en el deseo del hombre de cuidar de una mujer. Es decir, entenderla, dejarse cuidar por ella y devolverle el mismo tratamiento.

Algunas mujeres suelen decir: «No quiero un hombre que me cuide, quiero uno que me trate de igual a igual». Ambas cosas no se excluyen mutuamente. El alma de un hombre casado anhela dar el don del amor al alma de su esposa. Forma parte de nuestros circuitos cerebrales cuidar de quienes amamos.

Soy optimista. Creo en los hombres. También en las mujeres. Creo que cada uno de nosotros tratamos de respetar nuestra propia naturaleza y la de los demás. Los hombres son, por naturaleza, buenas personas. Tengo fe en ellos. Albergo la esperanza de que este libro contribuirá a que usted también aumente su fe en ellos.

CUARTA PARTE

¿Qué piensa él realmente... sobre el hogar y los hijos?

«Algunas de las cosas que hace en casa... Me parece increíble que lo haga en serio. Pero lo hace. ¿Quién es esa persona con la que convivo?»

Jessica, treinta y seis años, casada desde hace ocho años, un hijo

«Cuando siento la tentación de pensar que mi marido no tiene una relación tan profunda con nuestros hijos como yo, observo cómo ellos le siguen por todas partes. Les encanta estar con su padre.
El otro día alguien me preguntó cómo habíamos conseguido que nuestros hijos fueran tan estupendos.
Respondí que era porque tenían un buen padre.»

Christine, cuarenta y ocho años, madre de dos hijos crecidos, casada desde hace veintiséis años

7

El cerebro masculino en el hogar: la convivencia entre hombres y mujeres

«Amamos a las personas por su debilidades, incluso por sus defectos, no sólo por sus cualidades.»

Jacques Maritain

Un hombre me envió este correo electrónico:

> Cuando a mi mujer le da por limpiar la casa, adopta cierta expresión. Nuestros hijos, de nueve y once años, y yo nos damos cuenta. Mi mujer solía decir: «Chicos, es hora de que limpiéis vuestras habitaciones», y a mí me asignaba también una habitación para que la limpiara. Yo limpiaba el cuarto de estar, luego el comedor y luego el baño. Mi mujer limpiaba el cuarto trastero. Al cabo de una media hora, los niños y yo decíamos: «Ya hemos terminado». Nos sentíamos orgullosos, en todo caso aliviados. Pero entonces aparecía mi mujer y fruncía el ceño. A veces se enfadaba con nosotros. «¿A eso llamáis limpiar la casa? ¿Os parece que está limpia? ¡Lo hacéis adrede para que tenga que limpiarla yo!»
>
> Para resumir, ahora es mi mujer la que limpia la casa. Le daba tanta rabia (a ella y a nosotros) que la casa no quedara como quería, que decidió hacerlo ella misma. Los chicos siguen limpiando sus habitaciones y yo ayudo a recoger las cosas y demás, pero básicamente es mi mujer quien limpia la casa tal como le gusta.

Un correo electrónico que me envió una mujer describe la situación de ese hombre.

> Hablo con mis amigas sobre sus maridos y la limpieza de la casa. ¿Cómo es posible que mi marido no vea que la casa está hecha un desastre? Todo está lleno de polvo y hay papeles por todas partes. Hay que pasar el aspirador. Hay que barrer el suelo de la cocina. Pero los tíos se niegan a ver que es preciso limpiar la casa. A veces pienso que mi marido quiere que yo tenga dos trabajos para que él pueda apalancarse delante del televisor y reírse de mí. Si vuelvo a oírle decir «Pero si la casa está limpia», soy capaz de cometer una locura.

Muchos de nosotros reconocemos la situación de esas personas que me han escrito. Existe una tendencia en las relaciones y los matrimonios a manifestar emociones extremas —y frustraciones— sobre lo que ocurre en la casa.

En este capítulo examinaremos algunas de las razones basadas en la naturaleza que explican por qué el enfoque masculino respecto a ciertos aspectos importantes de la vida doméstica es tan distinto del de la mujer. Una parte de este material es cómico, y al mismo tiempo revela algunas de las diferencias entre los hombres y las mujeres. ¿Hay algo que indique más claramente cómo somos que nuestra casa?

LA BIOLOGÍA DEL HOGAR

Al explorar la vida doméstica observaremos cómo estas «realidades de la naturaleza» inciden en la convivencia entre las mujeres y los hombres:

- **Las diferencias en la forma en que procesamos la información sensorial.**
- **El cerebro masculino espacial-cinético.**
- **La captación de detalles generales y específicos en el cerebro.**
- **El cerebro masculino abstracto-mecánico.**

- **Los períodos de descanso en el cerebro masculino.**
- **Nuestras hormonas y sustancias químicas.**
- **La cantidad y la velocidad del flujo sanguíneo en el cerebro.**

Nuestro hogar es el lugar donde nuestro «yo» —nuestra identidad y nuestra naturaleza— se muestra con toda claridad. En nuestro hogar, en el que nos sentimos seguros y al que dedicamos buena parte de nuestra energía, desarrollamos nuestros imperativos internos, nuestras propensiones y verdades psicológicas.

Para ayudarnos a explorar el cerebro masculino en el hogar, empezaré con una pregunta que oigo con frecuencia.

¿CÓMO ES POSIBLE QUE MI MARIDO NO VEA QUE LA CASA ESTÁ HECHA UN DESASTRE?

El cerebro femenino asimila más datos sensoriales que el masculino. Como hemos observado, existe una tendencia biológica en las mujeres a ver, oír, oler, saborear y sentir más a través de su piel y sus centros nerviosos que los hombres. Después de sentarse en la butaca, es probable que un hombre no capte neuronalmente el papelito, el pelo del perro, el juguete del niño medio escondido debajo del sofá; mientras que su esposa seguramente sí lo hará. Quizás el hombre no perciba el olor a orina de la caja del gato, pero su esposa sí lo percibirá. Esta realidad sobre el cerebro no es excusa para que el hombre descuide las obligaciones que se ha comprometido a cumplir, pero explica en parte por qué no ve, ni huele ni nota a su alrededor el desorden que tanto molesta a su esposa. También explica en parte el frecuente fenómeno de que los hombres miren dentro del frigorífico y no vean lo que hay ante sus narices. No captan los detalles, como el color y la textura, tan bien como las mujeres, lo cual hace que a veces no vean lo que tienen ante los ojos.

Asimismo, incluso a la hora de comprar la casa en la que vivirán, los hombres suelen conceder menos importancia a los «pequeños detalles». El cerebro masculino tiende a captar las prestaciones generales de un motor más que el cerebro femenino, inspirado por un mayor volumen de líquido espinal conductor en el cerebro, y menos las prestaciones específicas del motor. Asimismo, el cerebro masculino está menos interesado en los pequeños detalles y le atrae más el movimiento físico amplio y los detalles en general. El cerebro femenino suele fijarse más en el libro que está sobre la mesa de café, el polvo en la rinconera, la cama que no está hecha como a ella le gusta, hasta que ese cúmulo de detalles y desorden hacen que se irrite. Es posible que su marido se siente en una butaca en medio del desorden y que sonría tranquilamente o salga a cortar el césped.

No pretendemos decir que a los hombres no les preocupan los pequeños detalles. Un hombre puede obsesionarse con la construcción de un minúsculo barco dentro de una botella de cristal relativamente pequeña. Pero en este caso se trata de una dinámica distinta. El hombre está concentrado en hacer lo que sea con tal de alcanzar su objetivo: construir un barquito casi del tamaño de un mondadientes. Cuando está sentado en el cuarto de estar y lee el periódico, escucha a su hijo o habla por teléfono, no experimenta el desorden de la casa como un reto que debe superar.

Cabe preguntarse: ¿por qué no consigue su cerebro comprender que el orden en el hogar es tan importante como ese delicado barquito? En esta pregunta reside otro secreto de la biología humana.

El «nido» humano, un término basado en la biología que empleamos hoy en día para referirnos a nuestro hogar, no ha constituido históricamente el espacio que ha ocupado el desarrollo del cerebro masculino. Durante millones de años, los hombres pasaban el tiempo en un espacio fuera del nido, realizando actividades de gran envergadura abstracta como cazar. Al igual que todo lo referente al desarrollo del cerebro masculino/femenino obedece a haber realizado durante muchos años actividades distintas, la tendencia de que los hombres no vean la necesidad de las tareas domésticas como las mujeres probablemente se debe a que durante millones de años no las han llevado a cabo y por tanto no han desarrollado sus centros sensoriales y la atención a los pequeños detalles.

Por más que a las mujeres les fastidia realizar dos tareas —en su lugar de trabajo de nueve a cinco y en el hogar hasta el fin de la jornada—, a los hombres también les fastidia la extraña obsesión de sus esposas y novias con los detalles nimios en la casa y en el área circundante. En este tema, los hombres y las mujeres se sienten manifiestamente confundidos por las rarezas del otro. Los hombres piensan con frecuencia: «Mi mujer se pasa ocho horas trabajando y cuando llega a casa en vez de relajarse unos momentos, se pone de inmediato a trabajar de nuevo. ¿Por qué le preocupe tanto que la casa esté desordenada? No tiene importancia. ¿Por qué no se sienta a descansar un rato conmigo en el porche?» Al igual que muchas mujeres creen que los hombres tienen unas prioridades muy extrañas, muchos hombres piensan que la obsesiva atención de las mujeres a los detalles domésticos a veces es contraproducente.

Muchas mujeres experimentan el bienestar personal en función de cómo se sienten en el hogar, y asocian la identidad personal con el aspecto que presenta el hogar. Esto es así desde hace millones de años y seguirá siendo así durante muchos más.

En cierta ocasión, mientras nos preparábamos para recibir a unos amigos y Gail se afanaba en limpiar la casa, le dije:

—Son nuestros mejores amigos, Gail, no se fijarán si la casa está ordenada o no.

Desde mi punto de vista, estar con amigos significaba sentirse a gusto y relajado.

—A las mujeres no nos importa quién venga a nuestra casa, Mike —respondió Gail—. Todo el mundo notará si mi casa está ordenada o no. Quiero que esté limpia y aseada. Y punto.

A su modo de ver, era imposible sentirse relajado si la casa estaba hecha un desastre.

¿POR QUÉ ES INCAPAZ DE CARGAR EL LAVAVAJILLAS COMO ES DEBIDO?

¿Cómo vamos a referirnos a la vida doméstica sin hablar de esa extraña enfermedad que padecen los hombres, de su incapacidad de cargar el lavavajillas como es debido? A veces los hombres ni siquiera recogen los cacharros después de sacarlos del lavavajillas, sino que se limitan a dejarlos sobre el escurreplatos y ya está.

Cuando doy conferencias sobre el cerebro masculino y femenino, muchas personas se acercan para ofrecerme sus versiones sobre el siguiente tema.

Un hombre: «Yo cargo el lavavajillas y luego aparece mi mujer y cambia lo que yo he hecho».

Una mujer: «Mi marido llena el lavavajillas y dice que lo ha hecho, pero tengo que ir yo y cambiarlo todo, así que más vale que lo haga yo misma».

Este invento reciente, el lavavajillas, refleja la belleza de la diferencia entre el cerebro masculino y el femenino. El marido ve el lavavajillas como un objeto que ha de cargar y ya está. Cuando lo descarga, deja algunos platos sobre la encimera, sin recoger. Cuando lo descarga, no se fija tanto como su mujer si los platos presentan alguna manchita o restos endurecidos de comida. En lugar de enjuagarlos antes, los mete tal cual en el lavavajillas. Piensa: «¿Para qué han inventado este dichoso artilugio si hay que lavar cada plato antes de introducirlo en él? Basta con enjuagarlos un poco, colocarlos de forma relativamente ordenada y ya está. Hay cosas más importantes que hacer».

Pero para la esposa, esto es lo más importante que hay que hacer en ese momento. Seguramente se fijará en los restos endurecidos de comida o en las manchitas. Y sin duda le preocupará que otras personas se fijen también. Estos platos, estos vasos, son una extensión de su hogar y por ende de su identidad, aunque su marido no lo crea. La mujer se ufana de que los platos que utilizan sus hijos estén bien limpios.

Una mujer de unos cuarenta años me escribió sobre su marido:

> Nunca utiliza detergente cuando lava los platos. Esto me saca de mis casillas. Cuando entro en la cocina me lo encuentro fregando los platos en la pila sin detergente.
>
> —¿Has echado detergente, cariño? —le pregunto sin perder la calma.
>
> —Sí —contesta bajando los ojos, una broma que solemos gastarnos. O bien responde sinceramente: «No». A veces discutimos por eso.

—¿Por qué no usas detergente? —le pregunto—. Tenemos dos hijos. Quiero que coman en platos limpios.

En cierta ocasión mi marido me dijo:

—Cuando vamos de *camping*, no utilizamos detergente. Lavamos los platos en el río. En realidad no es preciso usar detergente. No es una necesidad.

Me quedé pasmada. ¿Qué estaría pensando ese hombre?

Esta divertida conversación encierra un hermoso secreto: En cierto modo, los hombres siempre están «de *camping*». En un sentido biológico es fácil comprender la propensión masculina a recorrer mundo y contemplarlo a través de los ojos de un campista. Incluso un hombre que nunca ha hecho acampada puede vivir el imperativo neuronal de sus antepasados: buscar fuera del hogar en lugar de dentro del mismo su sentido de lo que la vida debería ser.

¿QUÉ LE COSTARÍA RECOGER SU ROPA?

Una ejecutiva neoyorquina, presidenta de una importante empresa, contó esta historia:

«Hace unos días estuve hablando con mi mejor amiga. Ha cumplido los cincuenta años, como yo. Observó que por más que se lo pida a su marido, él se niega a colocar su ropa interior y sus camisas en los cajones de la cómoda. Ella le deja la ropa limpia en la cesta de la colada, bien doblada, y su marido mete la cesta de la colada dentro del armario y se queda tan tranquilo. ¡Se pone lo primero que pilla! La cómoda está ahí mismo, pero se niega a colocar su ropa en los cajones de la cómoda.

»Mi marido es igual que el de mi amiga. Después de hacer la colada llevo la cesta con la ropa limpia al dormitorio, o le pido a mi marido que lo haga, lo cual hace sin rechistar, pero se niega a doblar la ropa. No sólo eso, sino que cuando necesita algo, lo coge del cesto tal cual, como si la ropa se doblara solita. Yo me enfurecía con él, pero ahora, después de hablar con mi amiga, comprendo que algunos hombres son así y que más vale tomárselo con paciencia y sentido del humor.»

A uno le entran ganas de agarrar a esos maridos del brazo y decirles: «¡Haced el favor de recoger vuestra ropa!» Pero, desde el punto de vista de ellos, lo que hacen tiene sentido. Un «sentido» parecido a lo que apuntamos con el ejemplo del *camping*.

La ejecutiva que me explicó esa historia había ido hacía poco a ver la inteligente y divertida obra teatral titulada *Defendiendo al cavernícola*. Según me dijo: «Bien mirado, tiene sentido. Esos maridos son como nómadas. Utilizan la cueva de forma práctica, pero piensan que dentro de poco utilizarán otra y que no merece dedicar mucho tiempo y esfuerzos a ésta».

Por supuesto, a algunos hombres les gusta tener la ropa limpia y doblada en los cajones. Y otros se niegan a recoger la colada porque piensan que es «cosa de mujeres». Pero la mayoría de los hombres no se comportan con respecto a la colada tal como describió la ejecutiva neoyorquina sólo para fastidiar a sus esposas. Cogen «lo primero que pillan» porque les produce una sensación agradable, familiar, de libertad. El desorden les parece divertido, no un problema. Visto desde la perspectiva del cazador, no de una persona que construye el nido, el hecho de doblar la colada ocupa un lugar inferior en la lista de prioridades. Es una tarea que puede posponerse, incluso durante semanas, como me escribió un hombre: «Bien pensado, ¿por qué voy a molestarme en colocarlas bien dobladas si mañana voy a sacarlas del cajón para ponérmelas?»

Existe otra razón que explica la tendencia biológica de los hombres a aplicar esta «lógica» en el hogar. Los hombres suelen ser muy independientes por naturaleza, por lo que se resisten a tener en cuenta los pequeños detalles domésticos. Doblar la ropa limpia, lavar los platos perfectamente, centrarse en tareas motrices delicadas —sabiendo que tu esposa no sólo quiere que las hagas como ella desea, sino que pretende que las juzgues y valores como ella— son cosas a las que muchos hombres se resisten. Nadie, hombres o mujeres, niños o adultos, quiere que le fuercen a considerar algo de una forma que no valora de modo inherente. A menudo los hombres se muestran muy susceptibles a la agenda oculta en la psicología femenina con respecto al hogar, que consiste en obligar al hombre a valorar el espacio interior del hogar tanto como la mujer para que ella se sienta más segura sobre la presencia, el compromiso y la lealtad del hombre hacia el hogar, y por ende a la mujer.

Con frecuencia las mujeres intuyen que sus identidades están neuronalmente, emocionalmente e incluso espiritualmente conectadas con el hogar de forma misteriosa, pero a veces no intuyen que se sentirían más seguras en su relación con su marido si lograran convencerle de que se mostrara neuronalmente, emocionalmente e incluso espiritualmente más conectado con el refugio que han construido.

Muchos hombres no comprenden por qué se resisten a la psicología de su esposa con respecto al hogar, pero en muchos casos se debe a que no poseen un sentido innato que les impulse a cuidar del hogar, sino que éste le es impuesto por una esposa con una agenda psicológica oculta. Esta tensión a menudo inexplorada que se crea entre los hombres y las mujeres puede debilitar un matrimonio, una relación y en última instancia la felicidad que puedan sentir en el hogar que han creado juntos.

En las generaciones anteriores esto no representaba un problema tan serio para los matrimonios porque la separación de tareas entre el hombre y la mujer no permitía que el cuidado del hogar se convirtiera en un problema psicológico o romántico de identidad. En la mayoría de las familias, las mujeres dirigían su hogar como querían, y los hombres se mantenían al margen. Hoy en día, nuestros distintos impulsos neuronales con respecto a la vida en el hogar pueden convertirse en un problema muy serio.

¿QUÉ HAY ENTRE LOS HOMBRES Y SUS COCHES?

«Cuando mi marido regresa del trabajo se pone a lavar su coche —me escribió una mujer desde Des Moines (Iowa)—. Al parecer le relaja. A veces paga a nuestro hijo para que lo haga. Pero la mayor parte de las veces lo hace él mismo. ¡Trata a su coche mejor que a ninguna otra cosa en su vida! Lo lava, lo encera y lo pule. Mi hermano se comporta de igual forma con su coche. ¿Qué hay entre los hombres y sus coches?»

¿Es posible que existan razones, en las ciencias cerebrales, que expliquen la relación amorosa que mantienen los hombres con los coches, las motos, las furgonetas y demás vehículos, los cuales, desde el punto de vista femenino, no son sino medios de transporte?

Un hombre se ocupa de un vehículo como una mujer se ocupa del interior de su hogar. Puede tratarse de un barco u otro vehículo de gran envergadura, no sólo una máquina sobre ruedas. Los hombres están psicológicamente predispuestos a amar esos objetos de libertad y poder. Una de las razones neuronales del amor que siente un hombre por los vehículos y el respeto que le infunde su poder y las posibilidades que le ofrece en la vida, es su deseo de recorrer mundo propiciado por sus hormonas y su cerebro. Uno de los grandes sueños de los varones adolescentes es montarse en un coche y emprender un viaje por carretera. Los hombres jóvenes ansían conducir, explorar, recorrer mundo. Desean descubrir, experimentar. Desean sentirse libres. Los hombres jóvenes sienten un respeto inherente por la sagrada cualidad de un coche de transportarlos a lugares lejanos, de permitirles alcanzar sus metas.

Una segunda razón que explica el amor de los hombres por esos vehículos tiene un contenido «emocional» y, por tanto, neuronal. La relación con un coche, una moto o un barco constituye una relación con un objeto al que cuidan y aman y que no les complica la vida emocionalmente por el hecho de amarlos y adorarlos. Un hombre se me acercó durante un seminario y me preguntó: «¿Sabe por qué amo a mi Thunderbird 68? Porque me acepta tal como soy. Yo le cuido y él cuida de mí. No presenta las complicaciones que presenta un matrimonio».

Con frecuencia las mujeres no comprenden que la intimidad masculina/femenina agobia al marido o al novio. A veces a los hombres les resulta más fácil ocuparse de un coche u otra máquina, y más gratificante, que de una esposa. Si tenemos en cuenta un aspecto del desarrollo del cerebro masculino, lo comprenderemos con toda facilidad.

El cerebro masculino, como hemos observado, busca más oportunidades de alcanzar un estado de reposo que el femenino. Hablar con una esposa sobre un problema, o mostrarse emocionalmente atento a ella, no ayudan a un estado de reposo. El hombre que lava su coche cada día cuando regresa del trabajo quizás esté rendido y decida realizar esa tarea porque le permite que buena parte de su cerebro se relaje. Mientras el agua se desliza sobre los cromados y el hombre pasa la mano sobre la carrocería con una esponja enjabonada, el resto de su cerebro se desconecta.

Esa forma de relajarse atrae menos al cerebro femenino. La mujer alcanza un estado anímico agradable haciendo algo que sobreestimula al hombre: comunicarse, conversar, expresar sus emociones después de una jornada de trabajo. La mujer desea conectar emocional y verbalmente con el marido. El marido desea hacer todo lo contrario. A la postre, es posible que la mujer desee del marido lo que el cerebro de éste no puede darle sin sufrir unas consecuencias estresantes perjudiciales: hablar sobre lo que siente y lo que ha hecho durante la jornada. Si el marido accediera a los deseos de su esposa, los niveles de oxitocina de la mujer aumentarían, lo cual potenciaría su bienestar; pero los niveles de la hormona masculina del estrés aumentarían, cosa que el hombre no desea. De modo que evita el tipo de comunicación que quiere su esposa, lo cual ésta interpreta como un rechazo. Es lógico que la mujer piense: «Mi marido valora más su coche que a mí». Aunque es posible que en ese momento el hombre valore más lavar su coche que conversar con su mujer, no es cierto que valore su coche más que a ella. Sencillamente opta por lavar su coche porque es una tarea que le relaja.

Por supuesto, existen mujeres cerebros-puente a las que no les apetece ese tipo de charla y que quieren más al coche que a su marido. Existen hombres cerebros-puente que están impacientes por llegar a casa después del trabajo para conversar con su esposa y explicarle cómo les ha ido. A algunos hombres los coches no les atraen en absoluto. Algunas mujeres se aburren mortalmente al escuchar a sus maridos relatarles su jornada laboral. Existe una gran variedad entre las personas.

Pero también cabe decir que hay una tendencia biológica masculina que hace que a los hombres les complazca cuidar de objetos que les permiten descansar psíquicamente y mantener con ellos una relación independiente sin el estímulo de una conversación emocional. Como es lógico, un coche es el objeto preferido por muchos hombres. Es el «objeto espacial» por excelencia, que se desplaza a través del espacio físico con utilidad y gracia. Al mismo tiempo, el coche u otro vehículo permite a una persona mostrar su estatus y su valía personal. No sólo los hombres, sino toda la sociedad concede gran importancia al vehículo en el que se desplaza una persona. Cuanta mayor sea la fortuna material de un hombre, más probabilidades tiene de demostrar su estatus en un lujoso objeto espacial que le permite relajarse, recorrer mundo y darse importancia.

¿QUÉ OCURRE CON EL MANDO A DISTANCIA?

El mando a distancia del televisor ha sido tema de numerosos chistes y motivo de no menos conflictos entre hombres y mujeres. Asimismo, es un magnífico objeto para estudiarlo y gozar examinando las diferencias entre el cerebro masculino y el femenino.

Quizá todo el mundo haya observado la tendencia en los hombres a «apoderarse» del mando a distancia. Digamos que un hombre y una mujer deciden relajarse una noche frente al televisor. Es un buen momento para gozar de un clima de intimidad entre los dos. Los niños están acostados. La pareja puede sentarse en el sofá y relajarse, pero esto presenta un problema. El hombre y la mujer saben que hay ciertos programas de televisión que contribuirán a que gocen de esta experiencia, pero los programas preferidos por cada uno tal vez no sean los mismos. Por desgracia, el sistema de hacer *zapping* entre los distintos canales no satisfará a los dos. Para el cerebro masculino, saltar de un programa a otro es relajante, mientras que el cerebro femenino prefiere concentrarse en un determinado programa.

Desde el punto de vista logístico, el hombre suele apoderarse del mando a distancia antes que la mujer, quizá porque ella tarda un rato en acostar a los niños, en recoger las cosas o realizar otra tarea, o quizá porque el hombre insiste en que le ceda el mando a distancia. Una vez que el hombre se ha apoderado del mando a distancia, la mujer observa que se pone a hacer *zapping* para demostrarle que no hay ningún programa que le interese a ella. Cuando da con un programa dramático en el que los personajes conversan sobre sus relaciones o su vida emocional, el hombre se apresura a pasar a otro. Salta de un programa a otro para demostrar que no tienen ningún interés.

La mujer quizá le diga: «Para un momento, cariño, que quiero enterarme de lo que dice esa mujer».

O bien: «¡Deja de hacer *zapping*!»

Pero al marido le aburren esos programas. Prefiere pasar del canal de deportes a un programa donde los protagonistas vuelan hechos pedazos o se tirotean mutuamente mientras los abogados se pelean entre sí y la policía persigue a los criminales. Por respeto a su esposa o compañera, es posible que el hombre regrese al programa que ella quería ver, pero apenas haya escuchado su mujer unas pocas frases del diálogo se muestra impaciente por cambiar de canal. Esto irrita mucho a la mujer porque lo poco que ha escuchado le ha interesado y desea seguir viendo ese programa. Pero el hombre vuelve a saltar de canal, regresa a los programas de tiros, criminales, policías y deportes.

En algunas relaciones conyugales esto ocurre porque la pareja tiene problemas y la televisión forma parte de la lucha psicológica. Pero por regla general esta diferencia en cuanto a la utilización de la televisión es una cuestión interna, neuronal.

El cerebro femenino está bañado por un 15 por ciento más de flujo sanguíneo y dispone de más vías neuronales hacia los centros verbales-emocionales del cerebro. Gozar de una conversación, en especial si se desarrolla en un tono de empatía que implica un procesamiento emocional, puede aumentar los niveles de oxitocina y conseguir que el cerebro femenino se sienta bien, relajado, conectado.

Esto suele oponerse a la mayor propensión del cerebro masculino a buscar estados de reposo. Aunque el cerebro femenino también busca estados de reposo, lo hace con menor frecuencia que el varón. Por lo demás, los estímulos emocionales no «despiertan» al cerebro femenino tanto como al masculino. Son connaturales en la mujer. Pero los estímulos emocionales y las largas conversaciones obligan al cerebro masculino a despertarse. El cerebro masculino, por la noche, en los momentos de cansancio o de renovación personal que él utiliza para sentarse delante del televisor, probablemente no desea despertarse. Desea descansar. Dado que el cerebro masculino alcanza un estado de reposo mediante actividades distintas de las del cerebro femenino, posee lo que podemos llamar «el lujo» de reposar. Ser varón presenta ciertas ventajas, una de las cuales es el cerebro en reposo. Un hombre sabe que si su esposa se apodera del mando a distancia, probablemente no conseguirá que su cerebro repose. Tendrá que mirar un programa que obliga a su cerebro a despertarse, que es justo lo que no desea hacer.

Cabría preguntarse: «Vale, el cerebro masculino desea reposar, ¿pero cómo es posible que le relaje ver a gente volar hecha pedazos o tiroteándose? ¿Cómo es que esas escenas no le ponen nervioso?» «A mí —diría una mujer—, ver a personas morir en televisión u objetos estallando en pedazos me enerva.»

Cuando el cerebro masculino entra en un estado de reposo, su flujo sanguíneo tiende a depositarse más en la médula oblonga que en el cerebro femenino. La médula oblonga constituye la parte elemental del cerebro, en el que se alojan los instintos de luchar o huir y otros instintos básicos. No es una parte del cerebro emocionalmente sofisticada. Durante el estado de reposo, no se comunica con facilidad con los lóbulos frontales situados en la parte superior del cerebro, donde se refinan la empatía y el procesamiento emotivo.

Puesto que el cerebro masculino reposa allí, no es de extrañar que los hombres se relajen contemplando filmes de acción. Las escenas violentas que muestra la pantalla reflejan y calman la parte del cerebro donde se deposita buena parte del flujo sanguíneo masculino. Esto no significa que el hombre se levante y golpee a alguien, sino que es más probable que su cerebro se desconecte en la médula oblonga y se tome un respiro de las áreas del cerebro que utilizan la empatía, la emoción y las funciones verbales superiores.

¿POR QUÉ LES ENCANTA A LOS HOMBRES JUGAR CON ARTILUGIOS Y APARATOS ELECTRÓNICOS?

Un hombre me escribió: «Mi esposa cree que estoy un poco chiflado porque me encanta mi tren eléctrico. Me gustaría que usted me ayudara a explicar a mi esposa que me siento bien cuando trabajo en él».

Una mujer me escribió: «Mi marido siempre está haciendo chapuzas en el garaje. Como le gusta trabajar con madera, siempre está construyendo algo. Le encanta crear objetos de madera para los nietos».

Una mujer, un tanto irritada, me contó: «A mi marido le gusta jugar con artilugios o con su último prodigio electrónico. Pasa mucho tiempo trabajando en su reproductor de DVD y su sistema de música. Pero cuando le doy una lista de tareas domésticas que hay que hacer, procura posponerlas. Al final la mayoría de ellas las hago yo, junto con todo lo referente a la intendencia de la casa».

Esas cartas y comentarios reflejan dos elementos vitales en la mente masculina: el amor por los artilugios, incluyendo los aparatos electrónicos, y la tendencia a hacer chapuzas en áreas que le aportan una satisfacción personal. La esposa o la compañera quizá piense que esas áreas no son necesarias.

Aunque a algunos hombres cerebros-puente no les atraen los trenes eléctricos, las maquetas de aviones, la ebanistería, un nuevo tipo de bombilla eléctrica, el último modelo de taladro, un colector de lubricante, un cortacésped con asiento, una taladradora mecánica, el último *software*, un nuevo videojuego o un reproductor de DVD, muchos obtienen una inmensa satisfacción cuando adquieren, utilizan, almacenan, reparan, inventan, coleccionan y muestran a otros, en especial a sus hijos, sus artilugios. Como cabe suponer, esos artilugios suelen consistir en objetos que se desplazan a través del espacio —real o virtual— que atraen a los centros espaciales-cinéticos del cerebro, incluso los auditivos en lugar de los verbales. Dicho de otro modo, el hombre desea sostener estos objetos útiles en sus manos, construirlos o montarlos y luego exhibirlos. Se siente conectado con los objetos por su utilidad física y su valor como trofeos.

Por lo general, sobre todo en el entorno de su hogar, el hombre desea elegir él mismo los artilugios o aparatos que va a utilizar o construir. No quiere que le indiquen qué objetos o inventos debe seleccionar. Los hombres están cansados de que otras personas les digan durante todo el día en el trabajo lo que deben hacer, y ahora desean «ser ellos mismos» durante un rato. A menudo el hombre desea desconectarse de las demandas del resto de la gente para tener la libertad de utilizar el taladro o el cincel y construir algo que le satisfaga.

El cerebro masculino contiene un jalón histórico con respecto a esta tendencia biológica. Tiene que ver con un concepto que los psicólogos arquetípicos como Carl Jung empezaron a aplicar a los estudios cerebrales hace muchas décadas: «el sentido de la magia». Cada ser humano busca unas áreas de magia en sí mismo, unas áreas de determinadas aptitudes, unas áreas de la vida que muestran con toda claridad la identidad de la persona. Evidentemente, los hombres y las mujeres suelen buscarlas por procedimientos distintos.

Si las mujeres han alcanzado biológicamente su identidad mediante la magia de parir y cuidar de sus hijos, los hombres con frecuencia alcanzan su identidad mediante la magia de inventar y utilizar herramientas. Las herramientas constituyen un método muy masculino de experimentar esa magia, la misteriosa transformación de un objeto o una identidad en otro objeto u otra identidad. No utilizo aquí la palabra «magia» a la ligera. Las mujeres poseen una orientación neuronal inherente y congénita hacia la magia universal; ellas mismas se transforman, físicamente, en madres; el feto que llevan en su seno se transforma en un niño.

Los hombres, dado que están más orientados espacial, cinética y mecánicamente que las mujeres, y no poseen esta vía innata hacia la transformación mágica, tienden a tratar de convertirse en magos de herramientas, en constructores de herramientas. En nuestra época, la electrónica y otros artilugios constituyen los equivalentes neuronales de las herramientas de nuestros ancestros. Cuando un hombre monta un complicado sistema de música o la maqueta de un avión, se siente mágico. Descubre en sí al mago que siempre ha intuido que llevaba dentro, pero que no podía activar excepto de esta forma, construyendo herramientas. La mera sensación de confeccionar, construir y crear le produce una satisfacción mágica al aumentar la transmisión de estas neuronas que producen bienestar, como las endorfinas en el cerebro; y si sus construcciones, sus inventos, su capacidad de utilizar una herramienta hacen que la gente se fije en él, le permiten exhibir su trofeo y le producen un sentido de su propia valía, mejor que mejor. El primer paso consiste en utilizar, jugar y crear con la herramienta. El segundo, por lo general, consiste en exhibir la herramienta creada o manipulada por el mago de su identidad y sus herramientas. «¡Cariño, ven a ver mi nuevo equipo de música!», o: «He instalado un nuevo turbo en el cortacésped. Ven a ver cómo funciona».

Cuando los hombres se concentran en los artilugios y las herramientas, observamos que han interiorizado un límite sobre cómo quieren crear, manipular y utilizar su magia. En la vida doméstica, a veces el hombre oye decir a su esposa o su novia: «Te chiflan los artilugios, te encanta hacer chapuzas, pero te niegas a hacer los trabajos que te pido, reparar el fregadero o...» Los hombres, sobre todo en la casa, después de una larga jornada o semana laboral, necesitan disponer de tiempo para realizar estas funciones, para crear estos objetos, trofeos y regalos mágicos que eligen ellos mismos, pues no quieren que otros los elijan por ellos. Es posible que un hombre no realice las tareas domésticas que le pide su esposa en el momento en que ella se lo pide, sino cuando a él le apetezca.

Recientemente ha aparecido una tendencia social que conviene comentar junto con esta tendencia biológica. Hoy en día muchos hombres realizan trabajos a través de los cuales no experimentan esta sensación de magia. Los trabajos que les reportan dinero apenas les aportan estatus. Algunos son trabajos mecánicos que parten el espinazo y el alma. Otros son tan aburridos que el hombre se despierta cada día consciente de que no ha logrado nada en su vida, pero que debe seguir haciendo su trabajo porque tiene que mantener a su familia.

Y sigue trabajando. Pero está predispuesto a ir en busca de ese mundo mágico, y tratará de dar con él. En especial en el caso de este tipo de hombre, que realiza un trabajo mortalmente aburrido, la valía personal, la autoestima y el simple placer que le aporta construir la maqueta de un avión o un tren eléctrico puede tener un valor emocional y espiritual muy superior al cumplimiento de las tareas de la jornada, de una semana o, en última instancia, de una vida.

Una mujer puede utilizar en provecho propio la búsqueda del hombre de esa magia. La tarea doméstica a la que su marido lleva resistiéndose desde hace semanas puede convertirse en algo que ansía hacer si encuentra, o se le facilita, un nuevo artilugio con que llevarla a cabo.

¿PERO NO COMPRENDE QUE DIOS ESTÁ EN LOS DETALLES?

Hemos hablado de artilugios electrónicos, mandos a distancia, coches, la colada y muchas áreas vitales de identidad y magia, pero ahora conviene que nos centremos en las conversaciones en el hogar. ¿Le suena?

La mujer: «¿Cómo te ha ido la visita con el médico?»

El hombre: «Bien».

La mujer: «¿Qué te ha dicho?»

El hombre: «Poca cosa. Me ha recetado unas medicinas. Tengo una enfermedad cutánea, tal como supusimos. Pero no es grave».

La mujer: «¿Qué más te ha dicho el médico?»

El hombre: «Nada».

O esta otra conversación:

La mujer: «¿Qué te ha dicho Sheri?»

El hombre: «Que te saludara de su parte».

La mujer: «¿Sólo eso? ¿No te dijo nada más? ¿No te ha contado lo de Mark?»

El hombre: «Charlamos un rato. Al también te envía saludos».

La mujer: «¿De qué hablasteis?»

El hombre: «De varias cosas».

La mujer: «¿Cómo qué?»

El hombre: «No sé. No me acuerdo».

Es muy frustrante para las mujeres y los hombres querer relajarse un rato en casa y comprobar que su cónyuge pretende amargarles ese rato de relax. Generalmente para el hombre relajarse significa que nadie le interrogue. Quiere apoltronarse en la butaca sin tener que hurgar en la memoria para recordar las palabras que se dijeron, la ropa que llevaba alguien o los detalles de determinado lugar. Todo esto le supone un esfuerzo de memoria porque posee un hipocampo más reducido, menos vías neuronales desde los centros sensoriales al hipocampo y menos memoria verbal que la mujer.

Para la mujer, relajarse suele significar precisamente más detalles, más sensaciones, más recuerdos, más conversación. ¿Qué llevaba esa persona? ¿Qué aspecto tenía? ¿Te preguntó por mí? ¿Le hablaste de los niños? ¿Qué compraba? Todas estas preguntas son lagunas en su mente que desea llenar. Una mujer casi prefiere que su marido no le diga que se ha encontrado con algún amigo si no está dispuesto a contarle todos los detalles. Con frecuencia se lamenta de no haber acompañado a su marido al médico porque luego él se niega a explicarle la entrevista con pelos y señales. La salud de su marido forma parte de la vida doméstica de la mujer; sus amigos forman parte de su red de amistades. Necesita y desea conocer los detalles, y mucho más.

El campo de la neurobiología ha logrado identificar unos elementos de nuestra historia de cazadores-recolectores en estas diferencias masculinas/femeninas.

Cuando pensamos en hombres que practican deportes o trabajan en un proyecto profesional, vemos los elementos de la actividad de cazar: cada hombre individualmente, y como parte de la partida de caza, persigue un objetivo. Cuando pensamos en comprar, vemos los elementos de la actividad de recolectar. El cerebro femenino contiene el deseo y la habilidad de recolectar productos para el hogar del mismo modo que las mujeres solían recolectar raíces y tubérculos, rebuscando entre las hojas y los matorrales, al tiempo que charlaban con amigas o tomaban nota de los detalles para otra ocasión.

Al cerebro femenino le encanta almacenar datos y tomar nota de los detalles, pero muchas veces, por desgracia, al cerebro masculino no. En este ámbito neurohistórico básico, no es de extrañar oír conversaciones como las reseñadas más arriba. Mientras el marido conversaba con Sheri y otros, su cerebro no tomaba nota de los detalles. Sus neuronas se fijaban sólo en los rasgos básicos de las personas y los objetos. De haber estado presente su esposa, se habría fijado no sólo en los rasgos básicos, sino también en los detalles para compartirlos posteriormente con otros. Mientras el paciente masculino se hallaba en la consulta del médico, estaba concentrado en su objetivo: salvar la vida y obtener las medicinas adecuadas. De haber estado presente su esposa, habría prestado atención a los matices de la explicación del médico sobre la enfermedad. Quizás habría pensado para sus adentros, basándose en el aspecto del médico, que había perdido mucho peso y necesitaba unas vacaciones. Su marido habría permanecido centrado en su objetivo, no en la persona.

Tanto en la consulta del médico como si se trata de un encuentro fortuito o una entrevista emocional, podemos tener la certeza de que los hombres se percatarán de menos detalles que las mujeres. El cerebro femenino tiende a desear que las conversaciones sean más largas y enriquecedoras para profundizar y reforzar su relación con otros. El hecho de reforzar esas relaciones a través de palabras y recuerdos compartidos estimula la segregación de oxitocina femenina, la sustancia química que propicia los vínculos afectivos y produce en la mujer un profundo bienestar.

No deja de ser irónico que la conexión verbal constante que ansía la mujer puede ser precisamente lo que disgusta a su marido o compañero. Es posible que él le diga: «¡Deja de darme la lata! ¡No recuerdo nada más!» La mujer lo interpreta como un rechazo de su propia identidad.

Es muy doloroso, y a la vez lógico, desde un punto de vista neuronal. Desde el punto de vista de la función del cerebro, el problema no reside en el rechazo. El hombre está desarrollando sus funciones cerebrales y en muchos casos no puede hacer otra cosa que adoptar una actitud de rechazo para protegerse.

LOS HOMBRES CEREBROS-PUENTE EN EL HOGAR

Cuando una mujer vive con un hombre cerebro-puente, este tipo de rechazo ocurre con menos frecuencia. Si el hombre es un cerebro-puente, dotado con una mayor memoria que el hipocampo, más vías neuronales desde los centros emocionales y sensoriales al hipocampo y unas aptitudes verbales-emotivas superiores al promedio de hombres, la mujer obtendrá más información de él y una mayor motivación personal para compartir los detalles emocionales y sensoriales. Este hombre tiende a gozar, más que la mayoría de los varones, cuando ofrece detalles y refuerza los vínculos afectivos con su cónyuge a través de la conversación.

Es posible que le guste cambiar de canal como lo hace su esposa.

Es posible que disfrute con las tareas domésticas y las sutilezas del lavavajillas.

Es posible que su cerebro no repose tanto como el promedio de los hombres, y quizá sea capaz de realizar tantas tareas a la vez como su esposa.

Es posible que ese hombre y su esposa no tengan que enfrentarse a tantos de esos momentos en que ellas se sienten rechazadas por ellos.

Cuando una mujer no vive con un cerebro-puente, quizá se enfrente a una decisión personal: ¿hasta qué punto estoy dispuesta a aceptar el rechazo? Esta pregunta conlleva otra pregunta: ¿hasta qué punto puede nuestro matrimonio aceptar las diferencias verbales-emocionales? A menudo la mujer necesita a otros en su círculo con quienes entablar conversaciones rebosantes de detalles para que estimulen sus niveles de oxitocina. Su marido o compañero estimula su identidad esencial de otra forma y no le necesita para eso.

Pero la mujer, si vive con un cerebro-puente, probablemente gozará manteniendo largas conversaciones con él.

¿Cómo sabe una mujer si vive con un hombre cerebro-puente? Si no puede hacerle una RM (tomar una fotografía de su cerebro), puede tratar de averiguarlo no sólo prestando atención a las cualidades descritas más arriba, sino teniendo en cuenta las siguientes preguntas.

¿Por qué los hombres y los muchachos escupen más que las mujeres y las chicas? Escupir, al igual que orinar, es una forma de marcar territorio que tiene que ver con la testosterona. Esto es aplicable tanto a los hombres como a las mujeres: las que tienen niveles elevados de testosterona escupen más que las que tienen menos testosterona. Los hombres cerebros-puente tienden a marcar el territorio menos que otros varones debido a que, en general, poseen niveles de testosterona inferiores a la media. Todos los seres humanos podemos controlar la emisión de saliva o escupir para demostrar superioridad. Los hombres, debido a niveles superiores de testosterona, tienden a escupir con más frecuencia que las mujeres y los hombres cerebros-puente. Al hacerlo, declaran inconscientemente: «Aquí estoy, en mi territorio, éste es mi poder».

¿Acaso cree mi esposo que el plato se lavará solo? Una mujer me escribió: «Mi marido trabaja en casa. A veces sube para comer las sobras del día anterior y ensucia un plato. Pero nunca se le ocurre lavarlo. Después de comer baja y se sienta de nuevo delante de su ordenador. Cuando llego a casa el plato sigue sin lavar. Cuando se lo echo en cara, responde: "Te prometo que lo lavaré antes de que nos acostemos. No te preocupes, cariño". Un día hice la prueba y dejé el plato sin lavar. Tal como me prometió, mi marido lo lavó junto con los platos de la cena. Confieso que no me lo esperaba».

Por regla general, los hombres no sienten tan rápidamente como las mujeres la necesidad de lavar los platos y ordenar las cosas en el cuarto de estar. Esto se debe ante todo a que el cerebro masculino recibe menos datos sensoriales y por tanto tolera mejor el desorden. Un hombre pulcro, debido a su personalidad genética o por habérselo enseñado sus padres, no encaja en este patrón. Un cerebro-puente quizá tampoco encaje en él; debido a que procesa más datos sensoriales, tiende a ordenar enseguida cualquier cosa que esté fuera de lugar.

¿Por qué pone la música tan alta? «Mis hijos y yo nos detuvimos delante del semáforo cuando de pronto nuestro vehículo se puso a temblar —me escribió una mujer hace poco—. Junto a nosotros había un joven de unos veinte años y la música sonaba tan alta en su coche que por poco nos deja sordos.

»—¿Por qué tiene que poner la música tan alta? —gritó mi hija.

»—Para demostrar que es un tío guay —respondió su hermano mayor.»

El motivo más obvio de que un varón ponga la música más alta que una mujer es que su capacidad auditiva suele ser menos sensible. Por tanto, en muchas cosas, los hombres necesitan percibir una sensación más fuerte para oír bien. Esto ocurre incluso en una importante conversación conyugal. Con frecuencia la mujer se irrita porque su marido no la escucha cuando en realidad es posible que no la oiga tan claramente como ella supone, sobre todo si le habla en voz baja. Los hombres, entre otras cosas, no perciben las voces bajas y los ruidos de fondo tan bien como las mujeres. Por lo demás, la música alta, más allá de su componente auditivo, es, como apuntó el hijo de esa mujer, una forma de demostrar su superioridad. El chico o el hombre que pone la música a todo volumen lo hace para decir: «Fijaos en lo macho o poderoso que soy», o lo que es lo mismo: «A ver quién se atreve a obligarme a bajarla».

Los hombres cerebros-puente suelen reaccionar de forma muy distinta. Muchos poseen una mayor capacidad auditiva y oyen bien, por lo que no suelen hacer esos alardes de superioridad.

¿Debo entregar a mi compañero una lista de la compra visual en lugar de escrita? La psicóloga de un instituto vino a hablarme durante un coloquio. Había visto un anuncio en televisión de una cámara digital que mostraba a un hombre recorriendo el supermercado incapaz de recordar lo que su esposa le había encargado que comprara. En la siguiente escena del anuncio se veía a la esposa en la cocina, fotografiando con una cámara digital las cosas que quería que comprara su marido, tras lo cual recortaba las fotos y las pegaba para confeccionar una lista de la compra visual. A continuación aparecía el marido en el supermercado, comprando todo lo que su esposa le había pedido, sonriente y satisfecho. Al igual que ella.

Aunque este anuncio insinúa, lamentablemente, que los hombres son unos incompetentes, al mismo tiempo ofrece un valioso ejemplo. Para muchos hombres, la diferencia neuronal entre un estímulo visual y otro escrito es muy profunda. Para los cerebros-puente, menos. Por lo general, el cerebro masculino es un sistema más espacial y mecánico que el femenino, a la par que más visual. Por eso, un hombre suele recordar mejor un objeto si lo ve. Pero el hombre cerebro-puente quizá no experimente ninguna diferencia entre un estímulo visual y otro escrito. Incluso es posible que ese anuncio le parezca ridículo.

Asimismo, dado que muchos hombres no pasan largos ratos en la cocina, sometidos a un estímulo repetitivo de memoria, quizá no estén familiarizados con la marca del producto que desea su esposa, mientras que el cerebro-puente tal vez lo conozca perfectamente. Cuando su esposa le pida que compre harina de una determinada marca, el marido cerebro-puente sabrá a qué marca se refiere.

PRACTICAR LA SEPARACIÓN ÍNTIMA EN LA VIDA DOMÉSTICA

A medida que hemos respondido a cada pregunta en este capítulo desde un punto de vista neurobiológico, hemos demostrado la importancia de practicar la separación íntima en el hogar. Compartir ese espacio reducido constituye un factor muy estresante para el cerebro masculino y el femenino. Una parte de ese estrés es «beneficioso». Pero otra no, y puede destruir un matrimonio o una relación.

A medida que hemos hablado sobre el hogar, el mando a distancia, los artilugios electrónicos y otros aspectos del nido que ha creado la pareja, hemos explorado los problemas de identidad de las mujeres y los hombres. A través del afán de independencia y libertad que los hombres aportan a muchos aspectos de la vida, incluido el hogar, podemos observar el tema de la separación íntima a través del prisma masculino.

Los hombres persiguen una meta. Tratan constantemente de medir y calibrar su valía personal. Son capaces de sacrificar su integridad física y su vida, su sangre y su cerebro, incluso su felicidad personal con tal de demostrar su valía. Existen ciertos ámbitos que los hombres asocian con sus méritos personales, su valía y su identidad. Ansían penetrar cada día en esos ámbitos con el fin de ponerse a prueba. Aunque el hogar es muy importante para ellos, quizá no sea el centro de su identidad. Es probable que no sea el principal ámbito que eligen para ponerse a prueba.

Por el contrario, para las mujeres el hogar suele ser el lugar en el que se enfrentan a los retos de identidad. El hogar es el indicador clave de la identidad de las mujeres, mientras que para los hombres es un lugar en el que relajarse, sentirse seguro y a salvo de los problemas, pero no un lugar en el que digan «todos los días mido mis fuerzas en este espacio reducido».

Cuando el hogar constituye un indicador de la identidad del hombre, generalmente lo es en términos de su valor: «Esta lujosa casa que es mi hogar demuestra lo que he conseguido en la vida». Aunque una mujer puede sentirse orgullosa del valor material de su casa, hay cierta diferencia. Para ella, el interior del hogar refleja su identidad, es un lugar de «valor espiritual», a diferencia del «valor material» que le otorga el hombre. Por desgracia, el valor espiritual o interior del hogar constituye una parte de la búsqueda y la identidad del hombre muy inferior a lo que desearía una mujer.

Por tanto, cabe decir que los hombres no ven lo que se necesita en el hogar ni la importancia de cuidar del nido tanto como las mujeres. Para algunos, el hecho de que hagamos hincapié en esta tendencia biológica es «otra excusa para no echar una mano en casa». Pero para la mayoría el hecho de que hablemos de ello demuestra que es un aspecto importante de la mentalidad masculina y que posee un valor inherente en el desarrollo de las relaciones hombre/mujer. El mero hecho de reconocer la profunda diferencia de nuestros enfoques con relación a la identidad y el hogar puede ahorrar a nuestras relaciones una gran cantidad de estrés.

Para ser más prácticos: si los hombres no se sienten tan cautivados por el hogar como las mujeres, pero el hogar necesita que toda la familia contribuya a su buen funcionamiento, ¿qué podemos hacer para que la vida sea más agradable para todos y vivamos felices y contentos?

En este caso, la separación íntima es también un arma muy eficaz.

Utilice su sentido del humor. Una de los mejores sistemas para que funcione es aplicar a casi todo lo referente al hogar un sentido del humor saludable. La esposa puede decir: «Has pasado muy a fondo el aspirador. Pero no te has fijado en ese pelo del perro. ¿Quieres que lo coloque en el centro de la habitación para que lo veas?» En el matrimonio pueden utilizarse las burlas, el sarcasmo y las bromas saludables, siempre que no se haga de mala fe, para transmitir un mensaje no estresante. El hombre no debe ser el único receptor de esas bromas. Las mujeres también tienen que dejar que sus maridos les tomen el pelo.

El hombre puede decir: «He terminado de pasar el aspirador, pero quizá se me haya escapado una mota de polvo. ¿Quieres ver si la encuentras?»

Utilice listas y objetivos. Asimismo es útil practicar la separación íntima confeccionando listas y fijando objetivos. Un hombre y una mujer que conviven pueden acordar cinco tareas que él debe realizar cada día en la casa. Si el hombre accede, se ha comprometido en una transacción y su integridad está en juego. Lo más seguro es que cumpla los objetivos a los que se ha comprometido. Estos objetivos deben ser razonables para él, y debe poder cumplirlos como desee. Aunque es probable que sea la mujer quien decida si la tarea está bien realizada o no, y aunque tiene derecho a «rematarla» si al hombre se le ha pasado algo por alto, no tiene derecho a decir «No has cumplido tu parte». El hombre la ha cumplido, al margen de que a la mujer le guste o no cómo lo ha hecho.

Reparto de tareas. El reparto de tareas es vital para que este sistema funcione. La mentalidad del cerebro-puente encaja perfectamente aquí. Por ejemplo, en nuestra casa Gail es más hábil que yo con el destornillador. Le gusta montar aparadores y estanterías. También le gusta pintar. Es un cerebro-puente a la hora de manejar un destornillador. Yo la admiro y la dejo hacer. Hemos acordado que ella se encargue de montar los objetos que se venden en piezas sueltas.

Yo soy más hábil en lo referente a coches, cortacéspedes, etc. Gail deja que yo me ocupe de estas tareas. Cuando uno de los dos nos enfrentamos a una situación que no podemos resolver solos —yo suelo ser más terco a la hora de confesar que no sé resolver el tema— llamamos a un profesional o pedimos ayuda a un miembro de la familia o a un amigo. No creamos un problema entre los dos cuando podemos acudir a uno de nuestros parientes o amigos. Las tareas no sólo deben repartirse entre el hombre y la mujer, sino entre la familia y la familia extensa.

Evitar meterse en el terreno del otro. Uno de los elementos clave para que este método tenga éxito es no meterse en el terreno del otro. Conviene evitar decir constantemente: «Intenta hacerlo de esta forma». Cada persona tiene que cometer errores y aceptar las consecuencias. A este respecto, la tendencia biológica del cerebro masculino más independiente resulta muy útil. Los hombres, a diferencia de la mayoría de las mujeres, no suelen considerar las tareas domésticas como cruciales para la intimidad. Lo que desean es concluirlas cuanto antes. En ocasiones conviene adoptar la actitud del extremo masculino del espectro cerebral y no tratar de crear un clima de intimidad a través de las tareas domésticas.

Conviene invocar el sentido del deber del hombre. En todas las relaciones existe un punto central en el que los hombres y las mujeres anhelan encontrarse. Incluso cuando parecen odiarse, en parte desean unirse en ese punto. Conviene que tanto los hombres como las mujeres utilicen la palabra «deber», con todo lo que conlleva. Las mujeres sienten el deber de hacer ciertas cosas para los hombres; los hombres sienten el deber de satisfacer ciertas necesidades de las mujeres. Este sentido del deber forma parte de la transacción del matrimonio y la relación, que más tarde rinde frutos.

A veces conviene catalogar ciertas tareas domésticas como un deber. Estas tareas pueden asumir el punto central de una relación, como parte de la búsqueda en que consiste el amor. Si invocamos el sentido moral del deber de un hombre y nos mostramos razonables en cuanto a las tareas que le pedimos que asocie con el deber, comprobaremos que ello le permite medir y definir su importancia, por lo que pondrá todo su empeño en salir airoso.

Durante la práctica de la separación íntima la mujer debe tener presente los siguientes objetivos:

1. Mostrarse razonable, dado que conoce las profundas diferencias entre los hombres y las mujeres. Es vital que el hombre también se muestre razonable.

2. Aceptar que no puede modificar lo que el hombre piensa sobre los quehaceres domésticos y otras tareas.

Las mujeres, en mayor medida que los hombres, cumplen un «segundo turno» de trabajo en el hogar. El resentimiento que eso crea en las ellas no tiene por qué ser un peligro para el matrimonio.

Pueden bromear e incluso referirse a ello en los momentos en que se sientan irritadas con su cónyuge. Por regla general, los hombres no valoran lo que hacen las mujeres en el hogar tanto como ellas. Ni comprenden, en tanto que grupo, el nivel de identidad que alcanza una mujer a través de los detalles de su trabajo en el hogar.

El problema se plantea cuando el marido se niega a echar una mano, incluso en el cuidado del jardín, cuando no cumple las tareas que le corresponden y subestima el trabajo que realiza su esposa. Es probable que exista un patrón conyugal que tenga más que ver con las luchas psicológicas y de relación que con las diferencias «domésticas» entre los hombres y las mujeres.

Si la estabilidad a largo plazo de la intimidad posee un gran valor en nuestras vidas como hombres y mujeres que nos amamos, debemos optar por la separación íntima en lugar de tratar de modificar el cerebro de nuestro cónyuge. Una mujer puede ayudar a un hombre a cambiar sus hábitos e incluso algunos de sus deseos; puede incidir en sus objetivos animándole a perfeccionarse invocando los mejores aspectos de su carácter. Pero en general no conseguirá cambiar los aspectos biológicos de su cerebro. Aunque los fallos del hombre pueden crear un ciclo profundo y oculto de resentimiento capaz de destruir el amor, no debemos permitir que las cosas lleguen a este punto. La naturaleza humana es nuestra amiga, por más que plantee numerosos misterios.

8

Lo que un padre sabe: la naturaleza de ser padre

«Un padre sabio es el que conoce a su hijo.»

William Shakespeare

Linda, treinta y tres años, me escribió:

Creo que la frase favorita de mi marido es: «Descuida, cariño, los niños están perfectamente». A veces le pido que me apoye en algunas decisiones, pero se limita a contestar «No pasa nada» o «Deja de preocuparte». La semana pasada dije a mi hijo de doce años que era demasiado joven para ir al centro comercial con sus amigos. «Pueden ocurrir muchas cosas allí —le expliqué—. ¿Verdad, Jim?», pregunté a mi marido. Él respondió: «Tienes que confiar en él algunas veces», y se encogió de hombros. ¡Eso me saca de mis casillas! A veces pienso que soy la única patrulla de seguridad en la casa.

Grace, sesenta y siete años, me escribió:

Las cosas han cambiado mucho desde que crié a mis hijos. Una de las cosas que más ha cambiado es el papel del padre. Antes las madres se alegraban de que los padres no se metieran en estos asuntos, sobre todo cuando los niños eran pequeños. Pero ahora los padres intervienen en todo. Creo que esta nueva tendencia es positiva, que beneficia a mis nietos. Pero he observado que por más que los padres intervengan en la educación de sus hijos —mi hijo se ocupa mucho de los suyos—, sigo creyendo que los padres no son como las madres. Hacen las cosas de distinta manera.

Hoy en día, en Estados Unidos un 69,1 por ciento de los hijos se crían con la madre y el padre en el hogar, el 22,4 por ciento sólo con la madre, un 4,2 por ciento sólo con el padre y un 4,1 por ciento sin el padre ni la madre. Fuera de Estados Unidos, la probabilidad estadística de que un niño se críe con la madre y el padre en el hogar es aún más alta. En los países en vías de desarrollo, donde se concentra la mayor parte de la población mundial, cuando el padre falta en el hogar uno o más miembros de la familia extensa se muda a la casa o vive cerca.

En todo el mundo, la tendencia biológica del ser humano a proporcionar a los niños más de un padre es muy marcada y todo indica que seguirá así. Al margen de los experimentos sociales respecto a las estructuras familiares que lleve a cabo una determinada generación —un ejemplo es nuestro actual interés en la familia monoparental—, proteger el desarrollo cerebral y físico de un niño, así como procurarle una seguridad social y psicológica, suele ser responsabilidad de cuando menos dos personas que le ofrezcan cuidados maternales y paternales.

La naturaleza humana nos conduce hacia esa tendencia debido a nuestros instintos, los dictados sociales de protección y la reacción social contra las experiencias que contradicen nuestros impulsos naturales. Por ejemplo, después de un breve experimento que proponía que los padres no eran necesarios, unos estudios más recientes han demostrado lo pernicioso que puede ser para un niño desde el punto de vista psicológico e intelectual criarse sin un padre. En la actualidad, en Estados Unidos, nos hemos propuesto proteger el papel del padre en la crianza de los niños, debido a que estudios como el ensayo de David Blankenhom titulado *Fatherless America* [América sin padre] muestran que en todas las estadísticas referentes a la seguridad del niño y su desarrollo personal incide la ausencia de un padre en el hogar. Los estudios llevados a cabo por el gobierno lo confirman. El papel del padre ha adquirido incluso mayor importancia en el desarrollo humano en países como Estados Unidos debido a que, si bien antes abuelas, abuelos, tías, tíos, madrinas, padrinos, vecinos y otros miembros de la tribu se ocupaban de los niños, ahora intervienen menos en sus vidas y muchas madres trabajan fuera del hogar, lo que incrementa exponencialmente el papel del padre.

LA BIOLOGÍA DE SER PADRE

Exploremos los entresijos de ser padre a través del prisma de la vida cotidiana y desde el centro de esa vida, la biología humana. Los padres son padres por naturaleza, al igual que las madres son madres por naturaleza. La mentalidad de padre es natural en un hombre. El hecho de ser padre constituye, en muchos aspectos, un crisol biológico. Casi todos los factores biológicos y basados en la naturaleza que hemos examinado en los capítulos anteriores son vitales en el desempeño del papel de padre.

- **La química cerebral de un padre le lleva a establecer unos vínculos afectivos con su hijo distintos de los de la madre, que denominamos «educación paterna».**
- **La testosterona y la vasopresina se mezclan en el cerebro masculino y crean un estilo masculino de educar y cuidar de los hijos.**
- **Debido a que el hombre posee menos centros verbales y más centros espaciales-cinéticos, el padre tiende a relacionarse con sus hijos a través de juegos físicos en lugar de una empatía verbal, a conectar estando junto a ellos en lugar de a través del contacto visual.**
- **La función cortical abstracta-mecánica incide en la formación que da el padre a sus hijos en materia de aptitudes y afinidades, planteando a los niños retos mecánicos y de diseño que sólo aceptarían de un padre.**
- **La necesidad de demostrar constantemente su valía personal lleva a un padre, y por ende a su hijo, a alardear de ella y a poner a prueba la propia valía y la autoestima del niño.**

- **La biología ética del padre es crucial, especialmente con respecto a adolescentes propensos a correr riesgos.**

A medida que avancemos en este capítulo, exploraremos a fondo éstas y muchas otras tendencias naturales. A veces los comentarios jocosos de padres, madres y niños constituyen una puerta que nos muestra la misteriosa mente masculina. Éste es el primero de esos comentarios.

«DESCUIDA, CARIÑO, LOS NIÑOS ESTÁN PERFECTAMENTE»

Aunque existe una gran variedad entre los hombres, también hay una tendencia biológica masculina que hace que la frase «Descuida, cariño, los niños están perfectamente» sea un comentario más «masculino» que «femenino». Los padres tienden a adoptar una actitud más despreocupada, más «esperemos a ver qué ocurre», más centrada en enseñar a los niños a ser independientes a través del ejemplo y la orden. Las mujeres tienden a adoptar una actitud más protectora, «ayudar enseguida a los niños», una empatía más inmediata y a fomentar en ellos una mayor dependencia.

Un padre me escribió: «Sobre algunas cosas soy casi obsesivamente moral y estricto, pero sobre muchas otras me preocupo menos que mi mujer».

Una madre me escribe: «Uno de los comentarios favoritos de mi marido sobre los niños y yo es "No le des tanta importancia". Eso me hería, pero me di cuenta de que no lo decía para molestarme. Él no da a muchas cosas relacionadas con nuestros hijos tanta importancia como yo. Creo que yo veo más posibilidades negativas que él. Y también creo que mantiene una relación afectiva con ellos distinta de la mía».

En el aspecto biológico, los machos humanos mantienen con sus hijos una relación afectiva distinta a las hembras, lo cual crea profundas diferencias en la forma de abordar los cuidados y la educación de los niños.

Una forma clara y científica de comenzar a observar las diferencias masculinas/femeninas en la relación afectiva con los hijos es observando a otros animales. Entre muchas especies de mamíferos, el papel biológico del padre no es tan complejo como entre los humanos. La leona, por ejemplo, se ocupa de buena parte de los cuidados de sus cachorros; el león, mucho menos. Durante ciertas fases de desarrollo en la vida de los jóvenes gorilas y chimpancés, la madre pasa más tiempo con sus crías y se ocupa de ellas.

En estas situaciones, es lógico que los pequeños apenes acusen la falta de una presencia constante por parte del padre debido al papel preponderante que tienen estos mamíferos en estructuras sociales como las manadas, los rebaños y los grupos. Los hijos son criados por la madre y la manada, de la que el padre forma parte integrante; cuando el padre se ausenta para ir en busca de comida, otros machos y hembras cuidan de los pequeños.

Pero entre los humanos el papel biológico del padre es más amplio que en cualquier otra especie. Nuestros padres mantienen una relación afectiva más estrecha con sus hijos que la mayoría de los mamíferos. La relación afectiva del padre humano con sus hijos constituye una de las razones por la que los humanos hemos prosperado como especie. La naturaleza humana ha adaptado el papel biológico del padre hasta equipararlo con el de la madre, y los niños han avanzado más que otros mamíferos cachorros en sus aptitudes, en sus habilidades y en la confianza en sí mismos.

Pero aunque los padres humanos desarrollen con sus hijos vínculos afectivos tan poderosos como las madres, la naturaleza de esos vínculos es distinta.

La diferencia en los vínculos afectivos

Cuando una mujer se queda embarazada, su sistema hormonal cambia para adaptarse a la gestación del niño. Sus niveles de progesterona, por ejemplo, pueden aumentar más de veinte veces. Su sistema de estrógenos se altera, lo cual afecta a las otras sustancias químicas cerebrales, como la serotonina y la dopamina. Sus niveles de oxitocina también se modifican. En resumen, la alteración de las hormonas y las sustancias químicas cerebrales es el motivo del afán neuroquímico de la mujer en imaginar, cuidar, proteger y alimentar a su hijo y su hogar.

Los hombres comparten con las mujeres la conexión instintiva con los hijos. Asimismo, comparten vínculos sociales, emocionales y psicológicos con sus hijos. Todos los vínculos humanos se basan en la química cerebral, por lo que cabe decir que el cerebro masculino se vincula profundamente con los hijos.

No obstante, ese sistema cerebral no experimenta importantes cambios en los niveles de progesterona, estrógenos, serotonina y oxitocina. Comoquiera que el cuerpo del hombre no experimenta una gestación física, las hormonas, las sustancias químicas y su organismo apenas registran alteraciones. La química femenina forma sus vínculos con los hijos más rápidamente que la del hombre y con un mayor aporte bioquímico. Esta diferencia biológica en los vínculos afectivos es el motivo principal por el que un 90 por ciento de hombres jóvenes que dejan embarazadas a chicas adolescentes abandonan a la madre y al niño. Es una de las principales razones biológicas por la que una sociedad que no legisla el matrimonio se enfrenta al problema de hombres que abandonan a sus hijos y forman otras familias o no cumplen con sus responsabilidades. Es una de las principales razones por las que los padres tienen más problemas para adaptarse y respetar a los hijos que sufren una discapacitación física o mental. Y también explica por qué los hombres casados mantienen tantas aventuras extraconyugales durante el embarazo de sus esposas.

Señalar estos factores biológicos no excluye otras razones que explican esas tendencias. Los hombres que dejan encinta a chicas adolescentes suelen tener entre dieciocho y veintitantos años, por lo que carecen de madurez psicológica. Los hombres, en tanto que grupo, suelen sentir menos empatía que las mujeres y por consiguiente poseen menos recursos internos para mostrar su empatía hacia unos hijos a los que no quieren. Los padres que se desentienden de sus hijos suelen hacerlo para no mantenerlos, porque sospechan que quizá no sean suyos, por temor a que la mujer abuse de ellos económicamente y en ocasiones por venganza contra una ex esposa.

Al mismo tiempo, toda conducta tiene su origen en una interacción de las sustancias químicas y los neurotransmisores en el cerebro. Por tanto, aunque es cierto que los hombres establecen vínculos afectivos con sus hijos, no es menos cierto que esos vínculos son bioquímicamente distintos de los femeninos. Esta diferencia bioquímica en la relación afectiva lleva a la tendencia de un padre a educar y cuidar de sus hijos de una forma que es vital en el desarrollo del niño, pero que con frecuencia difiere del estilo de la madre.

La educación paterna

La educación paterna es un término que utilizamos para describir la forma en que el cerebro masculino aborda la relación con los hijos.

- Debido ante todo a unos niveles de oxitocina inferiores, los hombres no suelen relacionarse tan afectivamente con sus hijos a través de la empatía inmediata como las mujeres. Las madres tienden a preguntar enseguida al niño «¿Estás bien?» y a darle unas palmaditas cariñosas, ponerle una tirita o abrazarlo. El padre suele abrazar al niño durante menos rato que la madre y decir o expresar por medio de signos no verbales «Ánimo, no ha pasado nada».

- La educación paterna tiende hacia un modelo de «respeto» más que a un modelo de «estima». Una madre de tres hijos, que también es psicoterapeuta familiar, depositó esta frase en la caja de «preguntas» durante un cursillo que yo dirigía. Habíamos examinado, como grupo, la forma de contribuir a potenciar la autoestima de los niños:

  «Es importante diferenciar entre la autoestima y el amor propio. La autoestima es fluida. Debemos dejar que fluya. Debemos ayudar a los niños a que fluya a través de ellos. El amor propio es otra cosa. Lo adquirimos con el tiempo a través de nuestros logros. Necesita del fracaso y el éxito, de los sentimientos de dolor y de satisfacción.

  »Creo que las mujeres tienden a dar más importancia a la autoestima y los hombres al amor propio.»

Ésta es una diferencia fundamental en la forma en que el cerebro del hombre y el de la mujer se adaptan a la crianza de los hijos.

Las madres tratan de suavizar las cosas, allanar el camino de sus hijos en la medida de lo posible. Los padres tienden a fomentar en sus hijos un mayor sentido de competencia, para que experimenten la sensación de fracaso.

Las madres suelen hacer más cosas por sus hijos, como recoger el tenedor que se les ha caído al suelo, ayudarles a sortear pequeños obstáculos en la acera y hablar a otros en su nombre. Los padres suelen decir «Hazlo tú mismo» o «No necesitas mi ayuda, puedes resolverlo solo».

Las madres procuran que las actividades de sus hijos se desarrollen en un espacio físico, psicológico y social reducido, para evitar que experimenten el fracaso o se sientan solos. Los padres tienden a ampliar las actividades de sus hijos a espacios físicos («Cariño, deja que vayan al parque, eso nos dará un respiro y los niños podrán correr a sus anchas»), espacios psicológicos («Forma parte del proceso de madurar. A veces los amigos nos hieren. Ya lo superará»), y espacios sociales más extensos. Un colega me ofreció un ejemplo muy ilustrativo. Cuando su hija mayor comenzó a asistir al instituto, su esposa se sintió deprimida durante varios días debido al nuevo capítulo que se abría en su vida y en la de su hija. Un día confesó a su marido, llorando: «Mi pequeña se hace mayor. Dentro de poco se marchará de casa». Casi simultáneamente, su marido se dijo: «Es magnífico que mi hija mayor se independice y abandone el nido. Me alegro por ella».

Aunque este hombre experimentó el paso del tiempo y de la infancia a su manera, no se sintió tan emocionalmente disgustado por el hecho de que sus hijos crecieran y se alejaran de él como su esposa, sino que celebró la independencia de su hija.

Este ejemplo muestra la esencia de la educación paterna. A menudo los padres tratan de fomentar una mayor independencia en muchos aspectos neuroquímicos de la vida de su hijo. La naturaleza ha diseñado con inteligencia la vida familiar de forma que los hijos obtengan a la vez el imperativo de la intimidad de la educación materna y el imperativo de la independencia de la educación paterna.

Esta generalización no contradice en modo alguno las miles de veces que una madre fomenta en su hijo una mayor independencia que el padre. Ni contradice el hecho de que en algunos ámbitos de la vida los padres se muestren más sobreprotectores que las madres. Esto puede observarse en los padres que tratan de reprimir el deseo de independencia de sus hijas, temiendo que sean demasiado frágiles para sobrevivir en «el mundo exterior». No obstante, si tenemos en cuenta todas las tendencias sociales, por regla general los hombres suelen tender a una educación paterna.

Debido a la agresiva base de las hormonas masculinas, a la química cerebral masculina y al sistema cerebral más espacial y abstracto del hombre, oímos la frase: «Descuida, los niños están perfectamente» con más frecuencia en boca de ellos que en boca de ellas, con independencia de la cultura que estudiemos.

Debido a la conexión hormonal de una mujer con su hijo, las madres tienden a sentir que el niño forma parte de sí mismas, por lo que les cuesta alejarse de su hijo o su hija. En cambio, los hombres abordan la educación de los hijos con la actitud de que, aunque el niño o la niña cuenta con su cariño, tiene que ganarse su respeto. Si el niño o la niña no consiguen ganarse el respeto de su padre, es posible que él se distancie para obligarlos a demostrar sus aptitudes. Los padres tienden a fomentar en sus hijos el deseo de abandonar el hogar antes que las madres.

Los padres probablemente seguirán «ayudando menos» a los hijos y las madres «ayudándoles más». Puesto que los padres tienden a una mayor distancia psicológica en su enfoque sobre la educación paterna, suelen decir con menos frecuencia que las madres «Cuando mis hijos no están aquí, me siento desmotivada», o «Tengo la impresión de que me paso el día haciendo cosas para mis hijos». Es más probable que oigamos a los padres comentar y observemos que centran su energía relacional en temas más abstractos y sistemáticos relacionados con el yo. «Yo pongo a mi familia en primer lugar, la mantengo como es debido y soy un buen padre.»

Tanto la educación materna como la paterna parecen ser esenciales en el desarrollo humano. La educación materna ha sido más universalmente celebrada en la conciencia pública, pero durante la última década, la educación paterna ha comenzado a reverdecer, gracias a lo cual nuestros hijos estarán más seguros y mejor atendidos.

«¿ES QUE NO TE PREOCUPA LO QUE SIENTAN LOS CHICOS?»

Esta pregunta, formulada por muchas madres durante la infancia y adolescencia de sus hijos, puede parecerles dura a los padres. La oyen a menudo y piensan: «¿A qué se refiere mi mujer? Claro que me preocupa. Me preocupan las cuestiones importantes. Esos sentimientos no me parecen importantes».

Dado el sistema cerebral masculino, los hombres no tienen la misma relación con los sentimientos de sus hijos que las madres.

Marianna, catorce años, me escribió: «¿Puede ayudarme a comprender a mi padre? Es un tío estupendo, pero mis sentimientos no le preocupan. Él va a su rollo, aparte de obligarme a acatar las reglas y a practicar deportes (quiere que sea una buena tenista para jugar juntos), no se preocupa por mí. Me refiero a que mis sentimientos le importan un comino. Desde que era una cría, cada vez que me hacía daño mi padre me decía: "No llores, debes sentirte orgullosa de tener una herida de guerra". ¡Esas cosas me ponen negra!»

Jennifer, una madre, me envió este correo electrónico:

> No creo que mi marido se dé cuenta de que a veces lastima los sentimientos de nuestros hijos. Por ejemplo, el otro día mi hijo Brandon, que tiene siete años, estaba sentado en el sofá haciendo deberes. Su padre entró y le ordenó bruscamente que se levantara porque quería echar una siesta. Durante el resto de la tarde Brandon estuvo de mal humor. Comprendí que se sentía herido. Mike, mi marido, no se percató enseguida, pero a la hora de la cena se enfadó con Brandon al verle de morros. Le preguntó qué le pasaba y ayudé a Brandon a explicar a su padre lo del incidente del sofá. Mike dijo: «De acuerdo, no me di cuenta de que estuve brusco contigo». Eso hizo que Brandon se sintiera mejor.

Más tarde le expliqué a Mike que a veces Brandon se sentía herido y le dije que trataba al niño con demasiada dureza. Él me escuchó y respondió: «Te entiendo, pero Brandon me vio entrar, sabe que me gusta echarme un rato en el sofá todas las tardes, y no se movió. Es posible que hiriera sus sentimientos, pero él sabía lo que hacía. Me estaba poniendo a prueba. Forma parte del juego. A veces no se trata de sentimientos, sino de respeto. Quiero que me respeten».

Éste es un ejemplo de educación paterna. Ambos casos revelan la tendencia masculina de priorizar la vida sobre los sentimientos en lo que respecta a los hijos. Por regla general, el cerebro masculino no intuye, siente ni depende tanto del procesamiento de sentimientos en relación con los niños como suele hacer el cerebro de la madre.

Asimismo, las madres tienden a fomentar en sus hijos, independientemente de la edad de éstos, la expresión de las emociones complejas más que los hombres, ampliando así la vida de los sentimientos y emociones en el cerebro. Entre otras cosas, los niveles superiores de oxitocina en su cerebro inducen a las mujeres a tratar de percibir «los ecos de los vínculos afectivos». Los ecos de los vínculos afectivos, las sonrisas, las lágrimas, la risa, las palabras y los sentimientos táctiles son los mismos que se producen cuando una mujer habla con un bebé, con su marido, cuando abraza a un niño que llora o charla con una amiga mientras almuerza con ella. Los ecos de la experiencia afectiva se perciben a través de la amplia experiencia emocional. Con frecuencia las madres guían a sus hijos hacia una mayor vida emocional en gran parte porque ellas mismas obtienen una profunda satisfacción al percibir los ecos de los vínculos afectivos.

Los padres, por el contrario, suelen ser más «cerebros masculinos» en su tendencia de poner fin al contenido emocional más rápidamente. No suelen crear oportunidades verbales para la expresión de sentimientos entre padre e hijo, sino que se afanan en que el niño aprenda a controlar, gestionar y estabilizar sus emociones.

En nuestra generación, que se propone asimilar el pensamiento basado en el cerebro femenino en una cultura que antiguamente suprimía el pensamiento femenino, a menudo llegamos a la conclusión de que el método «no sentimental» que aplica el hombre en la educación de sus hijos es de por sí defectuoso o peligroso para los niños. Aunque algunos hombres están tan reprimidos emocionalmente que son un peligro para ellos mismos y sus hijos, la tendencia biológica masculina no es defectuosa. Desde un sentido natural, este aspecto de la educación paterna es especialmente útil a la hora de educar a los adolescentes.

Los padres tienden a tratar de dirigir las emociones del niño hacia un objetivo moral o social, como el respeto, que pone fin al procesamiento de emociones para iniciar el procesamiento de lo moral, el carácter o la autodisciplina. La educación paterna ayuda al niño a desplazar la estimulación neuronal del sistema límbico más rápidamente hacia la corteza prefrontal. Esta ausencia de emociones en favor del pensamiento —esta represión o supresión de los sentimientos para priorizar el desarrollo del carácter— revela una tendencia masculina a reprimir las emociones en los niños. Debido a que es represiva, tendemos a censurarla. No nos percatamos de que esta estabilización es muy importante para los niños impulsivos. Les obliga a aprender a «madurar» de una forma que la constante expresión de sentimientos no consigue. Obliga a los niños a prestar atención al desarrollo moral, que es vital en la vida adulta. Los padres ayudan a formar a su hijo para que triunfe en la vida, cuando el niño se convierta en un adulto que debe «hacer lo que es debido» al margen de lo que sienta. Los padres ofrecen un modelo a sus hijos y les enseñan procesos mediante los cuales logren «suprimir lo que sientes y hacer lo que debes». Hay un millón de ocasiones en la vida de una persona en que es más importante «hacer lo que debe» que «pararse a pensar en lo que siente».

Tanto el estilo materno como el paterno de desarrollo emocional son esenciales en la evolución y la adaptación humana. Si el estilo paterno es demasiado dominante o duro, puede ser defectuoso y peligroso. Si la maduración materna y paterna de la vida emocional de un niño es relativamente equilibrada, el niño tiene muchas probabilidades de desarrollar la capacidad de mostrar empatía y al mismo tiempo ser reservado, de dirigir y seguir, de ser emocionalmente estable pero capaz de experimentar alegría.

La adolescencia es una época en que la falta del enfoque paterno con respecto a las emociones puede perjudicar a un niño. Los chicos adolescentes que se crían sin un padre tienden a ser más violentos que los que reciben una educación paterna. La educación paterna tiene efectos muy beneficiosos en el cerebro de los adolescentes. El adolescente tiene un cerebro de «alto riesgo» —los lóbulos prefrontales que controlan la toma de decisiones en el ámbito ejecutivo y moral se desarrollan más lentamente que el sistema límbico, que controla los impulsos y los riesgos físicos y emocionales—, por lo que conviene que los niños obtengan la estabilización y la represión que muchos padres aportan a la educación de los hijos.

Al decir esto no pretendo exhortar a las madres o a las hijas a reprimir sus sentimientos acerca de la negligencia emocional del padre, sino rogar a las madres que comprendan que lo que hacen los padres es ayudarlas a controlar, dirigir y favorecer la maduración a sus hijos «por el mero hecho de ser padre».

DIVORCIADO DE LA MADRE, PERO SIGUE SIENDO EL PADRE

Scott, padre de tres hijos, divorciado desde hace cuatro años, escribió:

«Cuando mis hijos están con su madre no paran de decir "Quiero esto y lo otro". Conmigo lo hacen también a menudo, hasta que al fin les pregunto: "¿Qué es lo que necesitáis?"

»Uno de mis hijos dijo: "¿No podrías ser más comprensivo, papá?"

»Yo le miré y respondí: "Claro, y tú podrías comportarte de forma más madura".

»Al principio se enfadó, pero luego sonrió y dijo: "Supongo que sí".

»Al cabo de unos minutos oí que le decía a su madre: "Mamá, quiero..."»

Cuando los hijos experimentan el divorcio de sus padres, la parte con la que probablemente perderán mayor contacto emocional, físico, moral y parental es el padre. Este hecho constituye el meollo de muchos de nuestros problemas sociales, y ha sido ampliamente documentado durante los diez últimos años. Por regla general, el padre divorciado pasa entre dos y cuatro días al mes con sus hijos biológicos. Este dato indica de por sí los profundos cambios en los vínculos biológicos entre un padre y su hijo cuando se produce un divorcio. Los niños no están menos predispuestos a sentirse vinculados a sus padres cuando se produce un divorcio que antes de que éste ocurra; pero cuando su entorno cambia notablemente, esa predisposición merma.

En una situación de divorcio, aunque los hombres sigan involucrados en la vida de los hijos, pierden en parte su papel de padres. Se convierten en lo que llamo «padres a medias». Este padre, después de un divorcio, pierde sistemáticamente sus vínculos biológicos con sus hijos —sobre todo debido a la falta de proximidad física— y se siente como un padre a medias. Comoquiera que se resiste a perder la mitad que le queda, renuncia en gran medida a lo que es como padre, es decir, renuncia a la mitad de su identidad paterna confiando en adquirir la identidad de «amigo». Esto representa un enorme peligro para el niño, la sociedad e incluso la madre, quien al cabo de unos años quizá compruebe que sus hijos cada vez se comportan peor y presentan una mayor incidencia de trastornos psíquicos y físicos.

Si el padre ha contribuido a estabilizar las emociones, el divorcio no altera la necesidad de que siga haciéndolo. El niño sigue necesitándole en ese aspecto. Si se ha convertido en un padre a medias, si vive en otra ciudad o ve a su hijo cada dos fines de semana, por más que siga pagando las facturas y procurándole una seguridad económica, no conseguirá gran cosa en esa otra faceta como padre. Su hijo perderá una gran parte de la seguridad relacionada con su desarrollo.

Si el padre le ha enseñado ha desarrollar su amor propio, el niño seguirá necesitándole en ese aspecto. El padre le enseñará a ser independiente, a tener firmeza de carácter. Cubrirá sus necesidades materiales y le protegerá. Estará biológicamente predispuesto a cuidar de sus hijos, y sus hijos recibirán de él los cuidados establecidos en el sistema familiar. Cuando el hombre se convierte en un padre a medias, el niño pierde en gran medida una orientación que le ayude en su desarrollo. El cerebro del niño experimenta confusión.

Para Scott, parte de la biología familiar incluía la diferencia entre «necesidades» y «deseos». Scott ha seguido valorando su forma de ser, y al parecer su ex esposa y sus hijos también la valoran. Se ha esforzado en continuar siendo un padre a tiempo completo. Ha hallado el medio de conservar sus tendencias biológicas intactas después del divorcio. En su caso, el hecho de compartir la custodia de los hijos con su ex esposa ha contribuido de forma muy positiva.

Aunque algunos hombres abandonan rápidamente a sus hijos después de un divorcio, y otros son alcohólicos, sufren enfermedades mentales u otros trastornos que representan un peligro para sus hijos, la mayoría de padres son buena gente y se ven obligados a ejercer como padres a medias debido a una percepción cultural errónea de la naturaleza del padre y del hijo. Nuestro futuro depende en parte de madres, padres, familia extensa, jueces, psicólogos, abogados y demás personas involucradas en un divorcio, que deben estar informadas sobre la biología entre padres e hijos y, por tanto, revisar nuestros sistemas de divorcio y posdivorcio.

Scott escribió al final de su correo electrónico: «El hecho de que yo pueda ejercer plenamente como padre ha ayudado a mi ex esposa. Ahora somos amigos, y ella me dice con frecuencia: "No habría podido hacerlo sola. Doy gracias a Dios de que sigas formando parte de la vida de nuestros hijos"».

La ex esposa de Scott, aunque no utilice palabras científicas, comprende la importancia del papel biológico de un padre.

EL PAPEL BIOLÓGICO DE UN PADRE

Cuando hablamos del «papel biológico de un padre», quizá pensemos en semen y esperma. Cuando hablamos del «papel de padre», quizá pensemos en la serie de televisión *Leave It to Beaver* y en la reacción cultural contra ese tipo de padre. Ni la biología de la reproducción ni los conceptos sociopolíticos del «papel de padre» asumen todo el papel biológico de un padre.

Cuando abordamos el tema de la biología de un padre y tratamos de comprender su papel biológico, nos enfrentamos a multitud de datos, suficientes para llenar varios libros y alimentar una constante controversia. Por fortuna, buena parte de lo que necesitamos saber sobre el papel biológico de un padre reside en nuestra propia experiencia. Las personas que viven la ciencia cerebral día a día saben mucho sobre el papel de padre, aunque carezcan de conocimientos científicos para describirlo.

A lo largo de la última década he recogido distintos comentarios de hombres y mujeres acerca del papel biológico del padre. Muchos de los comentarios contienen lo que consideramos los valores tradicionales relacionados con ese papel: «Cubrir las necesidades materiales del niño, protegerlo y mantenerlo». Otros contienen un lenguaje más contemporáneo: «Ayudar a los niños a ver más allá de los papeles estrictos de ambos géneros». El papel de padre comprende tanto los conceptos tradicionales como los contemporáneos. Examinados por separado, comprobamos que los dos son limitados, pero juntos empiezan a mostrarnos en qué consiste el papel de padre. Pero no es más que un atisbo. Procurar al niño comida, techo y ropa es crucial, pero no suficiente. Ayudar a las mujeres a modificar las actitudes humanas es importante, pero no basta. Estos conceptos no explican toda la variedad y complejidad de un padre integral. ¿Podemos contemplar una imagen más completa de este padre integral?

A través de las cartas que recibí durante los cuatro años que escribí una columna en un periódico sobre el tema, y los diez años de correspondencia referente a mis libros, he recogido una gran cantidad de información sobre lo que los padres y otras personas consideran que es el papel biológico del padre. A continuación reseñaré ocho de los conceptos más extendidos, seguidos por unos comentarios utilizados para expresar lo que un gran número de personas procedentes de diversos lugares y situaciones siente sobre el padre y su papel biológico.

1. El padre debe empezar a ejercer de padre antes de que nazca el niño.

2. El padre debe ser capaz de desarrollarse junto con sus hijos.

3. El padre debe comunicar a sus hijos que les quiere de forma incondicional.

4. El padre debe fomentar en sus hijos la seguridad en sí mismos y la firmeza de carácter.

5. El padre debe enseñar a sus hijos a sentirse orgullosos de sí mismos.

6. El padre debe ayudar a sus hijos a encontrar mentores y otros medios para triunfar en la vida.

7. El padre debe enseñar a sus hijos a convertirse en personas respetables y responsables.

8. El padre debe compartir sus emociones para que sus hijos vean cómo sienten los hombres.

«Un padre sale a jugar al fútbol aunque haga 40 grados a la sombra, y cuando le preguntas por qué se castiga de ese modo, dice: "Para demostrarme que soy capaz de hacerlo". Luego mira a uno de sus hijos y le guiña el ojo, y su mirada dice: "Si un viejo como yo puede hacer este esfuerzo, tú puedes conseguir lo que te propongas".»

«Mi padre era un hombre muy viril, pero muy "mediterráneo". Lloraba, hablaba sin parar y me abrazaba continuamente. Me enseñó que existen muchas formas de ser un padre.»

«Un padre observa la muñeca favorita que su hija ha dejado en el suelo, que el cachorro que acaban de adquirir ha destrozado, y al ver a su hija llorar desconsoladamente, la abraza y dice: "No vuelvas a dejar tus muñecas para que el perrito las destroce, ¿vale?"»

«Un padre dice: "Hazlo tú mismo. ¡Tu madre no es tu criada!"»

«A los padres les gusta demostrar que te quieren llevándote a dar una vuelta en el coche.»

«A los padres les encantan las herramientas, por eso a los críos también les gustan.»

«Mi padre era decididamente más emocional que mi madre. Siempre nos decía que nos quería. Sé que mi madre me quería, pero me gustaba que mi padre me dijera: "Te quiero". Es fantástico.»

«Los padres dan mucha correa a los hijos para que se sientan libres, pero luego tiran de ella. Los chicos aprenden a ser flexibles como una cinta elástica.»

«Mi padre me enseñó a enfrentarme a mis temores. No se contentaba con dejar que sintiera miedo durante un tiempo.»

«Los padres enseñan a sus hijos a triunfar en un mundo competitivo.»

«Mi padre me plantea retos, me estimula y me obliga a esforzarme.»

«Los padres son contradictorios, pero hay que aceptarlo. Los hijos aprenden que la vida es contradictoria y que deben tomar sus propias decisiones.»

«De no ser por mi padre, yo habría acabado en la cárcel. Necesitaba más de lo que mi madre podía darme.»

«Mi padre es más egocéntrico que mi madre, pero no creo que sea más egoísta. Es distinto a ella. Me cuesta describir lo que he aprendido de él. Me resulta más fácil hablar sobre mi madre. Pero sé que también he aprendido cosas de él.»

«Recuerdo que de niño leí la historia del minotauro en el laberinto. De niño me sentía como si estuviera en un laberinto, sobre todo en la escuela, pero mi padre siempre me ayudaba a salir de él.»

«Los padres te enseñan a ser duro, lo cual no es una mala cosa. Mi padre puede ser muy tierno, pero me ha enseñado a ser duro, de lo cual me alegro.»

Desde el punto de vista de la investigación biológica, todos esos comentarios son válidos. El papel del padre es extraordinariamente adaptable, basado en los cimientos de las tendencias biológicas, pero capaz de adaptarse. Hoy en día los padres están sometidos a un increíble estrés que les obliga a adaptarse. Por lo general, aceptan ese estrés y tratan de adaptarse a sus hijos lo más rápidamente posible. Cuando se sienten sometidos a un fuerte estrés para adaptarse a lo que la madre de los niños pretende en relación con ellos, es posible que no se adapten tan rápidamente, sobre todo si la madre pretende que él asuma una actitud maternal. Los padres juzgan de manera inconsciente lo que la madre da al hijo y luego adoptan su propio estilo de ejercer de padre en concordancia con su naturaleza esencial. Aunque en ocasiones el estilo del padre se asemeja al de la madre, por regla general los padres tratan de comportarse como padres, no como madres. Este proceso depende en cierta medida, como muchas otras cosas, de cómo resuelve ella la situación. Si comprende el potencial del padre y le ayuda a él y a los niños a alcanzar ese magnífico potencial, suele contar por parte del padre con un mayor respaldo en la educación de los hijos que si trata de convertirlo en una madre.

Dicho esto, también es cierto, desde un punto de vista biológico, lo que he oído a muchas personas decir acerca de que sus padres se comportaban como madres.

Nos referimos, por supuesto, a cerebros-puente.

PADRES CEREBROS-PUENTE

Un padre me escribió: «Creo que debo de ser uno de esos cerebros-puente a los que usted se refiere. Desde el momento en que mi esposa me dijo que estaba embarazada, pensé: “¡Ojalá se reincorpore pronto al trabajo para disfrutar yo solo del niño!” Es una broma, pero en cierto modo lo digo en serio. Me encantaba la idea de tener bebés. Mi esposa me dice a veces que el día menos pensado me voy a poner a amamantar al crío».

Una madre me escribió: «Estoy casada con un hombre que no ha tenido ningún problema en quedarse en casa con los niños mientras yo trabajaba. Yo soy la que mantiene a la familia. Ha sido así desde que nos casamos. Mi marido es el que se queda en casa. A nosotros nos funciona estupendamente. Él incluso es más capaz que yo de realizar varias tareas a la vez».

Es probable que esos hombres sean cerebros-puente, al igual que un maestro de segundo curso probablemente sea un cerebro-puente. Dar clase a niños de segundo curso, como quedarse en casa para ocuparse todo el día de un bebé, requiere una gran dosis de paciencia, empatía, cuidados constantes, contacto visual, y no sólo la capacidad de realizar numerosas tareas a la vez, sino distintas tareas simultáneamente: hablar, escuchar, vigilar al niño, completar una tarea emprendida hace un rato y comenzar otra. Bioquímicamente, los padres y los maestros cerebros-puente quizá posean mayores niveles de serotonina, lo cual hace que sean menos impulsivos; mayores niveles de oxitocina, lo cual les induce a tratar de percibir los ecos de sus vínculos afectivos, y niveles inferiores de testosterona y vasopresina, lo cual hace que sean menos agresivos socialmente. Sus cerebros probablemente están formateados con una cantidad mayor de cuerpo calloso que el promedio de hombres, lo cual favorece una mayor comunicación entre los hemisferios y les permite realizar numerosas tareas a la vez. Es probable que estos hombres desarrollen más funciones verbales en más centros del cerebro que el promedio de hombres y quizá posean más vías neuronales desde el sistema límbico hasta el hipocampo, lo cual hace que sean más capaces de captar datos sensoriales-emocionales y almacenarlos en la memoria.

Si un padre se queda en casa por imperativos económicos pero se le hace cuesta arriba, es probable que sea un hombre que se esfuerza por adaptarse a las circunstancias, pero no es un cerebro-puente. Todo cerebro humano es capaz de adaptarse, en especial si de ello depende el bienestar de los hijos y la familia. Si al hombre le encanta dar clase a niños de segundo curso y le gustaría dedicar buena parte de su tiempo a cuidar de un niño de corta edad para percibir los ecos de sus vínculos afectivos con él, quizá posea un cerebro y un sistema hormonal en parte masculino y en parte femenino.

Los machos humanos han adquirido mayores aptitudes en muchos ámbitos que solían dominar las hembras humanas, pero no hay pruebas de que vaya a producirse un cambio masivo en las funciones cerebrales. Aunque los varones que se quedan en casa para cuidar de sus hijos constituyen una población creciente, nada indica que vayan a convertirse en el 50 por ciento de todos los padres.

Asimismo, no hay nada que demuestre que los cerebros-puente no hayan existido siempre. Cuando pensamos en el pasado solemos pensar en los «padres tradicionales», pero antiguamente había muchos hombres que tenían que cuidar de sus hijos cuando sus esposas morían de parto y se desenvolvían perfectamente en ese papel.

Desde hace más o menos un par de décadas los sociólogos apuntan a un cambio en los papeles sociales y de género, lo cual permite a los padres hacer muchas de las cosas que hacían las madres, y a las mujeres hacer muchas de las cosas que hacían tradicionalmente los hombres. Cuando los sociólogos se refieren a estas «transiciones de género», con frecuencia celebran este cambio en los papeles del hombre y la mujer. Aunque no dejan de tener cierta razón, y los nuevos papeles del hombre y la mujer pueden ser liberadores, este tipo de debate suele ser incompleto. Por otra parte, demuestra una tácita idealización del padre cerebro-puente y una ridiculización del padre que tiende hacia el extremo más masculino del espectro cerebral: el padre que seguramente nunca encajará en la modalidad de cerebro-puente.

Las mujeres se han incorporado al mundo laboral, que en términos generales es compatible con su sistema cerebral. Por otra parte, han ido modificando poco a poco el mercado laboral para adaptarlo a su sistema cerebral. El hogar —un lugar al que hoy en día se anima vivamente a los hombres a que permanezcan en él— difiere de la empresa en un aspecto primordial: la familia no es el lugar para fabricar, construir o inventar algo; existe para reforzar los vínculos afectivos y la relación entre sus miembros. La diferencia entre hombres y mujeres con respecto al establecimiento de vínculos afectivos afecta más a las familias de niños de corta edad que a la gran empresa. No vemos a muchos hombres asumir el oficio «reservado a las mujeres» de cuidar de sus bebés en la misma medida en que vemos a mujeres incorporarse al mundo empresarial o profesional. Por regla general, una mujer no tiene que ser un cerebro-puente para desarrollar una carrera profesional o trabajar en una empresa, pero es probable que un hombre tenga que ser un cerebro-puente para cuidar a tiempo completo de niños de corta edad.

Aunque estamos creando una sociedad que respeta a los cerebros-puente más que algunas de las sociedades anteriores, no vivimos en una sociedad en la que la biología de ser padre se esté convirtiendo en la biología de ser madre. Éste es un dato vital que debemos tener muy en cuenta si queremos ser los mejores padres para nuestros hijos.

LA PRÁCTICA DE LA SEPARACIÓN ÍNTIMA

Si es cierto que los hombres han perfeccionado sus dotes de padres y han permitido a las mujeres incorporarse al mundo laboral, explorando incluso «la faceta más femenina» de sí mismos, aunque siguen teniendo un cerebro predominantemente masculino, eso significa que como civilización debemos valorar el papel del padre y la educación paternal por su fuerza. Una forma de lograr que los niños accedan a la importante biología de ser padre consiste en practicar la separación íntima.

Una mujer, madre de dos hijos y psicóloga clínica, me envió un correo electrónico que decía:

> Un día que estábamos en la playa observé a un padre y su hijo, un chico de unos trece años, practicando unas llaves de lucha libre. De pronto la madre dijo: «¡Basta, chicos!», y recordé que yo se lo digo a menudo a mi marido. O le digo: «Ten cuidado», o algo por el estilo, porque tengo miedo de que pueda hacer daño a nuestro hijo o porque pienso en lo violentos que son los juegos que practican. Pero al observar a esa familia, pensé en lo infantil que resultaba ese comentario de «¡Basta, chicos!». Eran hombres que se comportaban

> con ternura; hombres, no niños. No me cabe duda de que esas llaves, esos golpes, esos arañazos y esos gritos son gestos de ternura entre hombres, aunque a mí me parezcan raros. No aprendí nada de eso durante mi formación profesional. Creo que es ahora, cuando mis hijos son adolescentes y mi marido es padre de chicos adolescentes, cuando empiezo a enterarme del tema.

Este párrafo resume una parte importante de la vida humana. A menudo comprendemos las sutilezas que aporta un padre a la familia durante la infancia de nuestros hijos. Existe la tendencia a infantilizar la agresividad física de los varones. Con frecuencia tememos que el padre carezca de delicadeza y lastime a sus hijos. El hecho biológico es que los niños pueden ser lastimados tanto por el padre como por la madre. La idea de la separación íntima puede ayudarnos a dar a nuestros hijos lo mejor de los dos.

Repartirse las tareas. A menudo, el conocimiento de la naturaleza oculta del padre (y la madre) ayuda a las mujeres y a los hombres a repartirse las tareas relativas a la educación de los hijos. Pueden pactarlas cuando la mujer está embarazada, a medida que nacen los hijos y a medida que la adaptación familiar lo requiera durante el desarrollo del niño. Es importante que los dos respeten los puntos de vista del otro con respecto a la crianza y educación de los hijos. La supervisión de los chicos adolescentes es un buen ejemplo. Muchos varones jóvenes necesitan que su padre demuestre un profundo interés por ellos durante la pubertad, del mismo modo que lo hizo la madre durante la infancia.

Deferencia. La separación íntima requiere que las madres y los padres deleguen autoridad en el otro cuando ese otro tiene razón en un tema relacionado con la educación de los hijos. Por ejemplo, si un padre sabe que su esposa tiene razón sobre la hora en que los hijos deben regresar a casa o cuánto tiempo pueden ver la televisión, pero no delega autoridad en ella debido a la lucha de poder sobre problemas relacionados con la intimidad, los que sufrirán serán los niños. Conviene separar los problemas relacionados con la intimidad conyugal de la pareja de los asuntos relacionados con los hijos. Sobre todo en situaciones de divorcio, los padres tienden a mezclar las cuestiones referentes a su relación con las de los hijos. Puede ser difícil separar ambas cosas, pero es imprescindible.

Conferencias familiares. Conviene hacer listas y organizar conferencias familiares para sancionarlas y promulgarlas. Si los hombres disponen de una lista de deberes, se esfuerzan instintivamente en cumplirlos. Comprenden que están implicados en una transacción que requiere su atención. Es imposible confeccionar una lista basada en los pequeños gozos y sinsabores que experimentan padres e hijos, como «Gracias a mi padre no le tengo miedo a nada» o «Mi padre es al mismo tiempo egoísta y generoso». Pero en lo referente a la disciplina, al desarrollo moral y a los cuidados del niño, una lista es una herramienta muy útil.

Dejar que la naturaleza siga su curso. A menudo la naturaleza transaccional de una familia se observa no sólo repartiéndose las tareas, sino también dejando que la naturaleza siga su curso. Los hombres que se sienten libres para educar a sus hijos como creen oportuno suelen recompensar generosamente a la familia.

Un claro ejemplo lo constituye una familia de pacientes míos. El padre era muy aficionado a los videojuegos, al igual que el hijo. Padre e hijo mantenían una excelente relación afectiva a través de los videojuegos. La madre no quería videjuegos en casa, pues se había enterado de que si se abusaba de ellos podían perjudicar el desarrollo cerebral y que los violentos podían provocar agresividad en jóvenes varones. Pero deseaba fomentar la relación afectiva entre su marido y su hijo.

Como terapeuta de la familia, yo compartía muchos de los criterios de ambas partes. Por fin el padre y la madre alcanzaron un compromiso —basado en la separación íntima— en el que ambos respetaban los puntos de vista del otro.

1. Cuando la madre se ausentara, los videojuegos estaban tolerados. Cuando la madre regresara, había que recogerlos.

2. Los videojuegos violentos sólo podían ser utilizados durante unos veinte minutos el sábado o el domingo, nunca durante la semana. Dado que el chico tomaba Ritalin por su hiperactividad, en días de colegio era preciso marcarle unas pautas y extremar las precauciones.

3. Los videojuegos estaban prohibidos hasta que el chico no hubiera terminado los deberes y las tareas domésticas.

4. Si recibía malas notas, no hacía los deberes o sus estudios o su desarrollo intelectual se resentían, no habría videojuegos hasta que la situación cambiara.

Esta familia llegó a una solución que benefició a todos. La solución exigía que ambos padres cedieran, como suele ocurrir en la práctica de la separación íntima.

La separación íntima, en la medida en que incide en el ámbito de la educación de los hijos, no significa dar al hombre carta blanca para que haga lo que guste o busque excusas para no cumplir su obligación.

La separación íntima se basa única y exclusivamente en la mutua comprensión. Si un hombre consigue desempeñar su papel biológico, vivirá de acuerdo con su naturaleza. Toda mujer tiene que decidir en un momento dado si la conducta de su marido —la forma en que sigue los dictados de su naturaleza— la satisface. En esto tiene una grave responsabilidad, pues afectará al futuro de sus hijos.

EL MEJOR PADRE

Permítame concluir este capítulo con esta entrañable carta de Johannes, de cuarenta y seis años:

> Procuro ser el mejor padre que existe. Cuando era joven, me prometí que sería muy distinto de mi padre. Él era germano-holandés, un hombre muy rígido. Nunca expresaba el cariño que sentía

por sus hijos. Era muy estricto. Yo no le causé quebraderos de cabeza, pero le echaba de menos. Incluso cuando estaba con él le echaba de menos. Cuando murió, lloré mucho y mi hijo me dijo: «Te quiero, papá». Le abracé y confié en que mi padre también supiera que yo le quería. Sé que mi padre quería a sus hijos, como todos los padres, pero a veces no saben expresarlo y uno tiene sus dudas. No quiero que esto ocurra con mis hijos.

Epílogo

«Una vida humana es mucho más de lo que indican nuestras teorías sobre ella.»

Jarnes Hillman

Confío en que haya disfrutado de este enfoque científico de la mente masculina. Cuando profundizamos en qué es un hombre, participamos en uno de los grandes actos de la civilización. Todos contribuimos a configurar el papel de los hombres. Todos sabemos que sin esos hombres y su papel estaríamos perdidos.

Nuestros hombres representan nuestro pasado y nuestro futuro, nuestra fuerza y nuestras debilidades como seres humanos. Los hombres están dispuestos a soportar prácticamente cualquier carga a cambio de obtener un sentido de su valía. Y en muchos casos soportan esa carga aunque no obtengan nada a cambio.

Los hombres nos desconciertan. Los hombres hacen que seamos mejores personas. Uno de los actos más profundos de autoconservación que podemos realizar es comprender a los hombres. Como cultura, en las últimas décadas hemos cometido graves errores al dar por supuesto que los hombres no eran necesarios. Mucha gente ha llegado al extremo de negar o despachar a la ligera la esencia misma de un hombre.

Confío en que al tiempo que hemos examinado la mente masculina hayamos comprendido que el hombre es mucho más de lo que hemos descubierto. La ciencia detesta limitar el discurso humano. La ciencia desea que la mente humana se expanda, que se incremente su adaptabilidad y su inventiva. La ciencia nos impulsa a descubrir cosas que ignorábamos y a evitar que esos nuevos descubrimientos nos coarten.

La visión de este libro se basa en la naturaleza, pues no existe otro ámbito más ilimitado que el mundo de la naturaleza, que se adapta constantemente. Este libro no es más que un punto de referencia con respecto a los continuos descubrimientos sobre la naturaleza del hombre.

Permítame concluirlo citando al filósofo Aman Motwane, que dice: «... la naturaleza no hace nada al azar. Cada momento, cada acción, cada paso está orquestado con el fin de crear el resultado más provechoso que sea posible. Moviliza todos los recursos disponibles, utiliza a todos los aliados necesarios para garantizar el éxito y la pervivencia. La naturaleza se cobra un precio muy alto por obrar con negligencia. Si deseamos crear un futuro beneficioso, debemos emular a la naturaleza».

Es un buen consejo para cuando no sepamos cómo descifrar al hombre con el que tratamos de relacionarnos en un determinado año, mes, día o momento.

Es un buen consejo a la hora de responder a una de las preguntas más interesantes de nuestra época: «¿En qué puede estar pensando?»

Notas

Introducción: ¿en qué puede estar pensando?

En estas páginas reseñamos anécdotas procedentes de dos grupos de orientación psicológica. Uno es un grupo reducido de mujeres que se reúnen para almorzar, con las cuales vengo manteniendo charlas desde hace casi dos décadas. El segundo es un grupo de mujeres, más numeroso que el primero, creado específicamente para este proyecto por Gail y por mí.

Aunque ambos grupos están formados por amigas y conocidas, hace tiempo decidí cambiar los nombres de las personas que utilizo en mis libros, sobre todo para preservar su intimidad y anonimato. Así pues, todos los nombres de las personas que integran los grupos de orientación psicológica han sido cambiados, a excepción de la psicoterapeuta Pam Brown.

Los nombres auténticos de las integrantes de estos grupos de orientación psicológica constan en los agradecimientos. De nuevo, deseo dar las gracias a estas mujeres.

En el caso de mis pacientes, he modificado sus nombres y he alterado sus historias lo suficiente para respetar la confidencialidad sin disminuir el interés. También he cambiado los hombres de las personas que me han enviado cartas y correos electrónicos.

La ciencia de la masculinidad

Biología de género: la filosofía de la naturaleza descrita en este libro se basa en los trabajos científicos a los que el lector puede acceder más detalladamente en numerosos e interesantes libros, como la revolucionaria obra de Anne Moir y David Jessel titulada *Brain Sex* (Dell, 1990), y *Por qué los hombres no escuchan*, (Gestió 2000, 2000), de Barbara y Allan Pease (Broadway, 2001); *Sex on the Brain*, de Deborah Blum (Viking, 1997); *Why Men Don´t Iron*, de Anne y Bill Moir (Citadel, 1999), y *Just Like a Woman*, de Dianne Hales (Bantam, 1999).

Al igual que estos autores, estoy en deuda con los investigadores de biología cerebral y hormonal más importantes, entre los cuales cabe destacar a Ruben y Raquel Gur, Laurie Allen, Roger Gorski, Camilla Benbow, Deborah Sichel y Daniel Amen, cuyos trabajos en laboratorios clínicos, utilizando pruebas PET, RM y pruebas bioquímicas han cambiado nuestros criterios sobre nosotros mismos.

A lo largo de los veinte años que llevo investigando la biología masculina y femenina, he desarrollado un método para comprobar qué trabajos de investigación biológica son más útiles y precisos. Empiezo por averiguar lo que destacados investigadores de diversos países han descubierto a través de sus ensayos clínicos, tras lo cual compruebo si esos datos de ciencia dura encajan con los últimos avances en las ciencias blandas como psicología, antropología y sociología. He comprendido que tanto en el estudio de la ciencia dura como de las ciencias blandas, conviene no alejarse de la vida real de las personas y del sentido común. Por consiguiente, trato de cotejar lo que hemos averiguado en las pruebas clínicas y otros trabajos de investigación con el día a día de la gente.

La naturaleza del hombre

D. W. Winnicot, *Human Nature* (Schocken, 1988), un ejemplo de un enfoque psicológico muy útil referente a los temas de lo que es natural en los seres humanos. No obstante, emplea menos tiempo a la biología de la naturaleza humana del que ahora podemos dedicar. Confío en que a medida que analicemos la naturaleza humana en el futuro —equipados con las nuevas ciencias y tecnologías— podamos estudiar el tema sin tener que soslayar, o pasar por alto, la naturaleza biológica de los hombres y las mujeres.

PRIMERA PARTE: EL CEREBRO MASCULINO

Capítulo 1. ¿Qué hay en su cabeza? Un amable vistazo al cerebro masculino

Puede obtener unos vídeos del libro de Anne Moir y David Jessel, *Brain Sex* (Dell, 1990), a través de The Learning Connection y de Films for the Humanities y Sciences (www.films.com).

Véase también mi obra *The Soul of the Child* (Atria, 2002).

El cerebro masculino

Dos obras extraordinarias sobre la composición del cerebro: *Neurociencia: explorando el cerebro*, por Mark Bear, Barry Connors y Michael Paradiso (Masson-Williams, 1999); y *Neurociencia y conducta*, por Eric Kandel, James Schwartz y Thomas Jessel (Pearson, 1996).

El poder de la identidad natural en nuestras relaciones

Véase mi libro *The Wonder of Boys* (Tarcher/Putnam, 1996) y *The Wonder of Girls* (Pocket, 2001).

Capítulo 2. Cómo responde la naturaleza a la pregunta «¿qué es un hombre?»

La desesperación de los hombres y la esencia de la masculinidad

Véanse Susan Faludi, *Stiffed* (Bantam, 1999); *The Sibling Society*, de Robert Bly (Addison-Wesley, 1997); *The War Against Boys*, de Christina Hoff Summer (Simon & Schuster, 2000); mi libro, *A Fine Young Man* (Tarcher/Putnam, 1998); *Finding Our Fathers*, de Samuel Osherson (Fawcett, 1986); *Angry Young Men*, de Aaron Kipnis (Jossey-Bass, 2001); *The Myth of Male Power*, de Warren Farrell (Simon & Schuster, 1993), y *Fatherless America*, de David Blankenhorn (Harper, 1995).

Véanse también: *Real Boys*, de William Pollock (Random House, 1998), y *Raising Cain*, de Michael Thompson y Daniel Kindlon (Ballantine, 1999).

La biología de la identidad masculina
Véanse *The Essential Difference*, de Simon Baron-Cohen (Perseus, 2003), y *The Tending Instinct*, de Shelley Taylor (Times Books, mayo de 2002).

Los hombres buscan una vocación
Las citas de Deshimaru y Eric Gill están contenidas en *The Soul Aflame*, publicado por Phil Cousineau (Conari, 2000).

Las estadísticas referentes a los hombres, las mujeres y la fuerza laboral aparecen en *Why Men Don´t Iron*, de Anne y Bill Moir (Citadel, 1999).

En resumen: los hombres persiguen una meta
Véanse *Beyond the Hero*, de Allan Chinen (Tarcher-Putnam, 1995), y *The Moral Animal*, por Robert Wright (Vintage, 1994).

SEGUNDA PARTE: ¿QUÉ PIENSA ÉL REALMENTE?

Capítulo 3. ¿Qué piensa él realmente... sobre los sentimientos y las emociones?

El modo de sentir masculino
Véase Gale Berkowitz y cols., «Female Responses to Stress: Tend or Befriend, Not Fight or Flight», *Psychological Review* (2000).

Para acceder a estudios recientes sobre los hombres, las mujeres y las diferencias emocionales, visite www.pnas.org. Allí podrá examinar los Procedimientos de la Academia Nacional de Ciencias. Busque un estudio de Canli, Desmond, Zhao y Gabrieli. Es fascinante contemplar esas RM del cerebro masculino y femenino y observar la diferencia con que llevan a cabo ciertas funciones emocionales.

Para más información sobre cómo pueden utilizarse las pruebas PET y las RM para comprender el funcionamiento emocional del cerebro, recomiendo al lector que acuda a *Healing the Hardware of the Soul*, de Daniel Amen (The Free Press, 2002).

En definitiva: las mujeres confían más en los sentimientos que los hombres

Véase *Yo y tú*, de Martin Buber, (Caparros Editores, 1995).

William Frey, bioquímico de Regions Hospital en St. Paul, Minnesota, es uno de los investigadores pioneros en el tema de la prolactina, la capacidad de llorar y las glándulas lacrimales.

Capítulo 4. ¿Qué piensa él realmente... sobre el sexo y el amor?

La biología del sexo y el amor

Para otros estudios sobre esta biología, véanse: *Anatomía del amor*, de Helen Fisher (Círculo de Lectores, 1996); *The Lemur´s Legacy*, de Robert Jay Russell (Tarcher/Putnam, 1993); *Human Sperm Competition*, de R. Robin Baker y Mark A. Bellis (Chapman & Hall, 1995); *Sombras de antepasados olvidados*, de Carl Sagan y Ann Druyan (Círculo de Lectores, 1994), y *Mystery Dance*, de Lyn Margulis y Dorion Sagan (Summit Books, 1991).

¿Qué expectativas románticas puede tener razonablemente una persona de su pareja?

Véase *The State of Our Unions 2001: The Social Health of Marriage in America*, de David Popenoe, codirector (The National Marriage Project, Rutgers University, 2001), Universidad de Rutgers y Oficina de Estadística.

Practicar la separación íntima

Véase *Sexual Strategies*, de Mary Batten (Tarcher/Putnam, 1992).

Convertir el amor en compromiso y matrimonio

Véase *La mandolina del capitán Corelli*, de Louis de Bernieres (Plaza & Janés, 1995).

TERCERA PARTE: ¿QUÉ PIENSA ÉL REALMENTE... SOBRE EL MATRIMONIO Y EL COMPROMISO?

Capítulo 5. Creo que te amo: los hombres y la biología del compromiso

La biología del compromiso

Véase *Dos por la pasta*, de Janet Evanovich (Plaza & Janés, 1997).

Cómo afecta a un hombre la relación con su madre

Véase Althea J. Horner, «The Role of the Female Therapist in the Affirmation of Gender in Male Patients», *Journal of the American Academy of Psychoanalysis* (1992). La cita de Michael Kirkpatrick pertenece a este artículo.

Y también: A. Davis Henderson, Thomas V. Sayger y Arthur M. Home, «Mothers and Sons: A Look at the Relationship Between Child Behavior Problems, Marital Satisfaction, Maternal Depression and Family Cohesion», *The Family Journal* (enero de 2003); y mi libro *Mothers, Sons and Lovers* (Shambhala, 1993).

Practicar la separación íntima

Véase *El código del alma*, de James Hillman (Martínez Roca, 1998).

Capítulo 6. Sé que te amo: los hombres y la biología del matrimonio

El divorcio humano

Véanse *Salve su matrimonio*, de Scott Stanley, Howard Markman y Susan Blumberg (Gestió 2000, 2000); *The Case for Marriage*, de Linda Waite (Doubleday, 2000), y *The Good Divorce*, de Constance Ahrons (HarperCollins, 1998).

La biología del matrimonio

La gente me pregunta con frecuencia cómo desarrollé este sistema de doce fases para comprender el matrimonio desde una perspectiva biológica. Al igual que en el resto de mis trabajos, combino datos biológicos con la observación personal de los matrimonios que acuden a mi consulta clínica, junto con trabajos de otros pensadores en el ámbito del desarrollo marital. A partir de Freud y Jung, el campo de la psicología ha tratado de desarrollar un método por fases sobre el desarrollo del individuo. Espero haber añadido un método por fases sobre la vida marital que resista la prueba de un futuro escrutinio.

Un mapa del matrimonio
Véase mi libro *Love´s Journey* (Shambhala, 1994).

Ella dice: «Me veo gorda». ¿Qué debe hacer él?
Manual de supervivencia del matrimonio, de John Gottman, es un ejemplo de un instrumento práctico que tiene en cuenta las diferencias entre los hombres y las mujeres cuando abordan un problema conyugal.

Las obras de John Gray, especialmente en *Los hombres son de Marte, las mujeres son de Venus* (Círculo de Lectores, 1994), resultan muy útiles a las parejas a la hora de resolver los irritantes problemas de las conversaciones conyugales.

Para parejas que se enfrentan a problemas relacionados con las diferencias masculinas/femeninas de naturaleza sexual, la obra *Mars and Venus in the Bedroom*, de John Gray (HarperCollins, 2003), también es muy útil.

Practicar la separación íntima: dar la vuelta al matrimonio
Véase *Las relaciones del alma*, de Thomas Moore (Urano, 1998).

CUARTA PARTE: ¿QUÉ PIENSA ÉL REALMENTE... SOBRE EL HOGAR Y LOS HIJOS?

Capítulo 7. El cerebro masculino en el hogar: la convivencia entre hombres y mujeres

¿Por qué es incapaz de cargar el lavavajillas como es debido?
No he tenido la suerte de ver la obra teatral *Defendiendo al cavernícola*, pero he oído tantos elogios sobre ella que estoy impaciente por

verla. El humor es un instrumento muy importante que nos ayuda a abordar de forma divertida las diferencias entre los hombres y las mujeres.

Capítulo 8. Lo que un padre sabe: La naturaleza de ser padre

Véanse las siguientes obras: *Fatherless America*, de David Blankenhorn (Harper, 1995); *Fatherneed*, de Kyle Pruett (The Free Press, 2000); mi libro *The Prince and the King* (Tarcher/Putnam, 1992); *Fatherloss*, de Neil Chethik (Hyperion, 2001), y *The Prodigal Father*, de Mark Bryan (Three Rivers, 1997).

Epílogo

La cita de *The Power of Wisdom* de Aman Motwane aparece en *Discoveries* (agosto de 2002).

Sobre el autor

Michael Gurian ha publicado dieciocho libros sobre siete materias. Pionero en el campo de la filosofía social, es autor de cinco *best sellers* que han sido traducidos a catorce lenguas y es conocido por haber aportado un nuevo enfoque de la naturaleza humana al diálogo nacional.

Su revolucionaria obra titulada *The Wonder of Boys* inspiró un «movimiento de chicos» que despertó un interés nacional en cómo nuestros hijos se convierten en hombres. Michael ha sido llamado «el doctor Spock de los chicos» y ha expuesto sus estudios sobre el desarrollo emocional y moral masculino en *A Fine Young Man* y *The Good Son*, además ha realizado su trabajo de investigación sobre las relaciones madre-hijo en *The Prince and the King* y *Mothers, Sons and Lovers*.

El trabajo de investigación de Michael sobre el desarrollo femenino ha merecido el adjetivo de revolucionario. En sus obras *The Wonder of Girls* y *Boys and Girls Learn Differently*, las cuales obtuvieron un gran éxito de ventas, su tesis sobre la necesidad de que las jóvenes y las mujeres se replantearan sus vidas provocó un debate nacional.

Numerosas parejas y familias procedentes de todos los rincones de Estados Unidos han acudido a su consulta clínica. Sus conferencias y seminarios (www.michaelgurian.com) han contado durante la última década con la asistencia de miles de personas. Como cofundador del Instituto Michael Gurian (www.gurianinstitute.com), ha encabezado una iniciativa nacional para formar a maestros, padres y parejas en las diversas formas de aprender de los hombres y las mujeres.

La obra de Michael Gurian ha sido difundida por numerosos medios nacionales, entre los cuales cabe destacar a: *New York Times*, *London Times*, *Washington Post*, *USA Today*, *Time*, *Newsweek*, *Good Housekeeping*, *Le Monde*, así como *The Today Show*, *Good Morning America*, BBC, CNN, CBC, PBS y National Public Radio.

Michael Gurian vive en Spokane (Washington) con su esposa, Gail, una psicoterapeuta familiar, y las dos hijas del matrimonio.

Riverside
County
LIBRARY SYSTEM
www.rivlib.net